Contatti 1

Italian

Beginner's course

Third Edition

Coursebook

Mariolina Freeth and
Giuliana Checketts

Acknowledgements

The publishers would like to thank the following for permission to reproduce material in this volume:

Aeroporti di Roma SpA for airport plan; Ata Hotels for photo; ATRAL Gruppo Cotral SpA www.atral-lazio.com and ATAC Roma for travel tickets; Agriturismo Limoneto for hotel brochure extracts; Caronte & Tourist Lines Srl for travel tickets; La Cucina Italiana for advert; Electrolux Zanussi for domestic products; Hotel Santa Caterina, Amalfi for visual; Mondadori Press for text from 'In bici a consegnare lettere e plichi' from Donna Moderna and cover from *La solitudine dei numeri primi* by Paolo Giordano; Provincia Autonoma di Trento for photo from brochure Snow Planet – APT Trentino; Sciare for ski photographs; 'Roma cè' for film review; www.radioguide.fm for radio guide Italia home page; La Settimana Enigmistica, Italia for cartoons; Trenitalia for Eurostar photo and train tickets; Villaggio Albergo Le Tre Isole for hotel visual.

The publishers would like to acknowledge the following for use of their material:

Le Agavi Hotel for hotel plan; Alitalia SpA for recipes and illustrations from Ulisse and Alitalia News; Assessorato al turismo for map of Rome; Birreria Belle Arti for advert; Silvio Caccotti for illustrations from Esercizi in volo; Campagna d'informazione promossa dalla SIDOS; Club Avventura for club card and questionnaire; Collirio Iridina Blu: Montefarmaco for adverts; Costa d'Argento Camping Club for photos; Domenica del Corriere for weather map; FAITA for brochure photos; Feltrinelli International for advert; Eugenio Finardi for text from La Radio; Fondazione Nazionale Carlo Collodi for details from Collodi – Parco de Pinocchio; Gaggia for vacuum cleaner; Giunta Provinciale for cover photo from Settimane Bianche; Grafiche Biondetti for postcard of Cimasappada; Il Messaggero for text from Quattro tuffi da ponte Cavour; Ministero per i Beni e le Attivita Culturali for Colisseum ticket; La Muraglia for advert; Osteria della Santa Pazienza for advert; Qui Touring for photos from 'Italia da scoprire'; Roma metrebus for travel ticket; Ristorante Posta for advert; Ristorante Ragu for advert; Sale e Pepe for photo and text; Servizio Trasporti Funivia for ticket; Societa Italiana Degli Autori e Degli Editori for photo; Smeg for domestic products; Stella Maris restaurant for bill; Teatro Comunale di Firenze for theatre plan; Trovaroma for photo and text; Tuttocompact for photo from 'Tutta Musica e Spettacolo'; L'Unità for cartoons.

Every effort has been made to trace and acknowledge ownership of copyright. The publishers will be glad to make suitable arrangements with any copyright holders whom it has not been possible to contact.

Photo acknowledgements

The authors would like to thank the following for use of their photographs:

page 1 (4): © Snow Queen – Fotolia, (12): Martini & Rossi Ltd; page 6 (top): © Nikolai Sorokin, (bottom): © Denis Closon / Rex Features; page 12 (top): © Ken McKay / Rex Features, (bottom left): © Action Press / Rex Features, (bottom, centre left): © Rex Features, (bottom, centre right): Wikimedia public domain, (bottom right): © Back Page Images / Rex Features; page 13: Ronald Grant Archive; page 18 (top right): © Panoramic Images / Getty Images, (centre right): © Fabian Cevallos / CORBIS SYGMA, (bottom left): © Andres Rodriguez – Fotolia; page 23 (top left): © Olycom SPA / Rex Features, (top right): © PA Archive / Press Association Images, (centre left): © AFP / Getty Images, (centre right): © Roberto Serra / Getty Images, (bottom left): © MCP / Rex Features, (bottom right): © Sipa Press / Rex Features; page 26 (bottom right): © PIER LUIGI / Ronald Grant Archive; page 27 (left): © Anna Chelnokova – Fotolia, (right): © Photodisc / Getty Images; page 40: © Cameron Spencer / Getty Images); page 51 (camera da pranzo): © MAXFX – Fotolia, (studio): © Paylessimages – Fotolia; page 60 (DVD player): © Paylessimages – Fotolia; page 64 (top): © Michele Camilloni – Fotolia, (2nd from top): © ROBERTO ZILLI – Fotolia, (3rd from top): © Freefly – Fotolia, (bottom): © Freefly – Fotolia; page 61 (top) new hotel pic; page 66 Agriturismo Limoneto; page 84 (top left): © he kingston – Fotolia, (bottom left): © Photodisc / Getty Images; page 95: Merrychef Ltd; page 108 (top left): © Picture Perfect / Rex Features, (centre left): © Giuseppe Bellini / Getty Images, (centre right): © Startraks Photo / Rex Features, (bottom): © Alinari / Rex Features; page 113: © Luis Santos – Fotolia; page 145: © Camilla Morandi / Rex Features; page 146 (top left): © b bourdages, (top right): © Tommy – Fotolia, (bottom): © Jakub Krechowicz – Fotolia; page 149 (top): © Olycom SPA / Rex Features, (bottom left): © Alessandro Cuomo / Getty Images, (bottom right): © Elisabetta A. Villa / WireImage / Getty Images; page 150 (top): © Olycom SPA / Rex Features, (2nd from top): © Olycom SPA / Rex Features, (3rd from top): © Olycom SPA / Rex Features, (bottom): © Elisabetta A. Villa / Getty Images; page 153: ©Everett Collection / Rex Features; page 154 (top): © Everett Collection / Rex Features, (bottom): © Cristaldifilm / Les Films Ariane / Rai / TF1 Films Productions / Ronald Grant Archive; page 169: © Brand X / Getty Images; page 186 (main image): © Stephen Finn – Fotolia; page 192 (top left): © Vittorio Zunino Celotto / Getty Images, (bottom left): © Bettmann/CORBIS; page 202: © Dreef – Fotolia; page 216 (top): © Bettmann / CORBIS; page 231: © Camilla Morandi / Rex Features. Other photos provided by the authors.

Illustrations: Chartwell Illustrators, Hardlines, Katinka Kew, Pat Murray, Ted Quelch, Francis Scappaticci, Andrew Warrington, Mike Parsons (Barking Dog Art).

Orders: please contact Bookpoint Ltd, 130 Milton Park, Abingdon, Oxon OX14 4SB. Telephone: (44) 01235 827720, Fax: (44) 01235 400454. Lines are open from 9.00 – 5.00, Monday to Saturday, with a 24 hour message answering service.
You can also order through our website: www.hodder.co.uk

British Library Cataloguing in Publication Data
A catalogue record for this title is available from The British Library

ISBN: 978 1444 133141
Third edition published 2011
Impression number 10 9 8
Year 2018

Cover photo: © Concept Web Studio – Fotolia
Typeset by Pantek Media, Maidstone, Kent.
Printed and bound by CPI Group (UK) Ltd, Croydon, CR0 4YY for John Murray Learning, an Hachette UK company, Carmelite House, 50 Victoria Embankment, London EC4Y 0DZ

Introduction

Contatti has grown from the experience of teaching Italian at all levels to adults and young adults over a period of years. It is a course for anyone starting to learn Italian from scratch for fun, work or exams.

The book consists of 14 units, two of which are for revision, and caters for approximately 90 hours, the equivalent of a full year's course. Each unit is divided into four self-contained sections (A, B, C, D), providing material for roughly one-and-a-half hours' teaching each. The thematic, functional and grammatical content of each unit can be seen at a glance in the **Contents** pages and on the first page of each unit. The two revision units, which occur half way through and at the end of the course, should be used not only on completion of each group of six units but at any stage to reinforce vocabulary, practise a particular skill or provide more challenging material for avid learners.

At the end of each unit, you will find an **Italian–English vocabulary** arranged by topic for easy consultation in class or at home. And at the end of the book, an **English–Italian vocabulary** allows the student to engage in independent vocabulary search.

Grammar points are highlighted as they occur in each unit, in individual boxes. At the end of each unit, the structures and grammar covered are rounded up concisely in the ***Grammatica*** section, while at the end of the book there is a more systematic, user-friendly grammar summary, along with the ***Indice analitico***, a detailed grammar index giving page and activity references.

Every unit opens with a visual focus, a composite image usually accompanied by a listening activity to help the student focus on the new topic and vocabulary. The focus also provides an opportunity for pronunciation and intonation practice. A pronunciation guide also appears on page vii and at the beginning of CD 1.

The units revolve around the immediate themes of everyday life and encounters. The settings and activities spring from our own and our friends' experiences, recordings, postcards and photos. Dialogues and interviews were recorded largely on location.

Contatti 1 is written in Italian, and all the instructions are given in Italian, with English translation where appropriate. The English fades out as the book progresses. The form of address used in the instructions is the informal ***tu***, for ease of communication. However, in Unit 8, instructions are given in the more formal ***lei***, as this is the form that students will have to use on their Italian trips when talking to people they don't know. Both forms are revised and practised in Unit 7 (***Ripasso 1***).

We believe in active learning, and the coursebook is packed with a variety of activities including pairwork, groupwork and surveys. Students are encouraged, along with their partners, to be the main producers of language.

***Contatti 1* Activity Book** accompanies the Student's Book. The Activity Book provides both students and teachers with a wealth of extra material. This can be used at home or in class to develop and consolidate what has been learnt, to individually practise reading and writing, or to test progress.

Buon lavoro!

Contents

Pronunciation guide

Italian sounds

Clear-cut, unblurred vowel sounds are the key to Italian pronunciation.

Vowels

There are five vowels in Italian, but **e** *and* **o** *have two sounds each, one open and one closed.*

a c**a**sa
e m**e**la (closed) **e** t**e**sta (open)
i v**i**no
o c**o**l**o**re (closed) **o** n**o**ve (open)
u **u**va

At the end of a word **-o** *and* **-e** *are ALWAYS closed:*

utt**o** bambin**o** mar**e** color**e**

- *In some words, two vowels are joined together and pronounced as one syllable:*

ieri f**io**re mu**o**versi b**io**ndo
M**au**ro m**io** vorr**ei** M**a**r**io**

But in some words the vowels are pronounced separately:

p**ae**se p**au**ra **ae**reo

Consonants

- **c** *and* **g** *have both a hard and a soft sound.*

ca, co cu *and* **ga, go, gu** *are hard sounds:*

casa **co**no **cu**ra **ga**tto **go**la **gu**sto

- **ci, ce** *and* **gi, ge** *have a soft sound:*

cena **Ci**na **ci**occolata **gi**ta **Gio**vanni

- **h** *after* **c** *or* **g** *hardens the sound*

che prendi? **chi** è? le tar**ghe** i la**ghi**

- **d** *and* **t** *always have the same dull sound:*

donna **d**enti **d**ue **t**an**t**o **t**e**tt**o **t**ino

This sound never changes, even when combined with **r**:

Dracula **tre**no den**tro** **tri**ste

- **h** *is never pronounced. A few words begin with* **h** *which is silent:* (**ho** **h**ai **h**a **h**anno **h**otel.)

But **h** *hardens the sound of* **c** *and* **g** *(see above):*

- **r** *has a clear rolled sound similar to the Scottish 'r', even after* **d** *or* **t**:

Roma pa**d**re **tr**enta

- **j** (i lunga), **k** (cappa), **w** (doppia vu), **x** (ics) *and* **y** (ipsilon) *are only used to spell foreign words.*

- **s** *has a strong sound as in 'soup' and 'star':*

sole **s**abbia **s**copa **s**tella

but between vowels it is pronounced like 's' in 'rose':

ro**s**a ca**s**a me**s**e

- **z** *also has a hard and a soft sound:*

soft: **z**an**z**ara **z**ebra *('d + z' sound)*
hard: sta**z**ione pa**zz**o *('t + z' sound)*

- *All double consonants are pronounced as double, i.e. they take twice as long:*

be**ll**o ma**mm**a te**tt**o ca**rr**o fo**ss**a pe**zz**o

Special combinations: *gn* and *gl*

gn *produces a sound similar to the one in 'onion':*

biso**gna** ba**gno**

gli *produces a sound similar to the one in 'million':*

fo**gli**a botti**gli**a bi**gli**etti mo**gli**e

Stress

Stress tends to fall on the last syllable but one:

frat**e**llo ved**e**re rag**a**zza colaz**i**one

but it does vary:

l**i**bero p**a**rlane des**i**dera

Accent

Some words have an accent on the end vowel and don't change in the plural.

caffè città più martedì perché

Pronunciation practice

A pronunciation guide can also be found at the beginning of the accompanying CD (track 1.2).

Activity instructions

Here are some common instructions used in the activities.
The form of address used in most of the book is the familiar **tu**. *For the more formal* **Lei**, *see Unit 8.*

ascolta (il dialogo)	*listen (to the dialogue)*
chiedi (al compagno/a uno studente)	*ask (your partner/a student)*
completa (il modulo/la scheda)	*fill in (the form/the grid)*
confronta (con)	*compare (with)*
continua/continuate (tu/voi)	*continue*
controlla	*check*
dai	*give*
descrivi	*describe*
di'/di' al compagno	*say/tell your partner*
disegna	*draw*
fai/fate (l'attività)	*do (the activity)*
fai/fate le domande	*ask the questions*
fatevi le domande	*ask each other the questions*
finisci	*end/complete*
guarda	*look (at)*
leggi	*read*
metti	*put*
parla	*speak*
parlane (con un compagno)	*talk about it (with a partner)*
presentati	*introduce yourself*
riascolta	*listen again*
ripeti	*repeat*
rispondi (alle domande)	*answer (the questions)*
scegli	*choose*
scrivi	*write*
segna	*mark*
spieghi (lei *form*)	*explain*
studia	*study*
trova	*find*
unisci	*join/match*
usa	*use*
usando	*using*
vai	*go*

Symbols used in *Contatti*

 listening activity
 reading activity
 written activity
 oral practice
 pairwork
 groupwork

'G' refers to the 'Grammatica' section on pp. 237–252.

es: esempio *example*

In viaggio

- Ordering drinks and snacks
- Paying in euros
- Colours
- Location, countries and nationalities
- Meeting people: **tu** and **lei**
- Alphabet and numbers 0–10

1

2

3

Effervescente naturale.

4

5

6

7

9

10

8 11 12

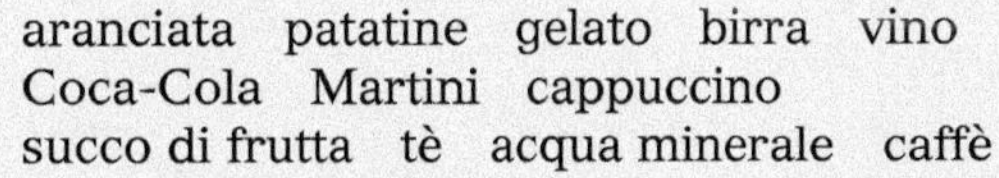

aranciata patatine gelato birra vino
Coca-Cola Martini cappuccino
succo di frutta tè acqua minerale caffè

1.3

- Listen and underline where the stress falls in each of the words.
  Esempio *(Example)*: bi<u>r</u>ra, gel<u>a</u>to
  Now say these words.
- Look at the pictures.
  Match the words to the pictures.
- Cover the pictures. How many things can you remember?
- What do you prefer?
  Make a list: 'Preferisco . . .'

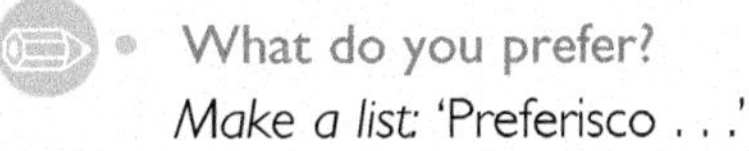

A | In treno. Cosa prendiamo?

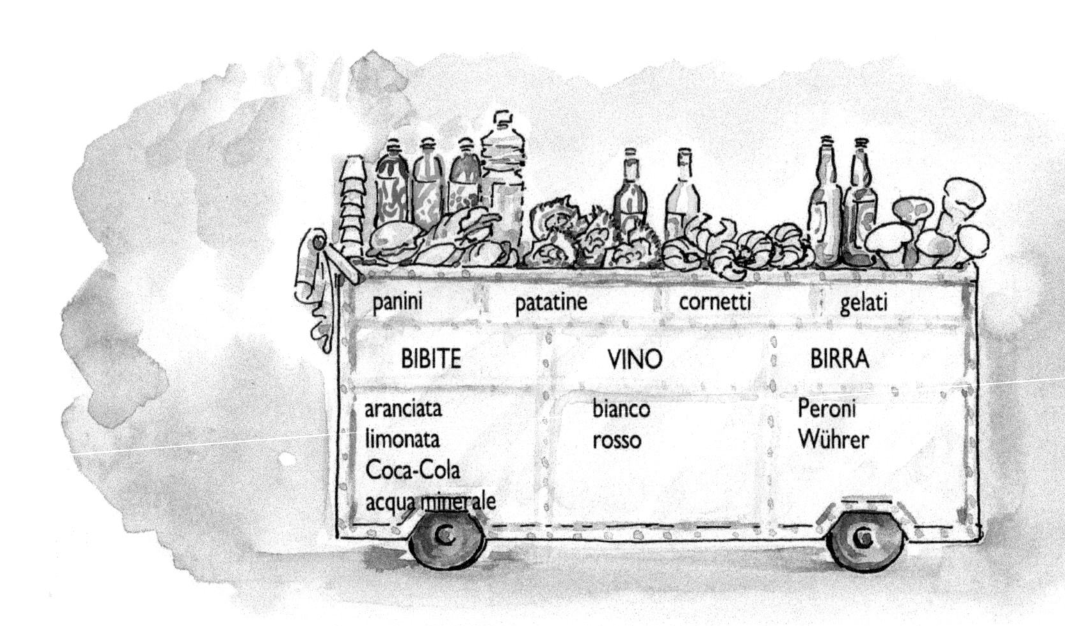

1 Un caffè, per favore

1.4

a Ascolta e ripeti con un compagno. *(Listen and repeat with a partner.)*

Signora Scusi . . .
Cameriere Dica?
Signora Un caffè, per favore.
Cameriere Ecco.

b Ordina queste cose. *(Order these items.)*

Grammatica

un gelato / cornetto / tè / cappuccino / panino

un: *a … an … (masculine)*

2

1.5

a Ascolta e completa. *(Listen and complete the conversation.)*

dica quant'è cappuccino scusi
un per favore euro

Signora ________
Cameriere ________
Signora Un cappuccino ________
Cameriere Ecco un ________
Signora ________?
Cameriere Un ________
Signora Ecco ________ euro.
Cameriere Grazie.
Signora Prego.

grazie	*thank you*
prego	*you're welcome*
ecco	*here is …*

1.5

b Riascolta e leggi con un compagno.
(Listen again and read with a partner.)

c Avete notato? *(Have you noticed?)*

1 *What does the lady say to attract attention?*

Scusi

2 *What is the man's reply?*
3 *How does she ask for a coffee?*
4 *How does she ask for the amount to pay?*

3

1.6

a Ascolta. Chi lo dice?
(Listen. Who is saying what in the picture below?)

signore	*sir*
signora	*madam*
signorina	*young lady*
bambino	*(young) child*
mi dispiace	*I'm sorry*
…non c'è	*there is no …*
allora	*then*
per me	*for me*
per lei	*for you (formal)*

Per me una Coca-Cola e per il bambino un panino.

Per me una birra, per favore.

Per me un cappuccino.

Mi dispiace signore, il cappuccino non c'è.

Vorrei un'aranciata e un pacchetto di patatine.

Allora un caffè, per favore.

Va bene.

Ecco a lei.

Per lei, signorina?

b Riascolta. Segna (✓) sul listino solo le cose che senti.

(Listen again and tick on the list only the items you hear.)

Avete notato?

cappucci**no** (maschile)	caff**è** (maschile)
bir**ra** (femminile)	stazio**ne** (femminile)

Nouns in **-o** *are masculine.*

Nouns in **-a** *are feminine.*

Nouns in **-e** *can be either masculine or feminine.*

See page 237.

Bar Isola Bella
Listino Prezzi

Caffè espresso	€0,80
Coca-Cola	€1,00
Caffè freddo	€1,20
Caffè macchiato	€1,20
Cappuccino	€1,00
Tè caldo	€1,00
Tè freddo	€1,10
Acqua minerale	€0,20
Birra (bottiglia piccola)	€2,00
Succo di frutta	€1,50
Spremuta di arancia	€2,50
Cono gelato	€2,00
Panino con prosciutto	€3,00
Tramezzino	€1,80

4 Per me, un frullato di frutta!

a *Some of these words are masculine and some are feminine. Can you guess which are which?*

FRULLATO DI FRUTTA

una fetta di anguria, un fico, una banana, una pesca, il succo di un limone, un po' di spumante e ghiaccio

Frullare per 1 minuto: pronto!

un frullato, **un** fico
una fetta, **una** banana
un'aranciata, **un'**anguria
uno spumante, **uno** studente
This is the indefinite article (a, an)

b Metti il nome sotto l'articolo giusto.

(Put each noun under the appropriate article.)

un	uno	una	un'
concerto	studente	rosa	agenzia

concerto rosa salame (*m*)
pizza televisione (*f*) amica
patata museo studente (*m*)
studentessa presidente (*m*)
treno ospedale (*m*)
segretaria ufficio dottore (*m*)
agenzia sigaretta
spumante (*m*) isola esempio oliva

5 Cosa prendono?

1.6

a Riascolta i quattro dialoghi di Attività 3.

What are they having?

You are the waiter: make a quick note.

signora	*una Coca-Cola*
bambino	
signore 1	
signorina	
signore 2	

Avete notato?

Asking for something:

Per me . . .

Vorrei . . .

Per favore . . .

b

Studente A: Ordina queste cose. *(Order these things.)*

Studente B: Tu sei il cameriere. *(You are the waiter.)*

Each time one item is not available.

es: 1

A Per me un gelato e un caffè.

B Mi dispiace, il gelato non c'è.

A Allora un caffè.

B | Quant'è

6 Quant'è?

1.7

b Completa con le parole nel riquadro e controlla con il CD. Fai il dialogo con un compagno.

(Complete the dialogue and listen. Practise with a partner.)

Prego   Italiana per favore   Con ghiaccio e limone   Quattro euro in tutto
Un Martini rosso   Buongiorno
Vorrei una birra fresca

con ghiaccio   senza ghiaccio

Assistente di volo	Buongiorno.
Signore	
Assistente di volo	Desidera?
Signore	
Assistente di volo	Italiana o inglese?
Signore	
Assistente di volo	Ecco a lei. E la signora che prende?
Signore	
Assistente di volo	Con ghiaccio o senza?
Signore	
Assistente di volo	Va bene. Ecco a lei.
Signore	Quant'è?
Assistente di volo	
Signore	Ecco sette euro.
Assistente di volo	Grazie.
Signore	

Buongiorno	*Good morning* *Good afternoon*
Quant'è?	*How much is it?*

Avete notato?

una birr**a** (*f*) fresc**a**
un Cinzan**o** (*m*) ross**o**
un caffè (*m*) ner**o**
un caffè/una cioccolat**a** bollent**e**

Gli aggettivi si accordano sempre con il nome.
Adjectives always agree with the noun.

7 I colori

a Unisci l'oggetto col suo colore. *(Match each object to its colour.)*

1 giallo

2 rosso

3 bianco

4 azzurro

5 verde

6 nero

A caffè

B mare

C sole

D erba

E neve

F vino

b Cose rosse, cose gialle . . . Metti in colonna.

limone (*m*) pomodoro (*tomato*) mare (*m*)
foglia (*leaf*) sole (*m*) cielo (*sky*) vino
rosa banana

Rosso/a	**Giallo/a**	**Azzurro/a**	**Verde**
		mare	

c Scrivi. *(Write.)*

es: una banana gialla . . . ecc.

8 Un caffè freddo e un tè caldo

a *Pair the items in the two columns according to whether you like them hot, very hot, not too hot, cool, cold or ice cold.*

un caffè	freddo
un tè	fresca
un'aranciata	molto caldo
un aperitivo	bollente
un Cinzano	ghiacciata
una cioccolata	non troppo caldo
un bicchiere di vino	caldo
un bicchiere di latte	fresco
una birra	ghiacciato
un cappuccino	fredda

caldo/a	*hot*
molto	*very*
freddo/a	*cold*
troppo	*too (much)*
bollente	*boiling hot*
ghiacciato/a	*ice cold*

b **Studente A e Studente B:**

es:

A Vorrei un tè.
B Freddo o caldo?
A Bollente, grazie.

Continuate. *(Continue, swapping roles.)*

9 Come si dice in italiano?

  a Trovalo nel testo.

(How do you say it in Italian? Find it in the text.)

ice	sugar
ice cubes	1tsp of sugar
slice of lemon	glass
tonic water	tomato juice
drops	salt and pepper

 b *Invent your own cocktail using at least four of the ingredients above. Use* con *and* senza.

GIN FIZZ
40 gr Gin, succo di 1/2 limone, 1 cucchiaino di zucchero, shaker, completare con spruzzo di soda.

BLOODY MARY
40% Vodka, 60% succo di pomodoro, gocce di Worcestershire, gocce di limone, sale e pepe (goccia di Tabasco su richiesta), due cubetti di ghiaccio.

MANHATTAN
3/4 Whisky canadese, 1/4 Vermouth rosso, 2 gocce di angostura, mixing glass, decorare con ciliegina.

GIN AND TONIC
40/50 gr Gin versato su cubetti di ghiaccio, aggiungere 1/2 fetta di limone, riempire il bicchiere con acqua tonica.

VODKA AND TONIC
40/50 gr Vodka versata su cubetti di ghiaccio, aggiungere 1/2 fetta di limone, riempire il bicchiere con acqua tonica.

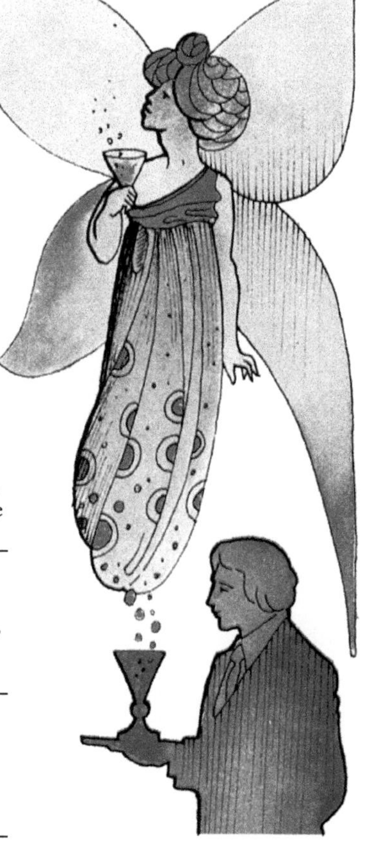

Grammatica

Il plurale (*The plural*)

1 gelat**o**	2 gelat**i**
1 bibit**a**	3 bibit**e**
1 bicchier**e** d'acqua minerale	4 bicchier**i** d'acqua minerale

Vedi pagina 237.

10

  a

Studente A: *Order two of each item in the photo on the left.*
Studente B: *You are the waiter.*

 b *Write dialogues ordering just one of each item from the photo.*

C | In volo

11 A bordo

1.8

a Ascolta e leggi. *(Listen and read.)*

The captain is speaking.

Signori, buongiorno. Benvenuti a bordo. È il comandante che vi parla. In questo momento siamo a un'altezza di 10.000 metri. Sotto di noi ci sono le Alpi. A sinistra c'è la Svizzera e il lago di Ginevra. A destra c'è l'Italia e ci sono i laghi. A sud delle Alpi c'è Milano.

e	*and*
è	*(it/he/she) is*

c'è	*there is*
ci sono	*there are*

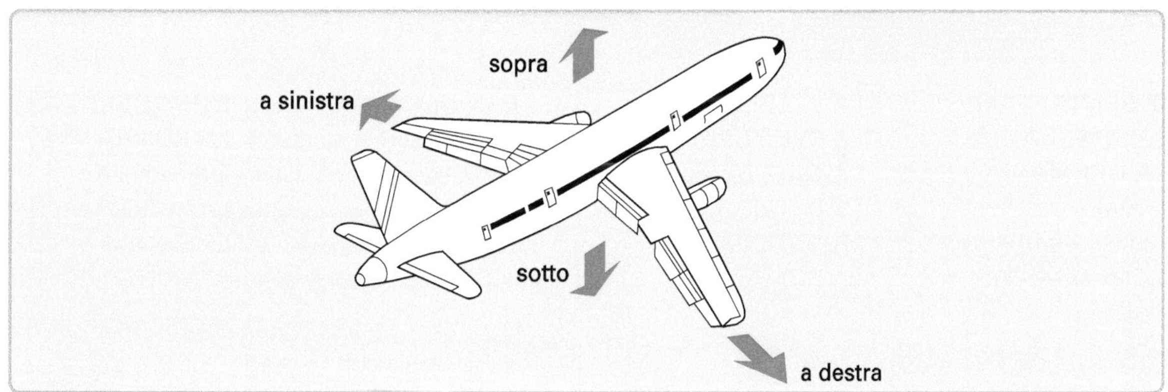

b Rispondi. *(Answer)*

Chi parla?
A che altezza è l'aereo?
Cosa c'è sotto l'aereo?
Milano è a nord o a sud delle Alpi?

chi?	*who?*
che?	*what?*
cosa?	*what?*

c *You are now flying due south over the western Alps. Complete with* **c'è** *or* **ci sono**.

1 Sotto di noi ______ le Alpi.
2 Laggiù ______ il Monte Bianco.
3 A destra ______ la Francia e Marsiglia.
4 A sinistra ______ l'Italia, e sotto le Alpi ______ Torino.

12 L'Europa

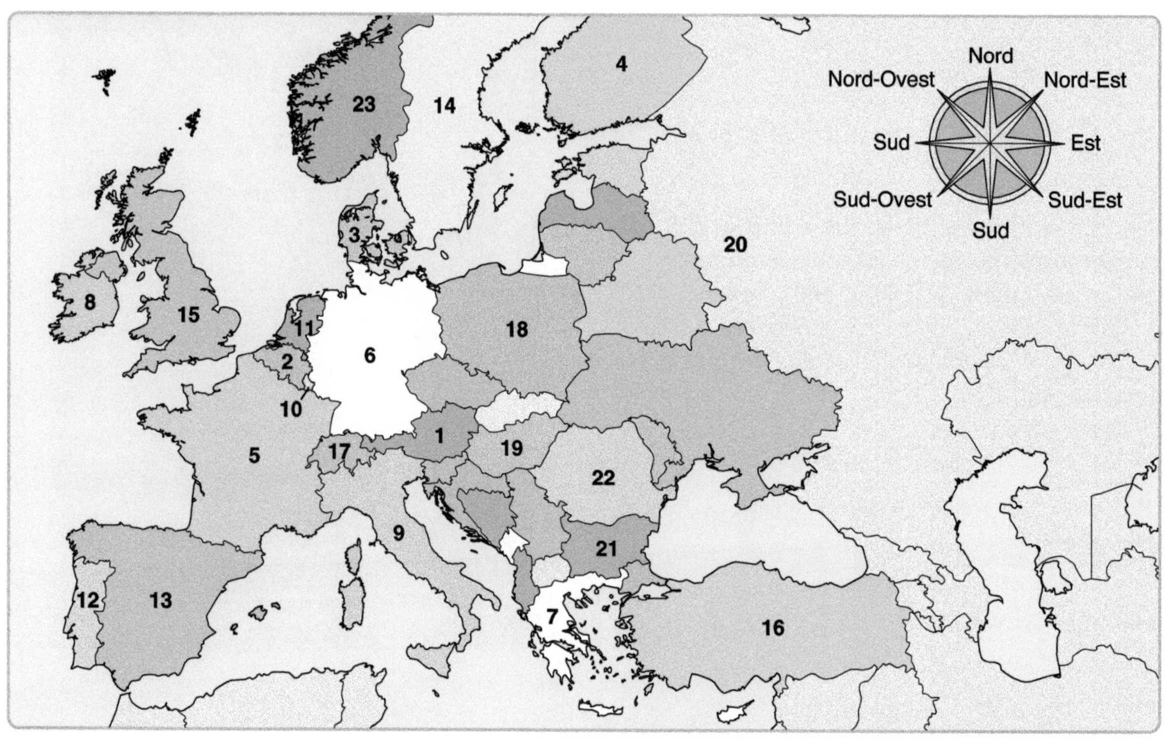

IL BELGIO ☐
LA SPAGNA ☐
LA GERMANIA ☐
L'ITALIA ☐
IL LUSSEMBURGO ☐
LA BULGARIA ☐

LA SVEZIA ☐
LA SVIZZERA ☐
LA GRECIA ☐
L'AUSTRIA ☐
LA DANIMARCA ☐
LA ROMANIA ☐

LA GRAN BRETAGNA ☐
IL PORTOGALLO ☐
LA FRANCIA ☐
LA TURCHIA ☐
LA FINLANDIA ☐
LA NORVEGIA ☐

L'UNGHERIA ☐
LA RUSSIA ☐
L'IRLANDA ☐
LA POLONIA ☐
L'OLANDA ☐

1.9

 **a** Ascolta e ripeti.

Sottolinea la sillaba accentata. *(Listen and repeat. Underline the stressed syllable.)*

es: La Sv<u>e</u>zia

1.9

  **b** Riascolta e scrivi il numero del paese vicino al nome.

(Match the names to the numbers on the map.)

Avete notato?

la Francia, **il** Belgio, **l'**Italia

With names of countries, the definite article must be used.

Vedi pagina 238.

13 Quiz sull'Italia

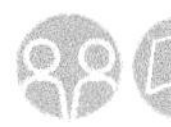

Che città è? *(Which town is it?)*

a È a nord di Bologna.
a ovest di Venezia.
a est di Torino.

b È a sud di Roma.
a nord-ovest di Bari.
a nord di Palermo.

Continuate con altre città.

Per casa
Scrivi altre due domande sulle città italiane.
(Write two more questions on Italian towns.)

14 Ecco l'alfabeto italiano.

Ci sono solo 21 lettere.
This is the Italian alphabet. There are only 21 letters.

1.10

a Ascolta e ripeti. *(Listen and repeat.)*

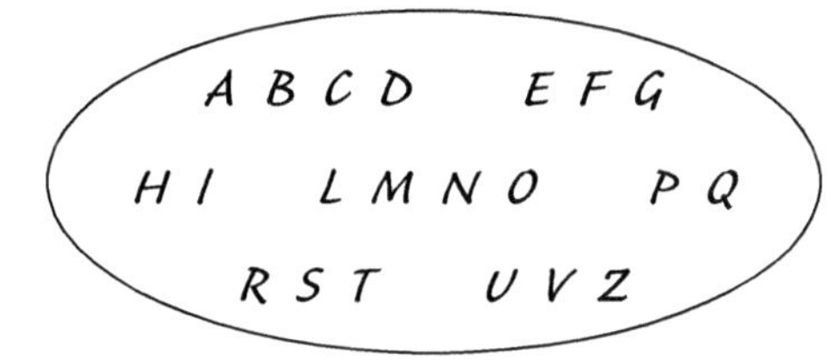

J i lunga
K kappa
W doppia vu } sono lettere straniere.
X ics
Y ipsilon

Come si scrive? *How do you spell it?*

b Come si scrive il tuo nome? Chiedi e scrivi il nome di cinque compagni. *(Ask and write the names of five people.)*

Grammatica

come si scrive? *how do you spell it?*
come si scrive il **tuo** nome? *(informal)*
come si scrive il **suo** nome? *(formal)*

15 I numeri da 0 a 10

a Copia il diagramma e completa con i numeri in parole *(words).*

zero due sette uno sei quattro dieci nove tre otto cinque

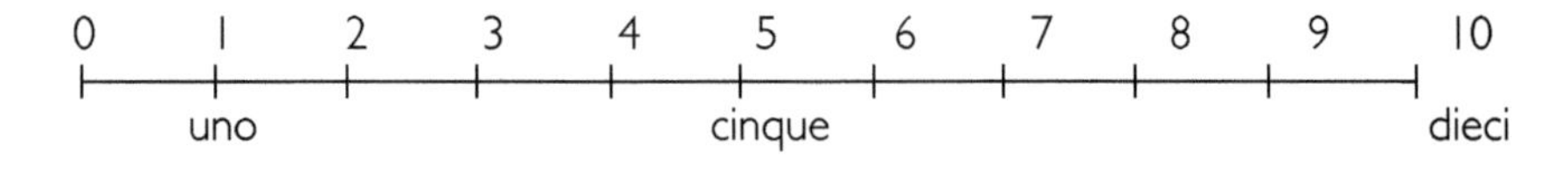

b Ascolta e ripeti i numeri.

c *Ask other students for their phone number and address as shown in the picture and write them down.*

D | Di dov'è?

16

Scrivi la nazionalità di ogni *(each)* persona e chiedi ai compagni. Continuate con altre persone famose.

es: Kylie Minogue è australiana.

Kylie Minogue

Cecilia Bartoli

Lewis Hamilton

Frédéric Chopin

Rafael Nadal

russo/a	spagnolo/a	francese	scozzese
polacco/a	svizzero/a	inglese	svedese
italiano/a	tedesco/a	gallese	cinese
americano/a	australiano/a	irlandese	giapponese

17 Incontro in aereo

1.12

 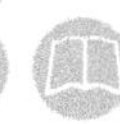 **a** Ascolta e leggi. *(Listen and read.)*

Paolo	Scusi, lei è italiana?
Lisa	No, sono inglese.
Paolo	Di Londra?
Lisa	No, di Bath. Di dov'è lei?
Paolo	Sono di Firenze, sono italiano. Mi chiamo Paolo Cantoni. E lei come si chiama?
Lisa	Lisa Ford.
Paolo	Ah, piacere! Parla bene italiano.
Lisa	Be', abbastanza. Mia madre è italiana, di Verona.
Paolo	Ah. E lei va a Verona?
Lisa	No, vado a Venezia.
Paolo	Anch'io vado a Venezia.
Lisa	In vacanza o per lavoro?
Paolo	Per lavoro, vado per tre giorni. Sono antiquario.
Lisa	Ah, è un lavoro interessante! Io vado in vacanza, sette giorni di riposo totale.

Avete notato?

Io *(I)*

Sono di ...	*I'm from ...*
Mi chiamo ...	*My name is ...*
Vado a ...	*I'm going to ...*

Lei *(you, formal)*

Di dov'è?	*Where are you from?*
Come si chiama?	*What's your name?*
Va a ...?	*Are you going to ...?*

(lei) parla bene	*you speak well*
abbastanza bene	*quite well*
anch'io	*me too*
in vacanza	*on holiday*
per lavoro	*for work*
per tre giorni	*for three days*

 **b** Come si chiama (lei)? *(What's your name?)*

Mi chiamo Paolo Cantoni.
E lei come si chiama?

Lisa Ford.

Piacere!

Continua con cinque studenti. Usa il tuo vero nome. *(Continue with five other students. Use your real name.)*

1.12

  **c** Riascolta e completa. *(Listen again and complete.)*

	Paolo	Lisa
Cognome		
Nazionalità		
Città di origine		
Destinazione		
Per lavoro/in vacanza		
Per quanti giorni		

18 Di dov'è lei?

Completa.
(Complete.)

es: Sono *italiano*, sono **di** Firenze.

Sono ________, sono di Mosca.
Sono ________, sono di Ginevra.
Sono ________, sono di Madrid.

Continua con: Edimburgo/Stoccolma/Dublino/Bonn/Boulogne/Vienna/Hong Kong (vedi pagina 12).

19 Come ti chiami (tu)?

Come ti chiami?

Mi chiamo Valentina.

Mi chiamo Marco. E tu?

Continua con cinque studenti. Usa il tuo vero nome.
Continue with five other students. Use your real name.

> *Grammatica*
>
> Come **ti chiami (tu)?** *(informal)*
> *What's your name?*
>
> Come **si chiama (lei)?** *(formal)*
> *What's your name?*
>
> In Italy, people address each other in two ways:
> - **tu** *(informal) with children, family and friends*
> - **lei** *(formal) with people you don't know and in all formal situations.*

Per casa
Look at the completed grid on page 13. You are Paolo or Lisa; write six sentences about yourself (in the first person).

20 Fare conoscenza

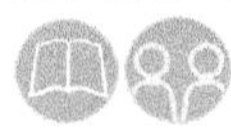 *(Meeting people.)*

Unscramble the dialogues and practise them with a partner.

a Per lavoro.
Scusi, dove va lei?
In vacanza o per lavoro?
In Italia, a Roma.
Io invece vado in vacanza.

b Sono italiana, sono di Roma.
No, sono di Siviglia. E lei di dov'è?
No, sono spagnolo.
È di Madrid?
Scusi, lei è inglese?

c Mi chiamo Tina.
Di Genova. E tu?
Di dove sei?
Come ti chiami?
Io sono di Milano.

sono **a** Roma	*I am in Rome*
sono **in** Italia	*I am in Italy*
sono **di** Siena	*I am from Siena*

Grammatica

essere: *to be*

(io) sono	*I am*
(tu) sei	*you are (familiar)*
(lui/lei) è	*he/she is*

NB: *The third person singular is also used for formal address* (**lei**).

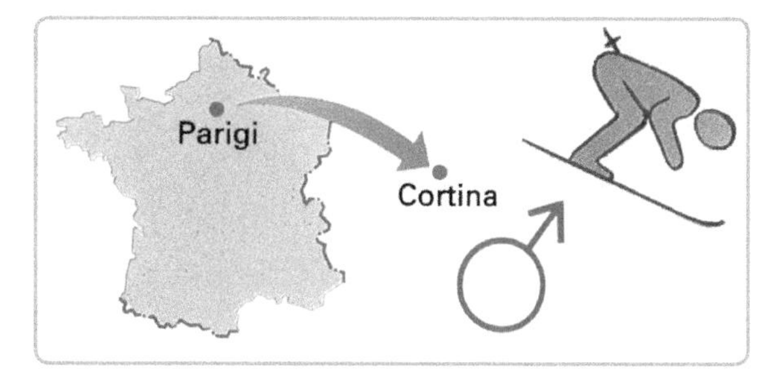

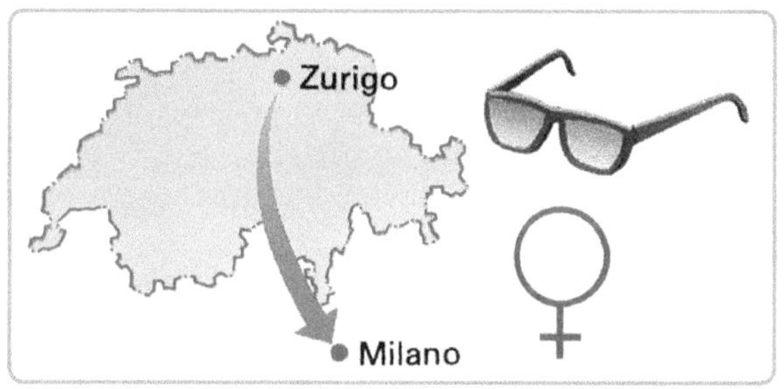

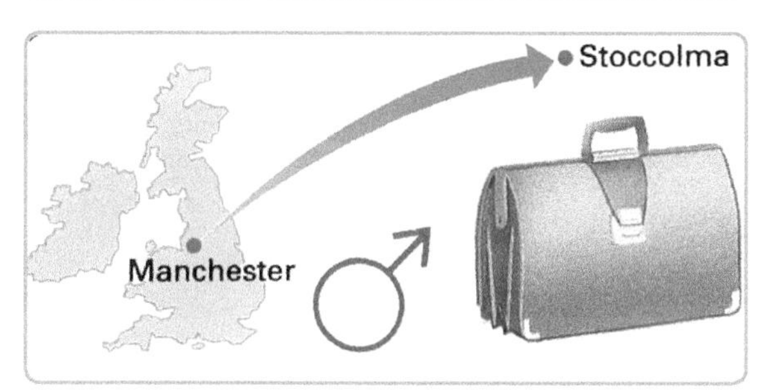

21

Guardando i simboli, fate tre piccoli dialoghi. *(Looking at the symbols, make up three short dialogues.)*

Per casa

Scrivi i dialoghi. *(Write out the dialogues.)*

22

1.13

Quattro persone parlano di sé. *(Four people talk about themselves.)* *Draw a grid like the one in 17c. Listen and write down the information.*

a

b

c

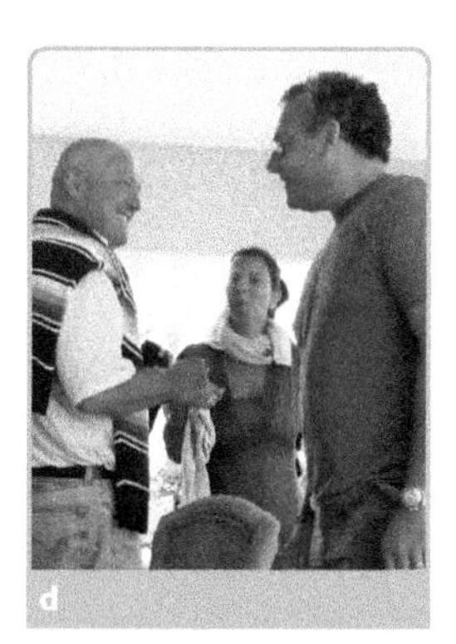
d

Grammatica

1 Genere *(Gender)*

Nouns in Italian are either masculine (maschile) *or feminine* (femminile).

Maschile	Maschile/Femminile	Femminile
-o	**-e**	**-a**
cappuccin**o**	caff**è** (*m*)	birr**a**
	television**e** (*f*)	

2 Accordo *(Agreement)*

An adjective in Italian must agree with the noun it refers to. Here are the singular forms:

vin**o** ross**o** (*m s*)	vin**o** frances**e**
acqu**a** fresc**a** (*f s*)	acqu**a** bollent**e**
caff**è** ner**o** (*m s*)	t**è** cines**e**
television**e** italian**a** (*f s*)	tv ingles**e**

NB: Nouns and adjectives ending in **-e** *can be either masculine or feminine.*

3 Articolo indeterminativo *(Indefinite article)*

The Italian for 'a/an' is **un/uno/una/un'**:

m **un** treno/amico/caffè
before a consonant or a vowel

m **uno** zoo/studente/psichiatra
before **s** *+ consonant,* **z** *or* **ps**

f **una** banana/televisione
before a consonant

f **un'** aranciata/isola
before a vowel

4 Singolare e plurale

	Sing.	Pl.		Sing.	Pl.
m	gelat**o**	gelat**i**	*f*	nav**e**	nav**i**
f	birr**a**	birr**e**	*m*	bicchier**e**	bicchier**i**

5 *Forms of address*

Formal: (**lei** +) *verb in the third person singular*

es: E lei come si chiama?

Informal: (**tu** +) *verb in the second person singular*

es: Tu come ti chiami?

6 Verbi: presente

Italian verbs end in three ways:

-ARE (andare *to go*)
-ERE (prendere *to take*)
-IRE (dormire *to sleep*)

Here are the 1st, 2nd and 3rd persons singular of verbs we have met so far.

(io)	son**o**	mi chiam**o**	vad**o**	prend**o**
(tu)	se**i**	ti chiam**i**	va**i**	prend**i**
(lei)	**è**	si chiam**a**	v**a**	prend**e**

The first person singular always ends in **-o**.
The third person singular ends in **-a** (**-ARE** *verbs*) *or in* **-e** (**-ERE** *and* **-IRE** *verbs*).

7 *There is/there are*

c'è *there is (one thing)*
ci sono *there are (more than one)*

es: C'è il sole.
Ci sono i bambini.

8 Numeri 0–10 *(Numbers 0–10)*

zero	*zero*
uno	*one*
due	*two*
tre	*three*
quattro	*four*
cinque	*five*
sei	*six*
sette	*seven*
otto	*eight*
nove	*nine*
dieci	*ten*
il numero di telefono	*telephone number*

Vocabolario

Al bar	***At the bar***
l'acqua minerale	*mineral water*
l'anguria	*water melon*
l'aranciata	*orange juice*
un bicchiere d'acqua	*a glass of water*
la birra	*beer*
la bibita	*drink*
il caffè	*coffee*
la cioccolata	*chocolate*
il cornetto	*croissant*
il fico	*fig*
il frullato di frutta	*fruit shake*
il gelato	*ice cream*
il ghiaccio	*ice*
il limone	*lemon*
le patatine	*crisps*
la pesca	*peach*
lo spumante	*sparkling wine*
il succo di frutta	*fruit juice*
il tè	*tea*
il tramezzino	*sandwich*
lo zucchero	*sugar*
con	*with*
senza	*without*
Dica? Desidera?	*Can I help you?*
Ecco a lei	*There you are*
per favore	*please*
Per lei signorina?	*For you, young lady?*
Per me . . .	*For me . . .*
Vorrei	*I would like*

Presentazioni	***Introductions***
buongiorno	*good morning, good day*
come si chiama (lei)?	*what's your name?*
come ti chiami (tu)	*" (informal)*
di dov'è lei?	*where are you from?*
di dov'è sei (tu)	*" (informal)*
dove va (lei)?	*where are you going?*
dove vai (tu)	*" (informal)*
in vacanza	*on holiday*
mi chiamo . . .	*my name is . . .*
per lavoro	*for work*
per tre giorni	*for three days*
piacere!	*pleased to meet you!*
signora	*madam*
signore	*sir*
signorina	*young lady*
sono di . . .	*I am from . . .*
(io) vado a . . .	*I go/I am going to . . .*

Colori	***Colours***
azzurro/a	*blue*
bianco/a	*white*
giallo/a	*yellow*
nero/a	*black*
rosso/a	*red*
verde	*green*

Aggettivi	***Adjectives***
bollente	*boiling hot*
caldo/a	*hot*
freddo/a	*cold*
fresco/a	*fresh, cool*
ghiacciato/a	*ice cold*
molto caldo/a	*very hot*
non troppo caldo/a	*not too hot*

Nazionalità	***Nationalities***
austriaco	*Austrian*
bulgaro/a	*Bulgarian*
francese	*French*
giapponese	*Japanese*
inglese	*English*
italiano	*Italian*
olandese	*Dutch*
polacco	*Polish*
rumeno/a	*Romanian*
scozzese	*Scottish*
spagnolo	*Spanish*
svedese	*Swedish*
svizzero	*Swiss*
tedesco	*German*

Soldi	***Money***
un euro (inv.)	*one euro*
10 euro (inv.)	*10 euros*

Posizione	***Location***
a destra	*on/to the right*
a Roma	*to/in Rome*
a sinistra	*on/to the left*
a sud delle Alpi	*south of the Alps*
a un'altezza di	*at a height of*
c'è	*there is*
ci sono	*there are*
dov'è . . .?	*where is?*
in Italia	*to/in Italy*
(a) nord, sud, est, ovest	*north, south, east, west*
siamo	*we are*
sopra	*above*
sotto (di noi)	*under (us)*

2 Lavorare per vivere

- Talking about work
- Asking and giving the time
- Opening and closing times
- Describing your daily routine
- Dates and birthdays
- Numbers 10–100

Armando Picasso

Tania Migucci

Giorgio Melli

Pietro Martelli

Lina Funale

Alberto Moravia

Mariella Scotti

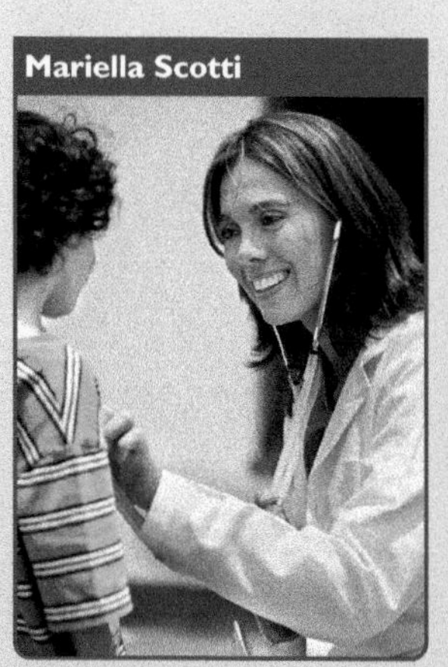

Anna Vinci

1.14

- Che lavoro fa? *(What is her/his job?)*

- Ascolta e controlla. Sottolinea la sillaba accentata (esempio: la vigile).
- C'è il tuo lavoro qui? *(Is your job here?)* Chiedi all'insegnante il nome di altri lavori. *(Ask your teacher what other jobs are called.)*

la dottoressa l'operaio l'impiegata
lo scrittore la segretaria la vigile
il biologo il parrucchiere

Scusi, come si dice in italiano …?
Excuse me, how do you say … in Italian?

A | Che lavoro fa lei?

1

1.15

  Ascolta e metti i numeri da 1 a 6.

Senta, lei che lavoro fa?

Che lavoro fai, Piero?

Faccio la segretaria.

Io sono psicologa.

Faccio il papà!

Lei che lavoro fa?

Avete notato?

Che lavoro **fai**, Piero?
(tu: *informal*)

Che lavoro **fa**, signora Vinci?
(lei: *formal*)

Faccio la segretaria. / il papà. **Sono** psicologa.

2 Presentazioni

 Scegli un lavoro e un nome a pagina 18 e presentati.

(Choose a job and a name from page 18. Introduce yourself and discover what other people do.)

es: Mi chiamo Lina e faccio l'impiegata. E lei?

3

1.16

  Vero o falso? Ascolta bene.

1 Franco fa il medico.
2 Luciano fa lo studente.
3 Angela fa la psicologa.
4 Liliana fa l'insegnante.
5 Bibi fa la segretaria.

Grammatica

il medico	*doctor*
la commessa	*shop assistant*
l'avvocato	*lawyer*
l'insegnante (*m/f*)	*teacher*

but

lo studente
lo zio

This is the definite article. *See pages 237–8.*

Da quanto tempo fa questo lavoro?

4 Da quanto tempo? *(How long?)*

a Guarda la vignetta e scegli la risposta.

(Look at the cartoon and choose an answer.)

Da 20 minuti *(minutes)*
tre giorni *(days)*
una settimana *(week)*
due mesi *(months)*
un anno *(year)*
venti anni *(twenty years)*

Avete notato?

Da quanto tempo . . . ? *How long . . . ?*

Da quanto tempo studi l'Italiano?
Studio l'Italiano da due mesi.

Present tense + **da** + *time*

b Fatevi le domande. *(Ask each other the questions.)*

- Da quanto tempo studi l'italiano?
- Da quanto tempo vivi in questa città?
- Da quanto tempo non vai al cinema?
- Da quanto tempo non prendi un caffè?

5 Ti piace il tuo lavoro?

(informal)

Le piace il suo lavoro?

(formal)

(Do you like your job?)

Mi piace *(I like it)*.

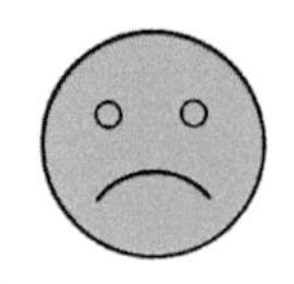

Non mi piace *(I don't like it)*.

a Com'è questo lavoro? *Choose a job (pages 18–19) and comment.*

È un lavoro interessante: mi piace.
È un lavoro noioso *(boring)*: non mi piace.
È un lavoro difficile: . . .

Continuate a turno con:

facile *(easy)*
vario
monotono
stimolante
faticoso *(tiring)*

b Per me il lavoro ideale è . . .

Choose three adjectives to describe your ideal job, in order of priority.

6 Dove lavora?

Guardate i disegni e continuate con i lavori nel riquadro usando l'articolo.

(Look at the drawings and continue with the appropriate jobs in the box using the article.)

programmatore (*m*) di computer papà chimico (*m*) cameriere (*m*) ricercatore (*m*) dottore mamma impiegato/a insegnante (*m/f*)

Dove lavora? ***Faccio il cuoco, lavoro in un ristorante.***

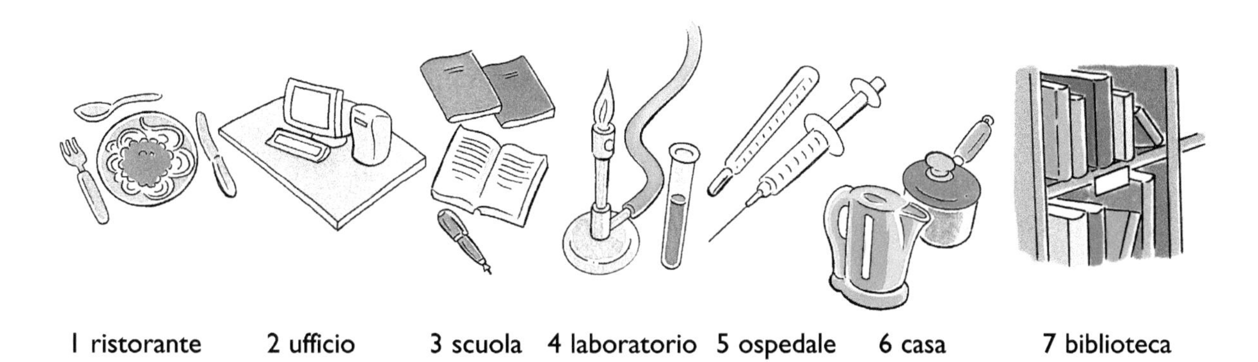

1 ristorante 2 ufficio 3 scuola 4 laboratorio 5 ospedale 6 casa 7 biblioteca

7

1.16

Riascolta Angela, Liliana, Luciano, Franco e Bibi (Attività 3).

The details in the chart are all mixed up. Sort them out and rewrite the chart correctly. Add mi piace *or* non mi piace *in the last column.*

Nome	Lavoro	Da quanto tempo	Dove	Mi piace / Non mi piace
Angela	insegnante	2 mesi	in ospedale	
Liliana	mamma	20 anni	in casa	
Luciano	avvocato	20 anni	in una scuola	
Franco	medico	30 anni	in uno studio	
Bibi	commessa	18 anni	in un negozio	

Per casa

Write up each person's story as in the example:

es: Franco fa l'avvocato da 20 anni. Lavora in uno studio. Gli piace molto.

gli piace *he likes it*
le piace *she likes it*

8

a Metti insieme *(match)* domande e risposte.

A Che lavoro fa?
B Come si chiama?
C Le piace il suo lavoro?
D Da quanto tempo fa questo lavoro?
E Dove lavora?

1 Mi chiamo Lillo Vinti.
2 Faccio l'architetto.
3 Da dieci anni.
4 In uno studio.
5 Mi piace moltissimo.

b

Studente A: Usa le stesse domande e intervista *(interview)* Studente B.
Studente B: pagina 223.

Scambiatevi i ruoli. *(Swap roles.)*

Grammatica

Il presente dei verbi regolari

(io)	lavor**o**	vend**o**	serv**o**
(tu)	lavor**i**	vend**i**	serv**i**
(lui/lei)	lavor**a**	vend**e**	serv**e**
	lavor**are**	vend**ere**	serv**ire**

Ci sono tre categorie di verbi in italiano:
-ARE **-ERE** **-IRE**

9

Guarda le vignette e scrivi. Chi . . .
. . . serve in un ristorante?
. . . lavora in un ufficio?
. . . cura i pazienti? il dottore
. . . vende fiori *(sells flowers)*?

1

Un momento, dottore.

2

E lei aspetta da molto tempo?

3

Ecco un impiegato puntuale!

4

Cameriere, conti separati, per favore!

10 La postina

 **a** Rimetti gli articoli.
(Supply the missing articles.)

In bicicletta, consegna lettere e pacchi. ______ orario è concentrato nella mattinata. ______ stipendio è buono. ______ lavoro di postina è adatto anche a una donna con bambini piccoli. Sara De Gasperis, 30 anni, due bambini, lavora da sette anni per ______ Posta di Novara. ______ aspetto piacevole di questo lavoro è ______ possibilità di stabilire contatti umani, dice ______ simpatica postina.

 **b** Trova l'inglese per queste parole: è molto simile all'italiano!

bicicletta	**stipendio**	**possibilità**
lettere	**postina**	**stabilire**
pacchi	**aspetto**	**contatti**
è concentrato	**piacevole**	**umani**

 **c**

- In che città lavora la postina?
- Che mezzo di trasporto usa?
- Quanti bambini ha?
- Da quanto tempo fa questo lavoro?

 **d**

Studente A: Ora intervista la postina (Studente B) come in Attività 8.

Studente B: Tu sei la postina.

11

Intervista questi personaggi famosi.
(Interview these famous people.)

Studente A: Fai le domande come in Attività 8.

Studente B: pagina 223.

Scambiatevi i ruoli.

A

B

C

D

E

B | Che ore sono?

12

1.17

  Studia i numeri da 11 a 100.

undici	ventuno
dodici	ventidue
tredici	trenta
quattordici	quaranta
quindici	cinquanta
sedici	sessanta
diciassette	settanta
diciotto	ottanta
diciannove	novanta
venti	cento

13

1.18

  Ascolta e completa.

Scusi, che ore sono?
Scusi, che ora è? } *What time is it?*

1 Sono le ______ 

2 ______ e un quarto 

3 ______ e mezza 

4 ______ e tre quarti 

5 È l'una 

14

 Leggi ad alta voce.

11.15 9.30 4.45 6.45 12.15 2.30

15

 Trova l'orologio.

A

B

C

D

E

1 Sono le undici meno dieci.
2 È l'una meno diciotto.
3 Sono le dieci e dieci.
4 Sono le nove e sette.
5 È mezzogiorno in punto.

Grammatica

Sono le sei	**e**	un quarto mezza dieci
	meno	un quarto cinque venti

but

È	l'una mezzogiorno mezzanotte

NB: *Italians use the 24-hour clock for timetables and radio /TV programmes.*

16

  Indovina che ora è.

Write down four different times of day. Your partner must guess what they are. Help him/her with:

un po' prima	molto prima
un po' dopo	molto dopo
(a little before/after)	*(well before/after)*

17 A che ora comincia?/ A che ora finisce?

Primo giorno di scuola per Valentina e Titta.

1.19

  **a** Ascolta e scrivi le ore.

l'inizio	*beginning*
la fine	*end*
iniziare cominciare }	*to start*
finire	*to end*

Per il verbo finire vedi pagina 34.

	Valentina	**Titta**
Inizio lezioni		
Intervallo		
Fine lezioni		

A che ora?	Alle ...
At what time?	*At ...*

 **b** Che differenza c'è? Completa.

Titta comincia alle ______ e finisce alle ______.

Valentina ______

e ______.

18 Mattina, pomeriggio, sera, notte

 *(Morning, afternoon, evening, night)*

Match the times to the pictures, then choose the appropriate greeting.

Buongiorno! ***Buonanotte!***

Buonasera!

1

2

3

4

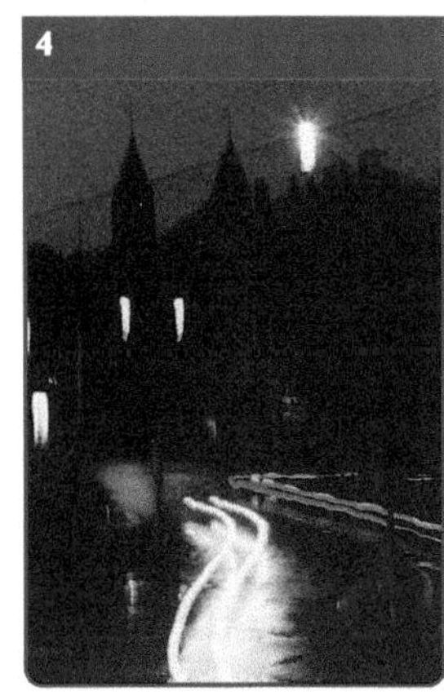

A 19,00: le sette di sera

B 16,00: le quattro di pomeriggio

C 2,00: le due di notte

D 6,00: le sei di mattina

19 A che ora aprono le banche?

Peter has just arrived in Rome. Ugo tells him the local opening and closing times.

1.20

a Ascolta e scrivi l'ora.

La banca apre ______ e chiude ______

I negozi aprono ______ e chiudono ______

I bar aprono ______ e chiudono ______

Grammatica

A che ora apre/aprono?
(What time does it/do they open?)

la banca	apr**e**	chiu**de**
le banche	apr**ono**	chiu**dono**
	apr**ire**	chiud**ere**

orario di apertura
feriali 9.00 - 20.00
festivi 10.00 - 13.30
16.00 - 19.30

b Continua a dare informazioni a Peter. Guarda le foto e continua.

Peter A che ora comincia il pranzo al ristorante?
Lei ______
Peter A che ora apre la libreria *(bookshop)*?
Lei ______
Peter Quando comincia "La Dolce Vita"?
Lei ______
Peter E quando finisce?
Lei Non lo so.

orario continuato

Librerie aperte tutto il giorno tutti i giorni:

feriali 9.00 – 20.00

festivi 10.00 – 13.30
16.00 – 19.30

Librerie Feltrinelli

LA DOLCE VITA Italia 1960. Dur. 2h 53'.

Regia: Federico Fellini. Con: Marcello Mastroianni, Anita Ekberg, Anouk Aimée.

Un giornalista si aggira distrattamente nell'universo che ruota intorno a Via Veneto. È un affresco di un'epoca e di un momento sociale, tra l'onirico e il surreale. Alcune sequenze, e non solo quella del bagno nella Fontana di Trevi, sono rimaste nella storia del cinema. Scritto da Fellini, Pinelli e Flaiano, ha scatenato a suo tempo fischi e polemiche, ma presto ha fatto il giro del mondo diventando per tutti "il Film".

METROPOLITAN, via del Corso *7*, **tel.** *063600933*. **Orari:** *16; 18,15; 20,20; 22,30*. **Biglietto:** *€7,50.*

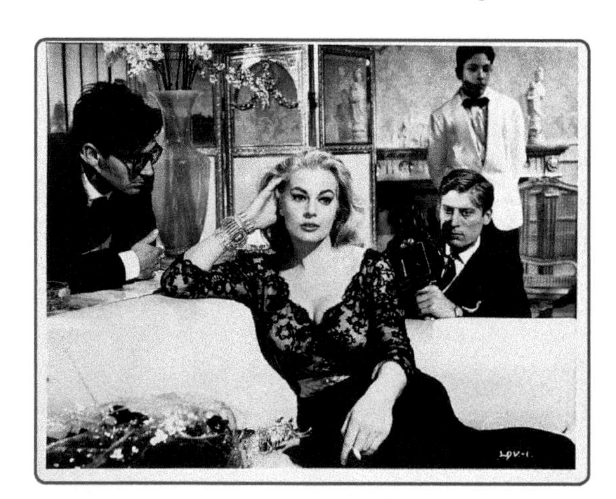

20 In Italia ... In Inghilterra ...

Grammatica

Definite article, plural:

le	banche *(f pl)*
i	ristoranti *(m pl)*
gli	uffici, **gli** studenti *(m pl)*

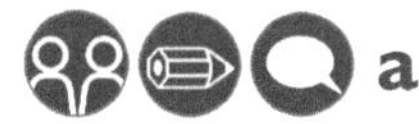 **a**

Studente A: *Ask Student B about opening and closing times in Italy. Then answer Student B's questions about England.*

Studente B: pagina 224

	Italia		**Inghilterra**	
	Apertura	**Chiusura**	**Apertura**	**Chiusura**
le banche			9	17
i supermercati			8.30	20.30/22
i negozi			9.30	17.30
le scuole			9	15.30
i bar/i pub			11	24
gli uffici			9	17
i musei			10	18
i cinema			16.30	23

 **b**

Scrivi quattro differenze tra Italia e Inghilterra. Usa **ma** *(but)* e **mentre** *(while)*.

es: In Italia i bar aprono alle 7 mentre in Inghilterra aprono alle 9.

Per casa

Nella tua zona ci sono supermercati o musei aperti fino a tardi? Scrivi un paragrafo.

i bar, i cinema *(irregular plurals)*

C | La routine quotidiana

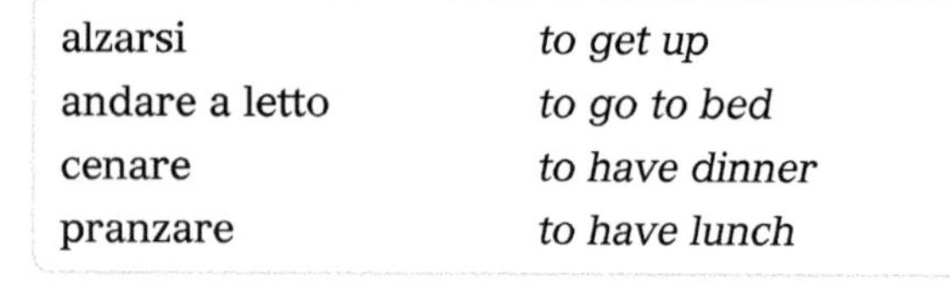

alzarsi	*to get up*
andare a letto	*to go to bed*
cenare	*to have dinner*
pranzare	*to have lunch*

21 A che ora ti alzi?

1.21

a Ascolta e scrivi le ore.

Note that with children the informal form of address (**tu**) *is used.*

presto

tardi

	Si alza		Cena	Va a letto	
	d'estate	d'inverno		d'estate	d'inverno
Natalia					
Fiora					
Camilla					
Maria Chiara					

b Rispondi alle domande.

1 Chi si alza per prima d'estate?
2 Chi si alza per prima d'inverno?
3 Chi cena tardi?
4 Chi cena presto?
5 Chi va a letto per prima?
6 Chi va a letto per ultima?
7 Chi si alza sempre alla stessa ora?

per primo/a	*first*
per ultimo/a	*last*
sempre	*always*
di solito	*usually*
l'estate	*summer*
l'inverno	*winter*

1.21

 **c** Riascolta e trova le domande.

______________ ?	Mi alzo alle otto.
______________ ?	Ceno alle 7,30.
______________ ?	Vado a letto alle 11.

  **d** In classe, copia la scheda delle bambine (Attivitá 21a) e fai un sondaggio. Usa il **tu**. *(In class, copy the girls' timetable and do a survey.)*

Avete notato?

(io)	mi alz**o**	*I get up*
(tu)	ti alz**i**	
(lui/lei)	si alz**a**	

Verbo riflessivo: alzar**si** (vedi pagina 34)

22 La giornata di Franco, un avvocato romano

 **a** *Before listening, guess his routine. Write the time for each picture and compare with a partner.*

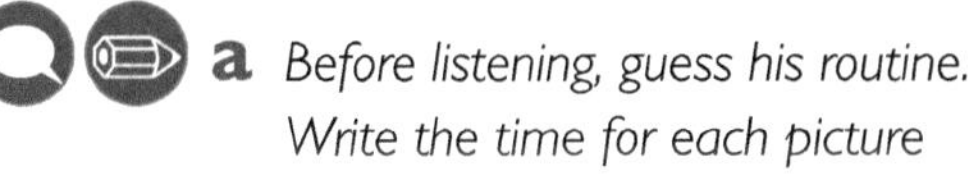

prendo un caffè
mi lavo e mi vesto
arrivo in studio
esco e vado al lavoro
lavoro con i clienti
mi faccio la doccia
ceno
mi sveglio e mi alzo
finisco e torno a casa
vado a dormire
guardo la tv
prendo un panino al bar

Altri verbi riflessivi

svegliarsi	*to wake up (literally: to wake oneself up)*
lavarsi	*to wash*
vestirsi	*to get dressed*
farsi la doccia	*to have a shower*

Grammatica

Tre verbi irregolari

esco	vado	faccio
esci	vai	fai
esce	va	fa
usc**ire**	and**are**	f**are**
to go out	*to go*	*to do*

1.22

b Giusto? Ascolta e controlla con il CD. Scrivi la frase giusta sotto ogni figura *(illustration)*.

c L'intervista

Studente A: Fai cinque domande a Franco. Usa il **lei**.

Studente B: Tu sei Franco.

Quando ...?

A che ora ...?

Che fa alle ...?

23

Scrivi la tua routine del lunedì. A coppie, fatevi le domande come in Attività 22c.
(Write down your Monday routine. In pairs, ask each other questions, as in 22c.)

Espressioni utili

(non)	esco torno	presto tardi	vado	al	lavoro cinema ristorante
	preparo	il pranzo la cena		in a	ufficio casa
	leggo	un libro i giornali	faccio	colazione la spesa i compiti	
	prendo	l'autobus un caffè	guardo	la televisione	

D | Giorni e date

24 I giorni della settimana

Gli appuntamenti del

Corriere della Sera

Tutti i giorni il *Corriere della Sera* pubblica un supplemento su un tema di grande interesse e attualità.

LUNEDÌ

- **CORRIERE SPORTIVO**
  Risultati, interviste, commenti.

MARTEDÌ

- **CORRIERE DELLE SCIENZE**
  Un indispensabile aggiornamento scientifico.

MERCOLEDÌ

- **CORRIERE DELLE INCHIESTE**
  Problemi di oggi in Italia e nel mondo.

GIOVEDÌ

- **CORRIERE DELL'ECONOMIA**
  Le domande e le risposte.

VENERDÌ

- **CORRIERE DEL LAVORO**
  Le migliori opportunità.

SABATO

- **CORRIERE DEGLI SPETTACOLI**
  Opinioni e consigli.

DOMENICA

- **CORRIERE DEI LIBRI E DELL'ARTE**
  Una guida selezionata.

L'appuntamento quotidiano col vostro giornale!

 **a** In che giorno della settimana compri il *Corriere* se . . . ?

(On which day of the week do you buy the Corriere *if . . . ?)*

1 sei un biologo.
2 ti interessa l'arte moderna.
3 sei un industriale.
4 adori lo sport.
5 vuoi cambiare lavoro.
6 vuoi vedere un buon film.
7 ti interessano i problemi sociali e politici.

 **b La mia settimana**

Ora indovino la tua settimana. Correggimi se sbaglio.

(Now I'm guessing your week. Correct me if I'm wrong.)

Lunedì fai la spesa *(shopping)* per la settimana.
Martedì ti alzi alle sei e fai ginnastica.
Mercoledì vai a lezione di italiano.
Giovedì compri due giornali.
Venerdì lavori al computer. La sera vai al cinema.
Sabato vai al mercato e prepari una bella cena per due amici.
Domenica dormi fino alle dieci e ti rilassi.

25 I mesi

1.23

a Ripeti e impara a memoria *(Repeat and learn by heart).*

Trenta giorni ha novembre
con aprile, giugno e settembre.
Di ventotto ce n'è uno.
Tutti gli altri ne hanno trentuno.

b Scrivi i mesi che mancano. *(Write the missing months.)*

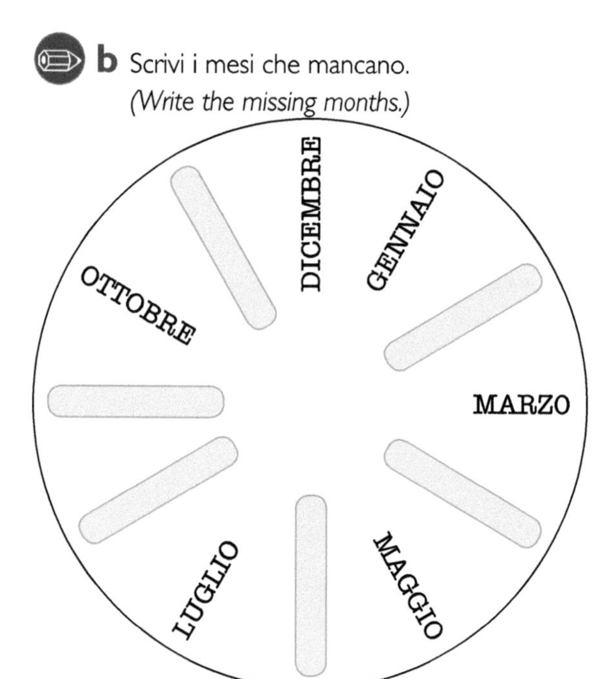

c Completate con **essere** o **avere** e fatevi le domande.

Quanti giorni ______ febbraio?
Quanti mesi ci ______ con 31 giorni?
In che mese ______ Capodanno *(New Year's Day)*?
Quali ______ i mesi della primavera?
Quanti giorni ______ settembre e aprile?
Qual ______ il tuo mese preferito?

Grammatica

Presente del verbo **essere**		*(to be)*
(io)	sono	*I am*
(tu)	sei	*you are*
(lui/lei)	è	*he/she/it is*
(noi)	siamo	*we are*
(voi)	siete	*you are*
(loro)	sono	*they are*

Presente del verbo **avere**		*(to have)*
(io)	ho	*I have*
(tu)	hai	*you have*
(lui/lei)	ha	*he/she it has*
(noi)	abbiamo	*we have*
(voi)	avete	*you have*
(loro)	hanno	*they have*

26

 Unisci foto e stagioni.
(Match the photos to the seasons.)

in primavera **in** autunno **d'**estate **d'**inverno

A

B

C

D

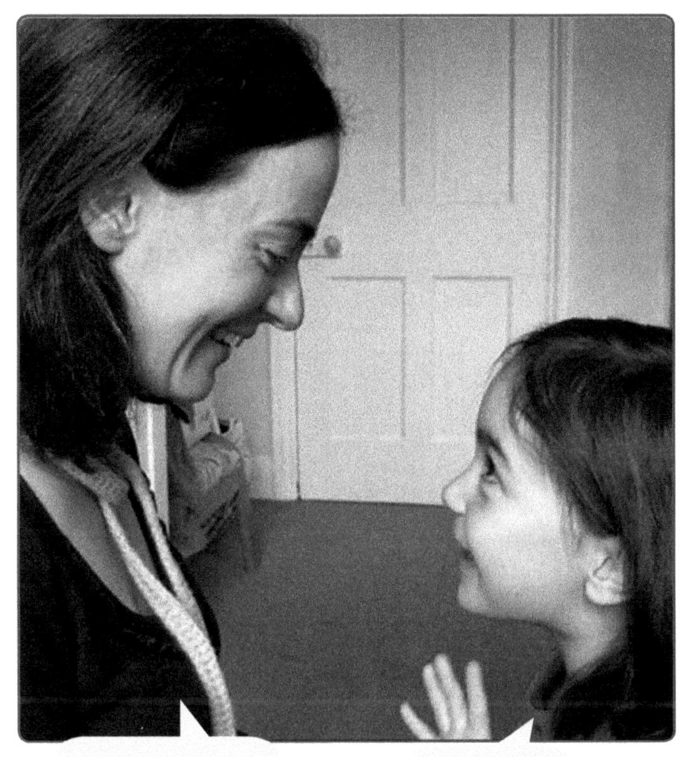

27 Quanti anni hai?

1.24

 Scrivi l'età di ogni bambina.
(Write the girls' ages.)

Carolina:
Camilla:
Aurora:
Maria Chiara:

28

1.25

 **a** Oggi è il 16 agosto.
Ascolta e ripeti.

A Senti, Carolina, quanti anni hai?
B Ho nove anni.
A E quando è il tuo compleanno?
B Il sedici agosto.
A Allora tanti auguri! Buon compleanno!

 **b** Continua con un compagno.

Diana: 15 anni 29 luglio	Stefano: 5 anni 4 settembre
Nonna: 83 anni 10 dicembre	Lia: 24 anni 8 aprile

29

 Trova quante persone nella classe sono nate *(born)* nello stesso mese.

Grammatica

1 Articolo determinativo *(Definite article)*

	Singolare	Plurale
m	**il** bambino	**i** bambini
	lo zio/studente (**s** + *consonant or* **z**)	**gli** zii/studenti
f	**la** dottoressa	**le** dottoresse
m	**l'**avvocato (vowel)	**gli** avvocati
f	**l'**isola	**le** isole

2 *Forms of address*

Informal: (**tu** +) *verb in the second person.*
es: Quanti anni hai? A che ora ti alzi?
Tu *is used with children, friends and family.*

Formal: (**Lei** +) *verb in the third person.*
es: Che lavoro fa? Quanti anni ha?

Note that you don't need to use the subject pronouns except for emphasis.

3 Ausiliari *(Auxiliaries)*

	essere *(to be)*	**avere** *(to have)*
(io)	sono	ho
(tu)	sei	hai
(lei/lui)	è	ha
(noi)	siamo	abbiamo
(voi)	siete	avete
(loro)	sono	hanno

4 Verbi regolari: presente

Italian verbs fall into three groups, ending in **-are**, **-ere** *or* **-ire**:

	lavor**are**	prend**ere**	apr**ire**
(io)	lavor**o**	prend**o**	apr**o**
(tu)	lavor**i**	prend**i**	apr**i**
(lui/lei)	lavor**a**	prend**e**	apr**e**

5 Verbi in -isc-

Some **-ire** *verbs add* **-isc-** *before some of the endings as follows:* **finire**

fin**isco**	fin**isci**	fin**isce**
finiamo	finite	fin**iscono**

See also page 47.

6 Verbi riflessivi *(Reflexive verbs)*

Many daily routine activities are expressed by reflexive verbs:

	alz**arsi**	lav**arsi**	svegli**arsi**
(io)	**mi** alzo	**mi** lavo	**mi** sveglio
(tu)	**ti** alzi	**ti** lavi	**ti** svegli
(lei/lui)	**si** alza	**si** lava	**si** sveglia

7 Verbi irregolari *(Irregular verbs)*

	fare	**andare**	**uscire**
(io)	faccio	vado	esco
(tu)	fai	vai	esci
(lei/lui)	fa	va	esce

8 piacere

Mi piace la televisione. — *I like TV.*
Non mi piace il vino. — *I don't like wine.*

NB. Mi piace *is the equivalent of 'it is pleasing to me'.*

9 Per fare domande *(Asking questions)*

Che ...? — *What ...?*
Che lavoro fa?
Che ore sono?
A che ora ...?

Quanti/e ...? — *How many ...?*
Quanti anni hai?
Quante sorelle ha?

10 Da quanto tempo? *(How long?)*

present + **da** + *time*
Da quanto tempo studi l'italiano?
How long have you been studying Italian?
Studio l'italiano da due mesi.
I've been studying Italian for two months.

11 Giorni e date *(Days and dates)*

Paolo arriva lunedì.
(with days, no capitals, no prepositions)

Paolo arriva il 15 aprile.
(with dates, no capitals, no ordinal numbers):
articolo + numero + mese

12 Numeri 10–100

Vedi vocabolario pagina 36.

Vocabolario

Il lavoro	***Work***
l'avvocato	*lawyer*
il biologo	*biologist*
il cameriere	*waiter*
la commessa	*shop assistant*
il cuoco	*cook*
il dottore	*doctor (m)*
la dottoressa	*doctor (f)*
l'impiegato/a	*clerk, office worker*
l'insegnante	*teacher*
il medico	*doctor*
l'operaio	*worker*
il parrucchiere	*hairdresser*
il professore	*teacher*
la psicologa	*psychologist*
lo scrittore	*writer*
la segretaria	*secretary*
la vigile	*policewoman*
la banca	*bank*
il negozio	*shop*
l'ospedale	*hospital*
la scuola	*school*
l'ufficio	*office*
difficile	*difficult*
facile	*easy*
faticoso/a	*tiring*
interessante	*interesting*
monotono/a	*monotonous*
noioso/a	*boring*
simpatico	*pleasant*
stimolante	*stimulating*
vario/a	*varied*
mi piace/piacciono	*I like*
gli piace/piacciono	*he likes*
le piace/piacciono	*she likes*

L'ora	***The time***
Che ora è?	*What time is it?*
È l'una	*It's one o'clock*
Sono le due	*It's two o'clock*
le tre	*three o'clock*
le tre e un quarto	*a quarter past three*
le tre e mezzo	*half past three*
le tre e tre quarti	*a quarter to four*
le quattro meno un quarto	*a quarter to four*
mezzogiorno	*midday*
mezzanotte	*midnight*
in punto	*on the dot*

La routine quotidiana	***Daily routine***
(giorni) feriali	*weekdays*
(giorni) festivi	*Sundays and bank holidays*
alzarsi	*to get up*
andare a letto	*to go to bed*
aprire	*to open*
cambiare	*to change*
cenare	*to have dinner*
chiudere	*to close*
cominciare	*to begin*
fare	*to do*
finire	*to finish*
pranzare	*to have lunch*
la colazione	*breakfast*
il pranzo	*lunch*
la cena	*evening meal*
prima (adv.)	*first*
per primo/a	*first*
poi	*then*
presto	*early*
tardi	*late*
per ultimo/a	*last*

I giorni, i mesi, le stagioni	***Days, months, seasons***
la mattina	*morning*
il pomeriggio	*afternoon*
la sera	*evening*
la notte	*night*
lunedì	*Monday*
martedì	*Tuesday*
mercoledì	*Wednesday*
giovedì	*Thursday*
venerdì	*Friday*
sabato	*Saturday*
domenica	*Sunday*
gennaio	*January*
febbraio	*February*
marzo	*March*
aprile	*April*
maggio	*May*
giugno	*June*
luglio	*July*
agosto	*August*
settembre	*September*
ottobre	*October*
novembre	*November*
dicembre	*December*
la primavera	*spring*
l'estate	*summer*
l'autunno	*autumn*
l'inverno	*winter*
buon compleanno	*happy birthday*
tanti auguri	*best wishes*

Numeri	***Numbers***
undici	*eleven*
dodici	*twelve*
tredici	*thirteen*
quattordici	*fourteen*
quindici	*fifteen*
sedici	*sixteen*
diciassette	*seventeen*
diciotto	*eighteen*
diciannove	*nineteen*
venti	*twenty*
ventuno	*twenty-one*
ventidue	*twenty-two*
ventitre	*twenty-three*
ventiquattro	*twenty-four*
venticinque	*twenty-five*
ventisei	*twenty-six*
ventisette	*twenty-seven*
ventotto	*twenty-eight*
trenta	*thirty*
quaranta	*forty*
cinquanta	*fifty*
sessanta	*sixty*
settanta	*seventy*
ottanta	*eighty*
novanta	*ninety*
cento	*(a) hundred*

3 In famiglia

- Introducing people
- Talking about the family
- Describing people and pets
- Agreeing and disagreeing
- Giving personal information
- Using the possessive

questo/a	*this*
quello/a	*that*

1.26

a • Ascolta e ripeti con l'intonazione giusta.
(Listen and repeat with the right intonation.)

• Scrivi il legame di famiglia per ogni siluetta (1–7).
(Write the family relationship for each silhouette.)

es: 1 marito

Piacere!

Ti presento mio marito.

b Continuate con:

mia sorella
☐ fratello
☐ moglie
☐ figlia
☐ cugina
☐ marito
☐ figlio
☐ cugino

A | In famiglia

1

Quanti siete in famiglia?

Siamo in due.

Vivo solo.

Siamo in cinque, mia moglie, tre figli e io.

Grammatica

siamo	*we are*
siete	*you are*
sono	*they are*
siamo in cinque	*there are five of us*

Continua con un compagno.

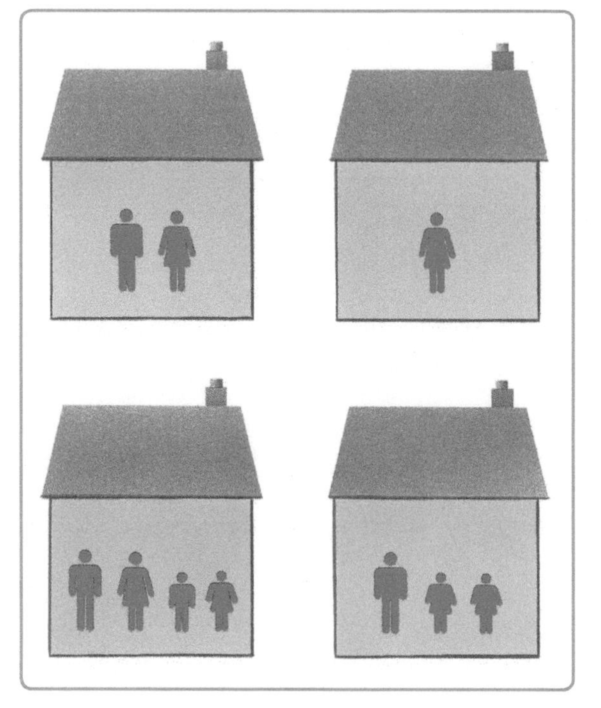

2 Mio o mia?

1.27

a Ascolta, completa e leggi *(read)*.

Piero

Ecco la mia famiglia. Questo sono io, Piero. Ho due sorelle e un fratello: Carla, Silvia e Gianni. ______ madre si chiama Teresa e ______ padre si chiama Enrico. ______ padre ha un fratello più grande, zio Roberto, e una sorella più piccola, zia Mariella. ______ madre invece è figlia unica. I miei nonni materni abitano in campagna. ______ nonna si chiama Irene e ha 68 anni, e ______ nonno si chiama Eugenio e ha 70 anni. I nonni paterni non ci sono, sono morti.

è figlia unica	*she's an only child*

Avete notato?

la mia famiglia	*but*	**mia** madre
la mia casa		**mio** padre

The possessive is always preceded by the article, except with family members in the singular.

b Scrivi l'albero genealogico di Piero.

c Guarda l'albero genealogico e completa.

Gianni è il ________ di Piero.

Silvia è la ________ di Gianni, Piero e Carla.

Enrico è ________ di Piero, Gianni, Silvia e Carla.

Teresa è ________ di Piero, Gianni, Silvia e Carla.

Enrico è il marito di ________

Teresa è ________ moglie di ________

Continua. Fai altre frasi.

d Fatevi le domande

1 Quanti fratelli ha Silvia?
2 Chi è Eugenio?
3 Quante sorelle ha Enrico?
4 Come si chiama la nonna di Carla?

quanti? / quante?	*how many?*
chi?	*who?*

3 Hai fratelli e sorelle?

1.28

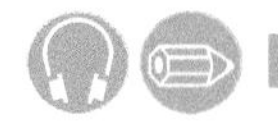

b Ascolta e fai una frase con **è** o **ha** per ogni persona.

Avete notato?

Hai fratelli e sorelle?
Sei figlia unica?

essere e **avere**: pagina 34.

Maria Chiara		due fratelli e due sorelle.
Camilla		un fratello più grande.
Annetta	ha	una sorellina più piccola.
	è	
Aurora		figlia unica.
Il signor Meli		una sorella più grande.

4 Una famiglia sportiva

 **a** Completa con **è**, **ha** o **hanno**.

Questa ragazza si chiama Flavia Pennetta. Flavia ______ una bravissima tennista italiana che recentemente ______ partecipato al torneo di Wimbledon arrivando alla finale nel doppio femminile. L'allenatore (*trainer*) di Flavia ______ suo padre. Flavia aveva quattro anni quando il padre le ______ dato (*given*) la sua prima racchetta da tennis. Il padre ______ anche lui un bravo giocatore e presidente del Club del Tennis di Brindisi, la città dove ______ nata la tennista. Ma tutti in famiglia ______ la passione del tennis. Non solo il padre, ma anche la sorella, la madre e la nonna di Flavia ______ sempre giocato a tennis e partecipato a tornei.

5 La famiglia di Luisella

1.29

 **a** Ascolta e completa la scheda.

Nome	Elisa	Giuseppe	Luciana
Legame familiare			
Età			
Lavoro			
Stato civile			
Figli			

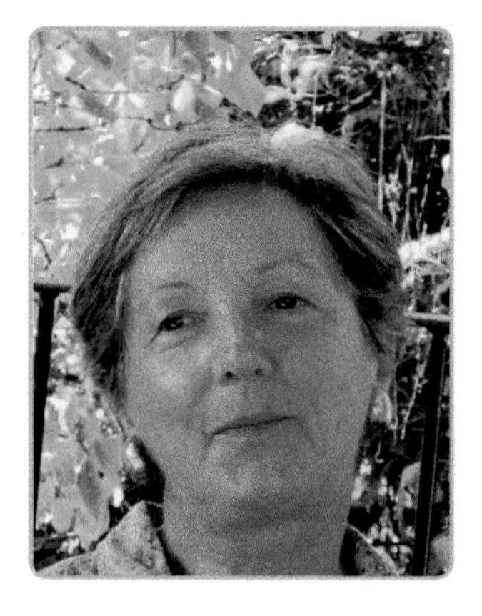

l'età	*age*
il legame	*relationship*
lo stato civile	*marital status*
il notaio	*solicitor*

 **b** Ricostruisci le frasi.

1 famiglia/persone/quattro/ci sono/nella
2 notaio/fratello/il/fa/il
3 insegnante/la/sorella/l'/fa

Per casa
Descrivi la famiglia di Luisella usando le informazioni nella scheda.

B | Com'è? Che tipo è?

6 Il corpo

Match the names to the parts of the body. Check with the vocabulary (pagina 48).

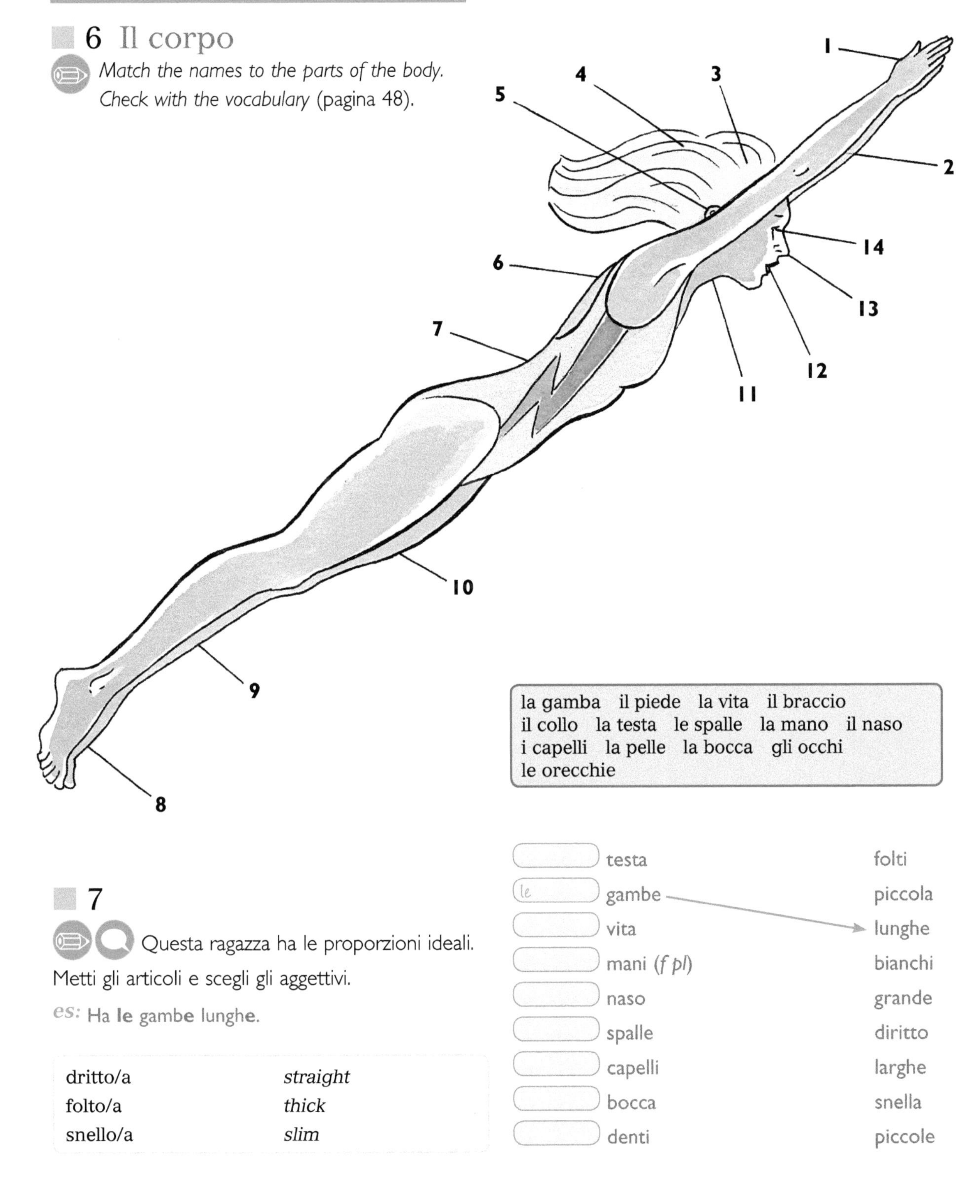

la gamba il piede la vita il braccio
il collo la testa le spalle la mano il naso
i capelli la pelle la bocca gli occhi
le orecchie

7

Questa ragazza ha le proporzioni ideali. Metti gli articoli e scegli gli aggettivi.

es: Ha **le** gamb**e** lungh**e**.

dritto/a	*straight*
folto/a	*thick*
snello/a	*slim*

___	testa	folti
le	gambe →	piccola
___	vita	lunghe
___	mani (*f pl*)	bianchi
___	naso	grande
___	spalle	diritto
___	capelli	larghe
___	bocca	snella
___	denti	piccole

8 Com'è?

Elena Tina Sandro Marco Roberta

gli occhi azzurri i capelli corti
i capelli ricci i capelli grigi
gli occhi grandi i capelli lunghi
i capelli neri i capelli biondi
gli occhi castani gli occhi verdi
gli occhiali i capelli castani
i capelli lisci la barba bionda
i baffi neri

a Trova i dettagli per descrivere ogni persona.
(Choose the right details to describe each person.)

es: Tina ha gli occhi azzurri e i capelli neri e corti.

1.30

b Giusto? Ascolta e controlla.
(Right? Listen and check.)

9

Trova i contrari.

alto/a	corto/a
magro/a	bruno/a
riccio/a	liscio/a
lungo/a	grasso/a
biondo/a	basso/a

Check with the vocabulary (pagina 48).

10

Write a description of yourself.
Jumble up all the descriptions, then take it in turns to read one aloud. The others guess who it is.

Per casa
Ritaglia (*cut*) tre fotografie dai giornali (*newspapers*) e descrivi le persone.

11 Che tipo è?

spiritoso/a	*witty*
simpatico/a	*nice*
impulsivo/a	*impulsive*

1.31

  a

Anna Senti, che tipo è Cati?

Laura Fisicamente?

Anna Be', in generale, anche fisicamente, com'è?

Laura Fisicamente, è alta, magra, ha le gambe lunghe e i capelli biondi e gli occhi celesti, e come carattere è molto aperta, simpatica e spiritosa e a volte anche un po' ironica . . .

Anna Ma mi sembra un po' timida qualche volta . . .

Laura Sì, è timida, infatti non è molto sicura di sé stessa.

Che tipo è Cati?

Fisicamente	Come carattere

1.32

 b Ascolta e completa la stessa scheda per Francesca.

Che differenze ci sono tra le due ragazze? Parlane con un compagno.

Avete notato?

molto aperta	*very open*
non molto alta	*not very tall*
un po' timida	*a bit shy*
abbastanza scura	*quite dark*

Per casa

Write a description of a brother, uncle or father.

Use **molto, abbastanza, un po'**.

Remember to use the masculine form of the adjectives.

12 Qual è Tommaso Carpi?

medio/a	*average, medium*
la statura	*height*
gli occhiali	*glasses*

5 maggio

Gentile Direttore,

Arrivo domani all'aeroporto di Fiumicino alle 12,50 con il volo Alitalia AZ 560 come d'accordo. Mi può riconoscere facilmente: sono di media statura, sono molto magro, ho i capelli castani lisci e gli occhi scuri. Importante: porto gli occhiali e ho i baffi. In genere quando viaggio porto scarpe da tennis e jeans, con una giacchetta sportiva.

La saluto cordialmente.

Tommaso Carpi

C | Cani e gatti

13

1.33

Studia i nomi degli animali a destra (*on the right*). Poi ascolta e scrivi quali e quanti animali ha ogni persona.

	Animali	Quanti
Lorenza		
Serena		
Marco		
Valentina		
Renata		
Elena		
Barbara		

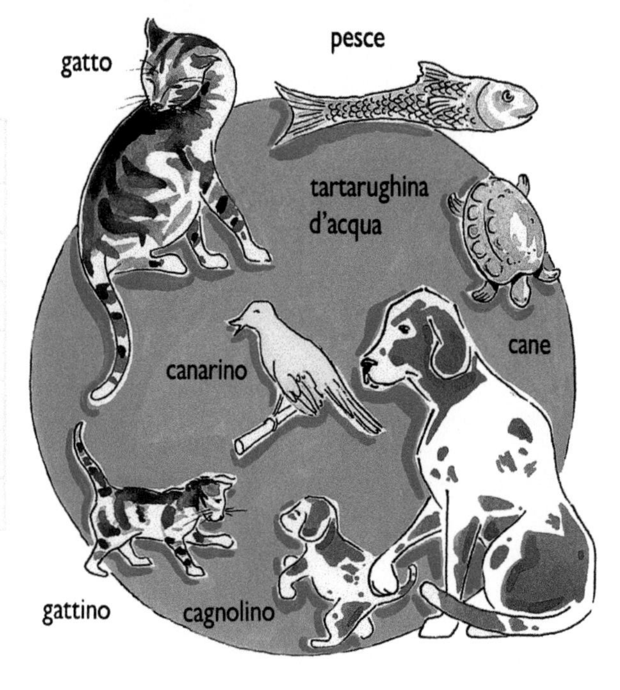

14

 **a** Trova le domande per queste risposte.

1 Ho cinque cani.
2 Sì, amo gli animali.
3 Si chiama Scheggia.
4 È un fox-terrier.
5 Sì, ho un cane lupo.
6 Non ho nessun animale domestico.
7 Da nove anni.

A Da quanto tempo ce l'ha?
B Le piacciono gli animali?
C Lei ha animali domestici?
D Come si chiama?
E Lei ha un cane in casa?
F Quanti animali ha lei?
G Che cane è?

Ti piacciono gli animali? (tu)
Le piacciono gli animali? (lei)
Do you like animals?

 **b** Fate una conversazione, usando le stesse domande di **a**.

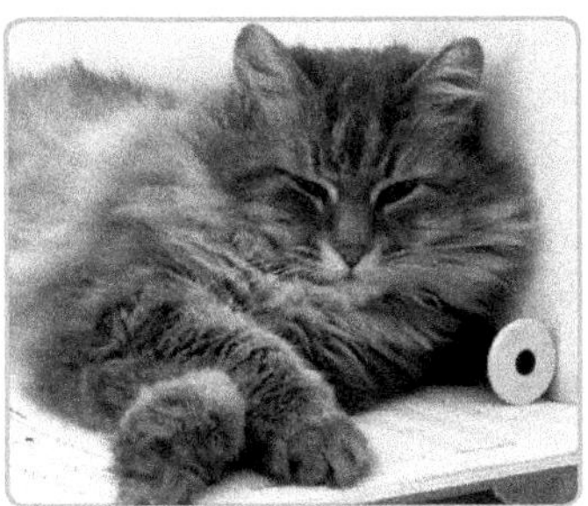

15 I cani o i gatti?

 **a** Decidi:

sono molto affettuosi	i cani
sono indipendenti	
sono molto puliti	
sono costosi per il mangiare	
fanno compagnia	
sono fedeli	
sono egoisti	
dormono sui letti	
rovinano la casa	
sono ottimi amici	

b Tu preferisci i cani o i gatti? Perché?
Chiedi a un compagno se è d'accordo.
(*Ask if s/he agrees.*)
Vocabolario a pagina 48.

Tu sei d'accordo?

Sì, sono d'accordo perché...!

Lei è d'accordo?

No, non sono assolutamente d'accordo, perché...

Grammatica

Verbi in -**isco** (presente):
preferire

prefer**isco**	preferiamo
prefer**isci**	preferite
prefer**isce**	prefer**iscono**

Vedi pagina 47.

Per casa
Descrivi un animale domestico, tuo o di altri, usando le espressioni sopra.

D | Incontri

celibe/scapolo = un uomo non sposato
nubile/single = una donna non sposata

16

1.34

 **a** Ascolta. Chi è? (*Who is speaking?*)
Details of one of these two people are on this page.

A Piacere.
B Piacere!
A È di qui?
B No, sono toscana.
A Ah, io sono di Genova. E lavora qui a Milano?
B No, lavoro a Siena. Ho un negozio di scarpe. E lei?
A Ah! Anch'io faccio il commerciante.
B E da quanto tempo fa questo lavoro?
A Da tre anni. È un lavoro interessante. Viaggio molto. Mi piace viaggiare.
B Ha figli?
A No, non ho figli. E lei?
B Sì, io ho tre figli. Anche a me piace viaggiare. Vado spesso a Firenze per lavoro.

 **b** Scegli un personaggio e parla con gli altri come in **a**.
(Choose a character from the cards and talk to people as in **a**. *Remember to use* **lei**.*)*

Georgia Vettori

Milano
architetto da 2 anni
single
25 anni
Interessi: l'amicizia

Maurizio Frugoni

Vicenza
piccolo industriale
sposato da 20 anni
2 figli (1 maschio/ 1 femmina)
Interessi: la caccia

Marta Bonelli

Siena
commerciante
(negozio di scarpe)
sposata da 15 anni,
3 figli
39 anni
Interessi: viaggiare

Stefano Giannini

Roma
medico pediatra
(Ospedali Riuniti)
scapolo, 43 anni
Interessi: l'opera

Mina Donisio

Palermo
segretaria da 5 anni
nubile
22 anni
Interessi: il tennis

Valerio Cella

Firenze
camionista da 3 mesi
divorziato
27 anni
niente figli
Interessi: il football

17

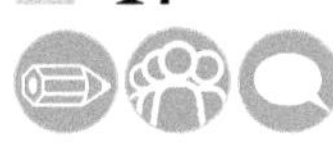

Scrivi le domande (usa il **lei**) e trova una persona che . . .

- è sposato/a
- ha tre figli
- ha meno di 30 anni
- fa la segretaria
- fa il medico

Grammatica

1 Plurali irregolari

Singolare	Plurale	
la mano *(f)*	le mani	*hands*
il braccio	le braccia	*arms*
l'uomo	gli uomini	*men*

For regular plurals, see page 16, no. 4.

2 Aggettivi *(Adjectives)*

All adjectives agree with the noun they refer to, both in gender (see page 16, no. 2) and number.

una ragazz**a** brun**a**	due ragazz**e** brun**e**
un ragazz**o** biond**o**	due ragazz**i** biond**i**
una donn**a** interessant**e**	due donn**e** interessant**i**
un uom**o** interessant**e**	due uomin**i** interessant**i**

3 Possessivi *(Possessives)*

Like all adjectives, these agree with the noun they refer to. They are normally preceded by the article (il, la *etc.):*

Maschile		**Femminile**	
il mio il tuo il suo	libro	la mia la tua la sua	penna
i miei i tuoi i suoi	nonni	le mie le tue le sue	sorelle

But when speaking of members of the family in the singular, the article is never used:

mio figlio	mia sorella
tuo marito	tua madre
suo padre	sua zia

4 questo *(this)*, quello *(that)*

	Singolare	**Plurale**
m	questo	questi
	quello	quelli
f	questa	queste
	quella	quelle

For other forms of quello *(adj.) see pages 238–9.*

5 Presente dei verbi in *-isco*

Some **-ire** *verbs take an* **-isco** *ending in the present tense (but not in the* noi *and* voi *forms). The most common are* finire, preferire, capire.

finire	**capire**	**preferire**
fin**isco**	cap**isco**	prefer**isco**
fin**isci**	cap**isci**	prefer**isci**
fin**isce**	cap**isce**	prefer**isce**
finiamo	capiamo	preferiamo
finite	capite	preferite
fin**iscono**	cap**iscono**	prefer**iscono**

6 Avverbi (*Adverbs*)

Adverbs are placed after a verb:

Mario parla **bene** (*Mario speaks well*)

but before an adjective:

È **molto** simpatico (*He's very nice*).

7 Forms of address

Remember that with people you don't know, you use **lei** *+ third person singular. With children, family and friends, you use* **tu** *+ second person singular.*

Vocabolario

La famiglia	***Family***
la madre	*mother*
il padre	*father*
il figlio/la figlia	*son/daughter*
la sorella	*sister*
il fratello	*brother*
il/la cugino/a	*cousin*
il nonno/la nonna	*grandfather/grandmother*
il/la nipote	*nephew/niece; grandchild*
lo zio/la zia	*uncle/aunt*
il marito	*husband*
la moglie	*wife*
più grande	*older/bigger*
più piccolo	*younger/smaller*
figlio/a unico/a	*only child*
insolito/a	*unusual*
allenatore (m)	*trainer*
giocare	*to play*
vincere (vinto)	*to win (won)*

Il corpo e il carattere	***Body and character***
i baffi	*moustache*
la barba	*beard*
la bocca	*mouth*
il braccio	*arm*
le braccia (pl irreg)	*arms*
i capelli	*hair*
il collo	*neck*
i denti	*teeth*
le gambe	*legs*
la mano	*hand*
le mani (pl irreg)	*hands*
l'occhio	*eye*
gli occhi	*eyes*
l'orecchio	*ear*
le orecchie (pl irreg)	*ears*
i piedi	*feet*
le spalle	*shoulders*
la testa	*head*
gli occhiali	*glasses*
riccio/a	*curly*
liscio/a	*straight (hair), smooth (skin)*
castano/a	*chestnut*
biondo/a	*fair, blond*
corto/a	*short (hair etc.)*
lungo/a	*long*
grande	*large*
piccolo/a	*small*
alto/a	*tall*
basso/a	*short (height)*
magro/a	*thin*
grasso/a	*fat*
largo/a	*wide, broad*
diritto/a, dritto/a	*straight*
aperto/a	*open*
simpatico/a	*nice*
spiritoso/a	*witty*

Animali domestici	**Pets**
affettuoso/a	*affectionate*
egoista	*selfish*
fedele	*loyal*
ottimo/a	*extremely good*
pulito/a	*clean*
il cagnolino	*puppy*
il canarino	*canary*
il cane	*dog*
il cane lupo	*Alsatian*
il gattino	*kitten*
il gatto	*cat*
il pesce	*fish*
la tartarughina d'acqua	*terrapin*
rovinare	*to ruin*
il pelo	*coat*

Incontri	***Meeting people***
ti presento . . .(*informal*)	*let me introduce you to . . .*
le presento . . .(*formal*)	*let me introduce you to . . .*
celibe/scapolo	*unmarried (man)*
nubile/single	*unmarried (woman)*
divorziato/a	*divorced*
sposato/a	*married*
il camionista	*lorry driver*
il commerciante	*trader, retailer*
i figli	*children*
l'amicizia	*friendship*
la caccia	*hunting*
viaggiare	*to travel, travelling*
e	*and*
un po'	*a little*
abbastanza	*quite, fairly*
molto (adv.)	*very*

4 Tutti a casa

- Talking about homes
- Finding a house
- Describing rooms and furniture
- Booking a hotel by phone or email
- Enquiring about facilities
- Telephone alphabet
- Numbers up to a million

tipico palazzo romano

palazzina a sei piani

casa di campagna

villetta a schiera

casetta al mare

appartamento

1.35

Dove abitano? Ascolta e scrivi il tipo di casa.

Mauro

La nonna di Renata

Vanna

Armando

Franco

Il fratello di Franco e sua moglie

A | A casa

RAI 1
RADIOCORRIERE T.V.
UFFICIO PRODUZIONE

☐

☐

☐

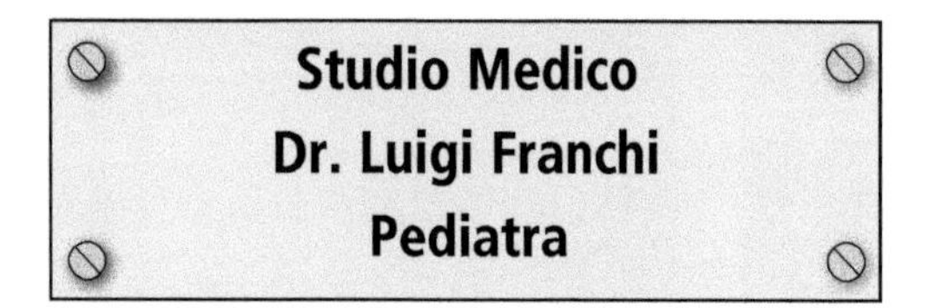

☐

Grammatica

(io) abit**o**	*I live*
(tu) abit**i**	*you live*
(lui/lei) abit**a**	*he/she lives*
(noi) abit**iamo**	*we live*
(voi) abit**ate**	*you (pl.) live*
(loro) abit**ano**	*they live*

Presente di **abitare** (*to live*).

Vedi pagina 68.

1 Dal portiere: a che piano?

1.36

a Ascolta e scrivi il piano per ogni ufficio.

al quinto	**piano**	*on the fifth floor*
quarto		*fourth*
terzo		*third*
secondo		*second*
primo		*first*
al pianterreno		*on the ground floor*

b Fatevi le domande.

es: Scusi, a che piano sta lo studio medico?

2 Casa o appartamento?

casa, *sf.* (a) house (b) home; **a casa,** at home: **vado a casa,** I'm going home

Noi italiani generalmente abitiamo in un appartamento, mentre gli inglesi generalmente abitano in una casa. Voi dove abitate? A che piano? Fate un sondaggio (*survey*) in classe.

es: Tu a che piano abiti?

3 Quante stanze?

1.37

  Ascolta Luisa.

Tick only the rooms she mentions and say how many there are of each.

giardino

camera da letto

cucina

camera da pranzo

salotto (o salone)

ingresso

studio

soggiorno

balcone/terrazzo

bagno

4 La mia casa

1.38

a Ascolta Fiora e studia la piantina.

Fiora La mia casa, credo che sia la casa tipo della famiglia media italiana. È un appartamento in un fabbricato . . . sta al terzo piano. Appena si entra c'è un corridoio, o un ingresso come si può chiamare. A sinistra c'è una stanza molto grande, poi c'è un terrazzo che da questa stanza gira e arriva fino in cucina. In fondo all'ingresso c'è un piccolo bagno, un salottino a destra e la cucina a sinistra. Poi ci sono altre due stanze e un bagno più grande.

Marina Sono stanze da letto?

Fiora Ci sono due stanze da letto, un salottino, un salone, la cucina e due bagni.

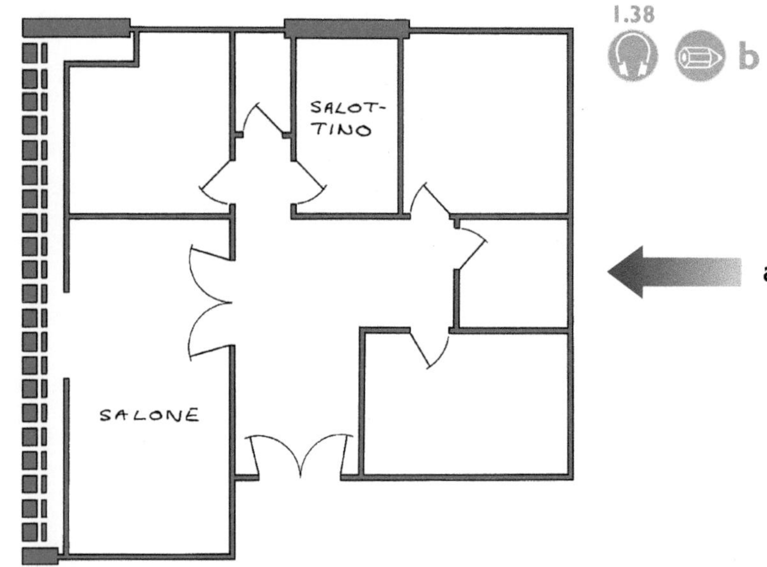

1.38

b Riascolta e completa con i nomi delle stanze.

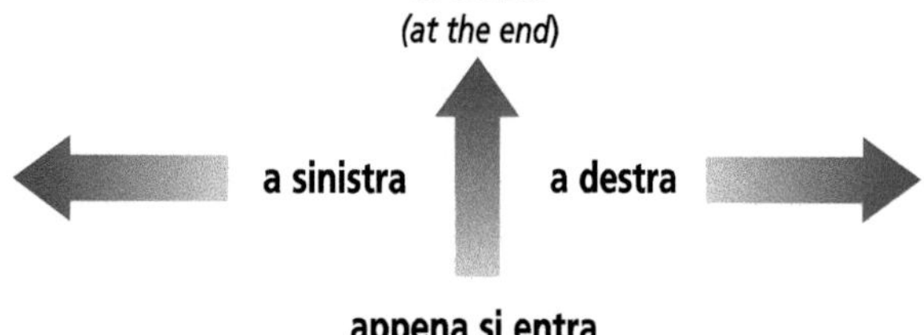

c Ora copri (*cover*) la piantina.

Che stanze ci sono?

C'è	Ci sono

5

a

Studente A: Disegna (*draw*) la pianta della tua casa. Descrivila a Studente B come in Attività 4a.

Studente B: Disegna la casa di Studente A.

Poi scambiatevi i ruoli.

b Fate la conversazione.

- Quante stanze ci sono nella tua casa?
- Quante camere da letto?
- Ci sono due bagni o uno?
- La cucina è grande o piccola?
- C'è la stanza da pranzo?
- C'è il giardino?

6

1.39

a Ascolta Renata.

Noi non mangiamo in cucina. Nel salone passiamo moltissime ore della giornata, perché lì guardiamo la televisione, lì io lavoro a maglia, lì io gioco a carte con gli amici. Sul balcone coltivo i fiori. Mia figlia Laura studia nel tinello.

lì	*there*
il tinello = il soggiorno	*living room*

b Sì o no?

1 La famiglia di Renata mangia sempre in cucina.
2 In cucina c'è la televisione.
3 Renata gioca a carte con gli amici nel tinello.
4 Coltiva fiori sul balcone.
5 Lavora a maglia nel salone.
6 La figlia studia in camera sua.

c Cosa fa Renata in casa? Studia il vocabolario e completa.

Grammatica

Cosa fa?	*What does she do?*
lavor**a**	(lavor**are**)
legg**e**	(legg**ere**)
dorm**e**	(dorm**ire**)

3ª persona presente indicativo: vedi pagina 68.

1 Nel salone ______.
2 Sul balcone ______.
3 In cucina ______.
4 In camera da letto ______.
5 Nel bagno ______.
6 Nello studio ______.
7 Nella stanza da pranzo ______.

Per casa

Descrivi le tue abitudini in casa come in Attività 6a.

7 La casa ideale

Guarda l'opuscolo *(brochure)* e metti in ordine di importanza. Scrivi le tue preferenze e chiedi al compagno.

Quali sono le cose importanti in una casa per te?

Per me le cose più importanti sono il giardino, il riscaldamento e la cucina grande.

PINETA-CASA
La casa per le vacanze

Tutti gli appartamenti hanno:

- **riscaldamento** *(central heating)*
- **finestre grandi** *(large windows)*
- **doppi servizi (= due bagni)**
- **garage**
- **esposizione a sud** *(south-facing)*
- **cucina grande**
- **giardino**
- **balcone**
- **doccia** *(shower)*

8 Il mercato della casa

PICCOLA PUBBLICITÀ

In Liguria, vicino al mare, affitto un appartamento arredato con cucinino, soggiorno, camera, 2 balconi e servizi. Telefonate ore pasti allo 021/63592.

A Salerno vendo per €320.000 un appartamento composto da 4 camere, cucina grande, salone, doppi servizi, posto auto, a 200 metri dal mare. Telefonate al numero 810/62791.

A Tonezza, a 1200 metri, vicinissimo alle montagne, vendo una villetta a schiera con soggiorno, 3 camere doppie, doppi servizi, cucina piccola, garage, piccolo giardino. €195.000 Telefonare ore pasti 073/36450.

A Sanremo affitto monolocale con divanoletto, angolo cottura, bagno, terrazzo, riscaldamento autonomo. Telefonate al mattino 0571/63456.

A Recanati vendo un appartamento composto da sala, cucina, 2 camere, bagno e posto auto, per €150.000. Telefono 049/26581.

A Riccione, a 150 metri dal mare, vendo un appartamento nuovo, composto da soggiorno, cucina, 2 camere, 2 bagni, terrazzo coperto. €350.000 Telefonare sera 689/78632.

A Pegli vendo piccolo appartamento con una camera, soggiorno, zona cucina, servizi, vista sul mare. €160.000. Telefonare ore pasti al numero 0652/40681.

affittare	*to rent/let*
vendere	*to sell*
vicino a	*near*
i pasti	*meals*
il mare	*sea*
l'auto/la macchina	*car*
il posto auto	*parking space*

a Leggi gli annunci e decidi.

1 Qual è l'appartamento più vicino al mare?
2 Quale appartamento ha più camere da letto?
3 Quanto costa l'appartamento di Recanati?
4 Quali appartamenti hanno più di un bagno?
5 Quanti hanno il balcone?
6 In quali case c'è il posto per la macchina?
7 Qual è la casa per chi ama la montagna

più	*more, most*

b **All'Agenzia: una casa per l'estate**

Studenti A, B e **C**

A: una persona con la macchina
B: una famiglia di quattro persone
C: una coppia con un cane

Tell the agency your requirements (four each). For ideas, look at activities 7 and 8.

Studente D: Lavori all'Agenzia.
Riempi il modulo *(form)* con le richieste.
C'è una casa per queste persone negli annunci?

CASABELLA
Agenzia Immobiliare Turistica

	A	**B**	**C**
cucina			
camere da letto			
bagno			
giardino			
garage			
riscaldamento			
altro			

9

Vuoi affittare la tua casa durante l'estate. Prepara l'annuncio da mettere sull' Internet.

(You want to let your house during the summer. Prepare the ad for the internet.)

150.000	*centocinquantamila*
160.000	*centosessantamila*
195.000	*centonovantacinquemila*
320.000	*trecentoventimila*
350.000	*trecentocinquantamila*

Numeri 100–1.000.000: vedi pagina 60.

Affitto mese luglio ______
composto/a da ______
letto, ______ *grande/piccolo/a,*
cucina ______,
giardino ______,
______ *bagno/i.*
Telefonare dopo le ______
al/allo ______

B | La mia stanza

10 I mobili

1.40

a Ascolta la descrizione.
Join the names to the pieces of furniture.

un mobile	*a piece of furniture*
i mobili	*furniture*

lo specchio

la finestra

il caminetto

l'armadio

il tavolo

la sedia

lo scaffale

il lume

il quadro

i cuscini

il divano-letto

la poltrona

il tappeto

la porta

dietro	*behind*
di fronte a	*opposite*
sotto	*under*
sopra	*above*

b *After listening: can you remember this room? Look at the picture and fill in the gaps. Then check with the CD.*

È una stanza abbastanza grande con una sola ______. A destra c'è un piccolo ______. Sopra il caminetto c'è uno ______ antico. La ______ e il lume sono sul mobile a destra. I libri sono sugli ______ dietro la televisione. Sotto i ______ c'è un divano-letto con molti ______. Al centro della stanza c'è una ______. A sinistra c'è un ______ con quattro ______. Dietro il tavolo c'è un ______ per i vestiti e, vicino al tavolo, una bella pianta.

Avete notato?

Preposizioni articolate

di + la = **della** stanza
a + il = **al** tavolo
su + il = **sul** mobile
su + gli = **sugli** scaffali

Some common prepositions combine with the definite article. See pages 68 and 246.

c

Studente A: Descrivi la tua stanza a Studente B. Cosa c'è?

Studente B: Disegna la stanza di A.

Scambiatevi i ruoli.

Per casa

Scrivi una lettera descrivendo una stanza della tua casa sul modello di **b**.

11 Le cose che piacciono a Stefano e a Susanna

il sassofono   la chitarra   i libri gialli *(detective stories)*   le riviste   il verde   il blu   il tennis
il calcio *(football)*   lo sci   la tv   il computer portatile   i cioccolatini   le patatine   la Coca-Cola
il caffè   lo stereo   i DVD   i poster   i CD   il lettore CD/DVD

Studente A: questa pagina.

Guarda bene gli oggetti nella stanza di Stefano. Di' (*tell*) a Studente B cinque cose che piacciono a Stefano e fai domande su (*find out about*) Susanna.

es: A Stefano piace il calcio. E a Susanna?

Studente B: pagine 224–5.

Scambiatevi i ruoli.

Grammatica

a lui: **gli** (*to him*)

a lei: **le** (*to her*)

A Stefano **piace** il calcio
Gli piacciono i libri gialli.

A Susanna **piace** il jazz
Non **le piacciono** le patatine.

12

Che disordine! La signora Olga vuole tutto a posto, subito.

 **a** Metti in ordine la stanza.

es: Il cuscino non va sul pavimento, va sul divano.

sotto il giradischi	sul tavolino	sullo scaffale
sul divano	sul mobile	sul pavimento
per terra	sotto il lume	nel piatto

Gli occhiali non vanno sul divano,
________________.

Il portacenere non va ________________,
va ________________.

Le bottiglie non ________________,
vanno ________________.

Il disco non ________________,
va ________________.

I bicchieri non ________________,
________________.

I libri ________________.

 **b** Vero?

Studente A: Controlla con Studente B.
Chiedi: dove va il cuscino?

Studente B: pagina 225.

Continuate con gli altri oggetti.

13 Il trasloco *(The move)*

Dove mettiamo i mobili? *(Where shall we put the furniture?)*

Studente A: Dove metto il tavolo?

Studente B: Lo metta in cucina vicino alla finestra.

Continuate con gli altri oggetti da mettere in casa.

l'armadio – la poltrona – il tappeto –

il pianoforte – i cuscini –

la televisione – le sedie – il quadro –

il tavolino – il lume

Grammatica

masc.	fem.
lo metta (il tavolo)	**la** metta (la sedia) *sing.*
li metta (i tavoli)	**le** metta (le sedie) *plur.*

I pronomi personali (oggetto diretto) vanno in genere prima del verbo. Vedi pagina 241.

14 I numeri fino a un milione

Studia i numeri da cento a un milione.

100	cento
200	duecento
350	trecentocinquanta
1000	mille
1500	millecinquecento
2000	duemila
5000	cinquemila
10000	diecimila
100.000	centomila
1.000.000	un milione (di)

NB In italiano i decimali sono scritti con la virgola.

es: 420,74

TV e telecomando   lavatrice   ferro   lavastoviglie
aspirapolvere   lettore DVD recorder
cucina a gas con forno elettrico   fon
computer   frigorifero con surgelatore

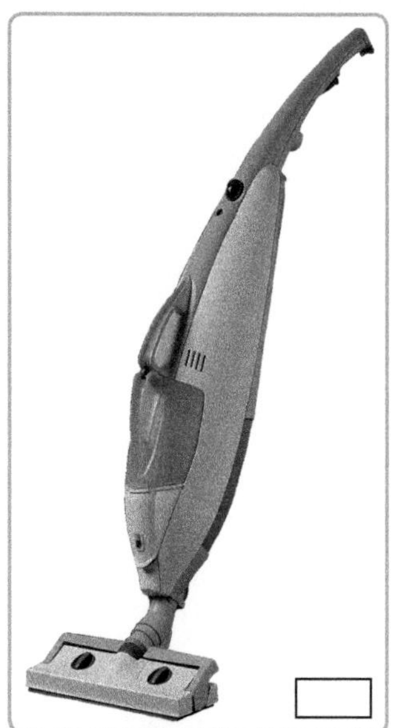

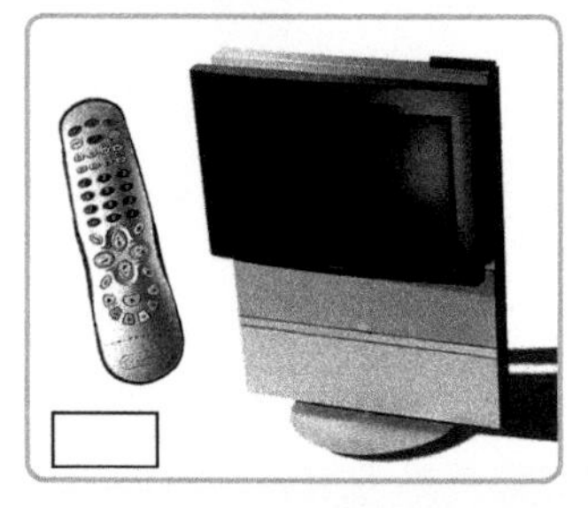

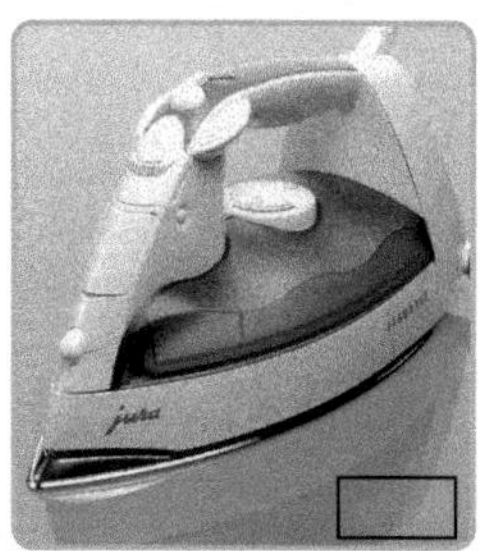

15 Gli elettrodomestici

a Trova il nome di ogni oggetto e scrivilo accanto alla sua funzione.

1 Lava i piatti.
2 Pulisce tappeti e pavimenti.
3 Trasmette programmi.
4 Lava vestiti, lenzuoli ecc.
5 Stira i vestiti.
6 Surgela e conserva i cibi.
7 Asciuga i capelli.
8 Cuoce i cibi.
9 Permette di usare l'Internet.
10 Registra film e programmi TV.

b Segnate (✓) gli elettrodomestici che avete in casa. Poi fatevi le domande:

Quali elettrodomestici hai tu in casa?
Qual è il tuo elettrodomestico preferito?
Perché? Quanto spesso lo usi?

1.41

c Quanto costa?

Ascolta e scrivi i prezzi in euro (attenzione ai decimali) sotto ogni elettrodomestico.

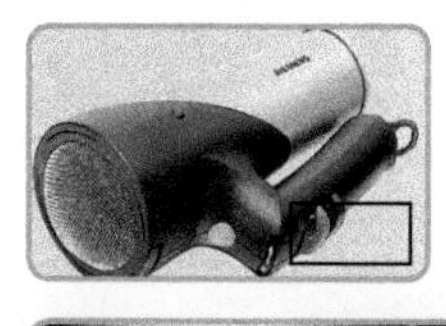

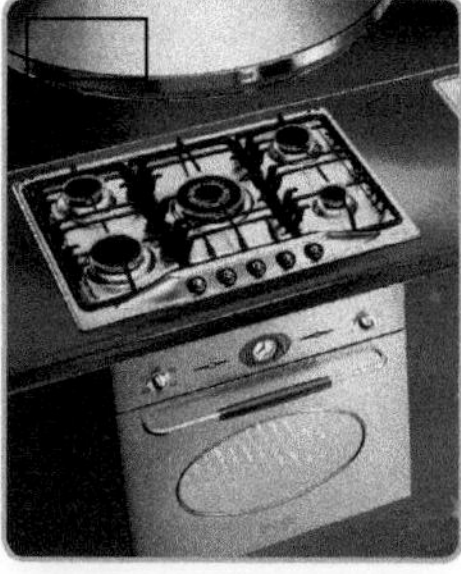

C | In albergo, in pensione

16

1.42

 **a** Ascolta e leggi con un compagno.

A Buonasera. Desidera?
B Una camera, per favore.
A Singola o doppia?
B Singola.
A Per quante notti?
B Per tre notti.
A Con bagno o con doccia?
B Con bagno.

 **b** Fate questi dialoghi.

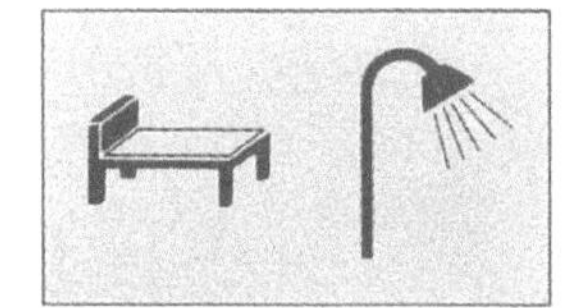
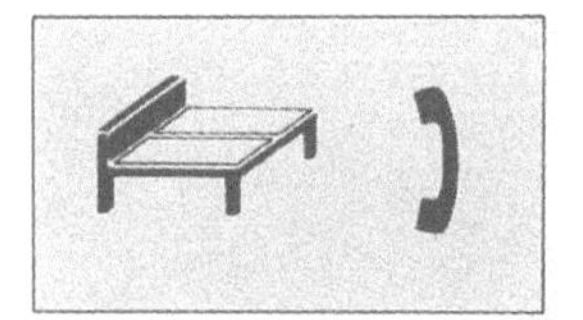

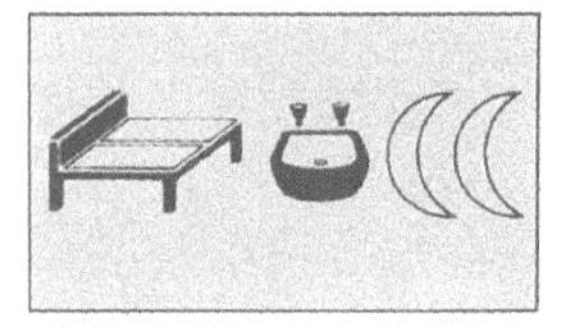
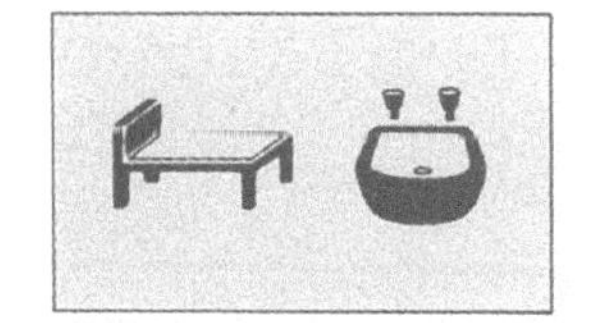
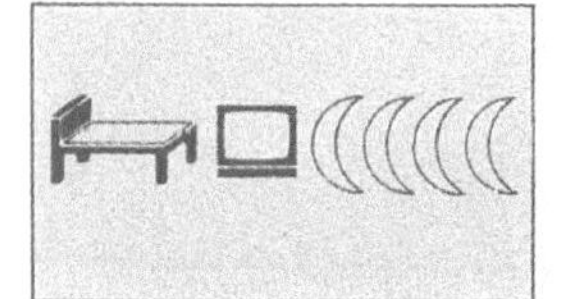

una camera	doppia singola a tre letti	con	bagno doccia telefono televisione	per	una notte due notti una settimana

17 Cosa dice il turista?

a Completa con un compagno.

A Buongiorno. Desidera?

B ________________

A Una doppia. Per quante notti?

B ________________

A Mezza pensione o pensione completa?

B ________________

A Dunque … Doppia con bagno, mezza pensione, viene €102.

B ________________

A Con doccia viene €75.

B ________________

A Allora con doccia … Al 3° piano: camera numero 60.

B ________________

A No, mi dispiace, la prima colazione non è compresa.
Ha un documento, per favore?

B Sì, ecco ________________

1.43

b Ora ascolta e confronta.

mezza pensione	*half board*
pensione completa	*full board*
la prima colazione	*breakfast*
compreso/a	*included*
camera con prima colazione	*bed and breakfast, B&B*

Avete notato?

ce n'è uno al bar	*there is one (of them) at the bar*
ce ne sono due qui vicino	*there are two (of them) nearby*

ne: *of it, of them. See page 243.*

18 C'è un telefono?

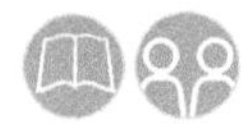

Studente A: Fai le domande. Tu sei il/la turista.

Vuoi informazioni su:

1 la TV in camera
2 camere che danno sul giardino/sul mare
3 il bar
4 camere tranquille
5 il parcheggio
6 le tolette.

Studente B: pagina 226.

Ora scambiatevi i ruoli.

dà sul mare	*it overlooks the sea*
danno sul giardino	*they overlook the garden*
informazioni (pl.)	*information*

19

All'albergo Le Agavi tutto è a rovescio!
(*Everything is upside down!*)

La signora Zipoli (**A**) è appena arrivata alla reception. Completa la conversazione guardando la piantina.

A C'è un caffè nell'albergo, per favore?

B Sì, certo, sulla ______

A E mi scusi, la mia camera è al piano Azalee. Dov'è?

B ______

A C'è l'ascensore?

B No, mi dispiace, ci sono le scale.

A Alle 16 devo andare alla sala Congressi. Dov'è?

B ______

A C'è ______?

B Sì certo, all'ottavo piano.

A Mi dica, c'è musica stasera in albergo?

B Sì, c'è ogni sera, ______ ______

A E dove si può ______

B Proprio qui, signora, alla sua destra.

Continua la conversazione con un compagno.

Grammatica

al	ristorante
alla	sala congressi
all'	ottavo piano
allo	stesso piano

Preposizioni articolate: vedi pagina 68, G246.

20 Hotelblog

a **Quante stelle?** Leggi i commenti dei turisti e decidi quante stelle dare a ogni albergo.

* (pessimo) **(così così) *** (buono) **** (ottimo) ***** (lusso)

Albergo Sole

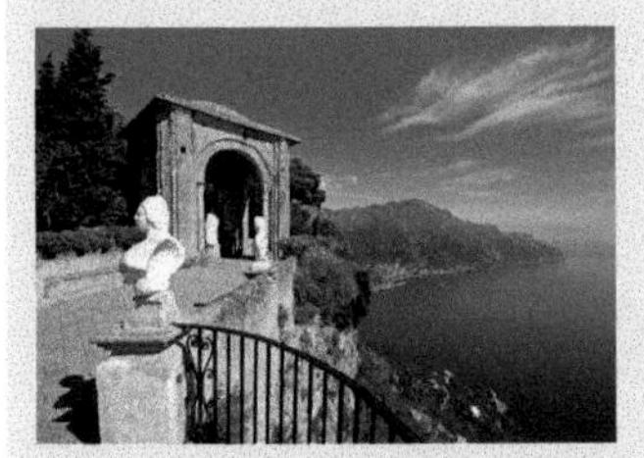

Raccomando questo albergo per molte cose. Non è grande, ha poche camere, ma ha un'atmosfera familiare con personale simpatico e una vista eccezionale. Il ristorante è particolarmente buono, con cucina locale. Se vuoi un soggiorno rilassante ma non di lusso, questo è il posto per te.
(Single, Canada, 2011)

Albergo Stromboli

La posizione è ottima, vicino al mare, vicino ai servizi e ai negozi (pochi) dell'isola. La stanza è pulita ogni giorno. Ma il problema qui è il rapporto qualità-prezzo. A settembre (bassa stagione) abbiamo pagato 45 euro a testa. Le foto online sono belle ma in realtà la camera è brutta e la doccia non funziona bene. C'è la TV ma non la connessione internet. Siamo delusi.
(Famiglia di tre persone, Milano, 2010)

Albergo Colli toscani

Immerso nel verde, a solo pochi minuti dal paese (e dai suoi negozietti, bar e persino un club), con panorama bellissimo e aria condizionata – un posto stupendo. La piscina è fantastica, i camerieri sono sempre gentili e efficienti, il cibo internazionale. Decisamente una piccola gemma, un posto dove ritornare.
(Coppia, Lisbona, 2009)

Albergo Il carretto

Questo albergo è un piccolo museo di agricultura siciliana, cosa molto originale anche se non piace a tutti. La prima colazione è generosa e basta per un'intera giornata. Le camere sono discrete, niente di speciale ma molto pulite. Nel complesso io sono stata bene.
(Una parigina, 2010)

b Ora scrivi il tuo blog sull'ultimo albergo dove sei stato, o dove sogni di andare, usando il vocabolario dei blog che hai letto. Devi scrivere almeno tre frasi.
Write your own blog on the last hotel you went to or a hotel you would like to go to, using the vocabulary above. You should write at least three sentences.

D | Prenotazioni

21 Prenotare al telefono

1.44–1.45

 **a** Ascolta.

A Pronto?
B Pronto. Albergo Quattro Stagioni. Desidera?
A Vorrei prenotare una camera doppia con bagno e una singola per un bambino.
B Quando, signore?
A Dal 4 al 10 agosto. Vorrei anche la prima colazione.
B Benissimo, signore. Il nome, per favore?
A Tom Mirton.
B Come si scrive?
A Dunque, il nome: T come Torino, O come Orvieto, M come Milano. Il cognome è: Milano, Imola, Roma, Torino, Orvieto, Napoli.
B Bene. Il signor Tom Merton.
A No, non Merton – Mirton: I come Imola.
B Ah, scusi. Mirton, Tom Mirton. Benissimo.

L'alfabeto telefonico:

Ancona, **B**ologna, **C**omo, **D**omodossola, **E**mpoli, **F**irenze, **G**enova, **H**otel, **I**mola, **L**ivorno, **M**ilano, **N**apoli, **O**rvieto, **P**isa, **Q**uebec, **R**oma, **S**alerno, **T**orino, **U**dine, **V**enezia, **Z**ara

j = i lunga **k** = kappa
w = doppia v **x** = ics **y** = i greca/ipsilon

b **Come si scrive?** (*How do you spell it?*)

Nuovi clienti (compagni di classe) sono appena arrivati al tuo albergo. Chiedi i nomi e scrivili, usando l'alfabeto telefonico.

c **Il modulo**

Studente A (Portiere): Prepara le domande e riempi il modulo. Comincia così: Il suo nome per favore? *Check spelling of names.*

Studente B (Cliente): Rispondi.

Use your own details if you like.

ALBERGO QUATTRO STAGIONI
PISA

Nome ______________________
Cognome ______________________
Nato/a a ______________________
Data di nascita ______________________
Residenza (città) ______________________
Stato civile ______________________
Professione ______________________
Documento ______________________
Soggiorno: dal ______ al ______

22 Prenotare per lettera o email

 a

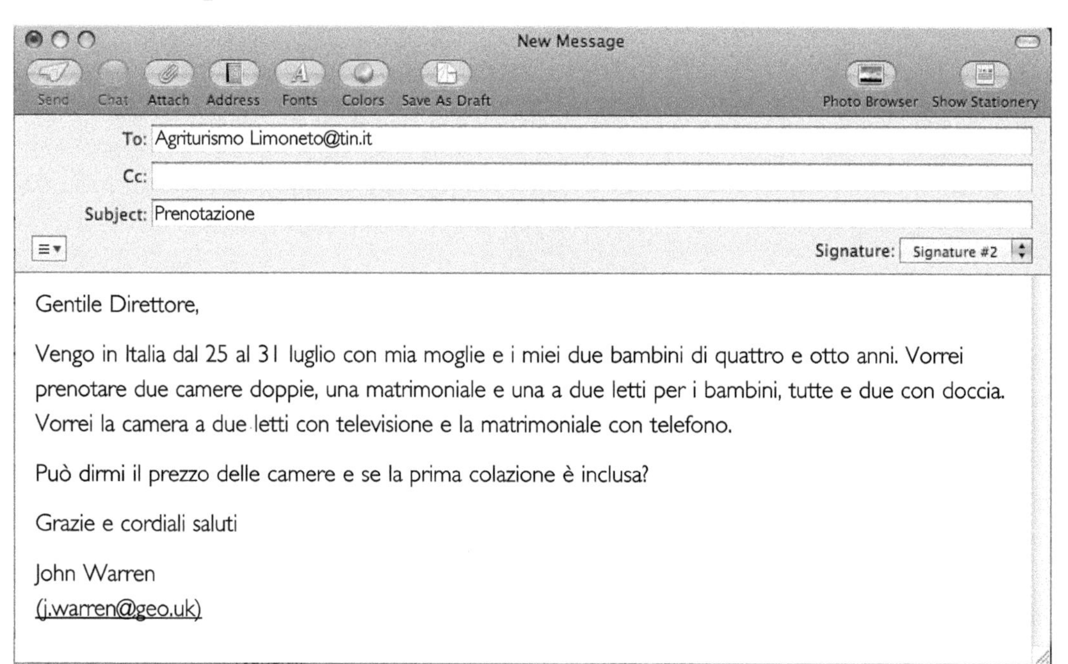

New Message

Send Chat Attach Address Fonts Colors Save As Draft Photo Browser Show Stationery

To: Agriturismo Limoneto@tin.it

Cc:

Subject: Prenotazione

Signature: Signature #2

Gentile Direttore,

Vengo in Italia dal 25 al 31 luglio con mia moglie e i miei due bambini di quattro e otto anni. Vorrei prenotare due camere doppie, una matrimoniale e una a due letti per i bambini, tutte e due con doccia. Vorrei la camera a due letti con televisione e la matrimoniale con telefono.

Può dirmi il prezzo delle camere e se la prima colazione è inclusa?

Grazie e cordiali saluti

John Warren
(j.warren@geo.uk)

 **b** Quanto spenderà al giorno il signor Warren per tutta la famiglia?

Agriturismo Limoneto

Siracusa – Sicilia

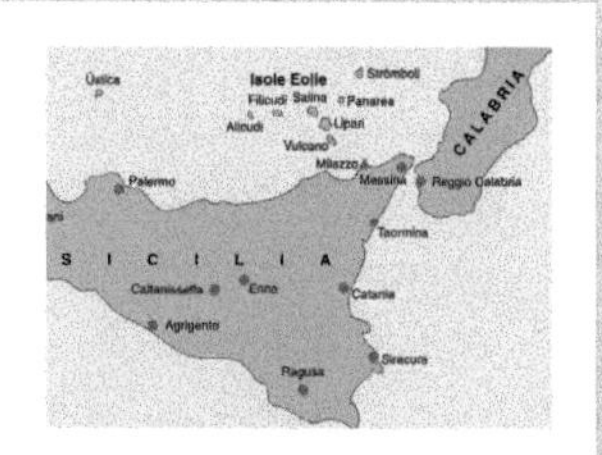

Nel verde di una coltivazione biologica di limoni.
A 9 km da Siracusa e a 10 km dalla spiaggia di Fontane Bianche.
Atmosfera familiare. Dieci camere, tutte con bagno privato e aria condizionata, pulite e confortevoli. Prima colazione inclusa. Nuovissima piscina e grande sala ristorante. Equitazione e campi da tennis a due passi. Parcheggio libero.

PREZZI AL GIORNO €				
Periodo	Camera con prima colazione			
	Singola	Doppia	Tripla	Quattro letti
Bassa stagione	45	90	110	120
Maggio, giugno	50	100	120	130
Alta stagione:				
Luglio	55	110	130	150
Agosto	60	120	130	150

Il costo della cena è €22, bambini sotto i 10 anni metà prezzo.
Offerte speciali per famiglie e gruppi: per info e costi contattare limoneto@tin.it.

 **c** Completa in modo appropriato l'email con la conferma dell'Agriturismo.

New Message

Send Chat Attach Address Fonts Colors Save As Draft Photo Browser Show Stationery

To: jwarren@geo.uk

Cc:

Subject: Conferma prenotazione

Signature: Signature #2

Gentile Signor Warren,

Confermiamo la prenotazione di ______________ con ______________, e per i bambini una ______________ con ______________, per il periodo dal 25 al 31 luglio.

Il prezzo è di €110 al giorno ______________ camera. Le camere non hanno ______________ o ______________. Aria condizionata in tutte le camere. La ______________ è compresa. La cena è a parte.

Per ______________ speciali famiglia, si prega ______________ lo (0039) 0931 717352.

Distinti saluti,

La Direzione

23

 **a** Usando queste note, scrivi due email per prenotare le camere.

dal dieci **al** venti maggio
dal primo **all'**otto settembre

1 camera, tre letti
doccia
1ª colazione
1–30 agosto
camera tranquilla
prezzo?

3 camere singole
1 doccia / 2 bagno
niente colazione
10–15 giugno
telefono in camera
prezzo?

 **b** Con un compagno fai due telefonate al Limoneto per prenotare.

Grammatica

1 Presente dei verbi regolari

	abit**are**	legg**ere**	dorm**ire**
(io)	abit**o**	legg**o**	dorm**o**
(tu)	abit**i**	legg**i**	dorm**i**
(lui/lei)	abit**a**	legg**e**	dorm**e**
(noi)	abit**iamo**	legg**iamo**	dorm**iamo**
(voi)	abit**ate**	legg**ete**	dorm**ite**
(loro)	abit**ano**	legg**ono**	dorm**ono**

2 Verbi irregolari

	fare	**andare**	**uscire**
(io)	faccio	vado	esco
(tu)	fai	vai	esci
(lui/lei)	fa	va	esce
(noi)	facciamo	andiamo	usciamo
(voi)	fate	andate	uscite
(loro)	fanno	vanno	escono

3 piacere: singolare e plurale

Mi **piace** la pizza. *I like pizza.*
Mi **piacciono** i bambini. *I like children.*

The verb **piacere** *agrees with the thing(s) liked.*
See page 250.

a Stefano	a Susanna	piace lo sport,
a lui	a lei	piacciono gli spaghetti
gli	**le**	piace la musica …

4 Preposizioni articolate

su, a, in, di, da + articolo

es: La gatta è **sul** letto vicino **alla** finestra **nella** stanza di Mimma.

5 Pronomi personali

I pronomi personali oggetto diretto vanno in genere prima del verbo.

leggo il libro	→	**lo** leggo
compro i libri	→	**li** compro
vedo la sedia	→	**la** vedo
compro le sedie	→	**le** compro

Pronomi personali (oggetto indiretto), 3a persona singolare:

gli telefono (**a lui**)
le scrivo (**a lei**)

6 c'è/ci sono, ce n'è/ce ne sono

c'è un tavolo (*there is …*)
ci sono tre sedie (*there are …*)

Scusi, c'è un telefono?
Sì, **ce n'è** uno (*there is one*)
Sì, **ce ne** sono due (*there are two*)

ne = *of it, of them*

7 Numeri ordinali

primo	*first*
secondo	*second*
terzo	*third*
quarto	*fourth*
quinto	*fifth*
sesto	*sixth*
settimo	*seventh*
ottavo	*eighth*
nono	*ninth*
decimo	*tenth*

a + la = alla	su + la = sulla	in + la = nella	di + la = della	da + la = dalla
a + il = al	su + il = sul	in + il = nel	di + li = del	da + il = dal
a + lo = allo	su + lo = sullo	in + lo = nello	di + lo = dello	da + lo = dallo
a + l' = all'	su + l' = sull'	in + l' = nell'	di + l' = dell'	da + l' = dall'
a + le = alle	su + le = sulle	in + le = nelle	di + le = delle	da + le = dalle
a + i = ai	su + i = sui	in + i = nei	di + i = dei	da + i = dai
a + gli = agli	su + gli = sugli	in + gli = negli	di + gli = degli	da + gli = dagli

Vocabolario

La casa	***The home***
l'appartamento	*flat, apartment*
la casa	*house; home*
la casetta	*small house, cottage*
il palazzo	*block of flats*
il piano	*floor, storey*
il pianterreno	*ground floor*
la villetta a schiera	*terraced house*
il bagno	*bathroom*
il balcone	*balcony*
la camera/stanza da letto	*bedroom*
la camera/stanza da pranzo	*dining room*
il corridoio	*corridor*
la cucina	*kitchen*
la doccia	*shower*
l'ingresso	*entrance hall*
il salone/salotto	*drawing room*
il soggiorno	*living room*
lo studio	*study*
il terrazzo	*balcony*
coltivare i fiori	*to grow flowers*
cucinare	*to cook*
dormire	*to sleep*
fare	*to do*
giocare a carte	*to play cards*
guardare la tv	*to watch TV*
lavarsi	*to wash oneself*
lavorare a maglia	*to knit*
leggere	*to read*
mangiare	*to eat*
affittare	*to let; to rent*
l'annuncio	*advertisement*
composto da	*consisting of*
l'esposizione a sud	*south-facing position*
la finestra	*window*
il garage	*garage*
il giardino	*garden*
il riscaldamento	*heating*

I mobili	***Furniture***
l'armadio	*wardrobe, cupboard*
il caminetto	*fireplace*
i cioccolatini	*chocolates*
il cuscino	*cushion*
il disco (i dischi)	*record(s)*
il divano	*sofa, divan*
gli elettrodomestici	*electrical appliances*
il letto	*bed*
i libri gialli	*detective stories*
il lume	*lamp*
il mobile	*piece of furniture*
il pavimento/la terra	*floor*
il piatto	*dish, plate*
la poltrona	*armchair*
la porta	*door*
il portacenere	*ashtray*
il quadro	*picture*
lo scaffale	*bookshelf*
la sedia	*chair*
il tappeto	*carpet*
il tavolo	*table*
la televisione	*television*

L'albergo	***The hotel***
l'albergo	*hotel*
l'ascensore	*lift*
la camera/stanza	*room*
compreso/a	*included*
doppio/a	*double*
mezza pensione	*half board*
la pensione	*pension*
pensione completa	*full board*
la piscina	*swimming pool*
il ricevimento	*reception*
le scale	*stairs*
singolo/a	*single*
come si scrive?	*how do you spell it?*
una camera che dà su …	*a room overlooking …*

Prenotazioni	***Bookings***
il cognome	*surname*
il luogo di nascita	*place of birth*
la residenza	*place of residence*
il nome	*first name*
prenotare	*to book*
lo stato civile	*marital status*

I numeri	***Numbers***
cento	*(a) hundred*
duecento	*two hundred*
mille	*a thousand*
duemila	*two thousand*
tremila	*three thousand*
diecimila	*ten thousand*
ventimila	*twenty thousand*
centomila	*a hundred thousand*
un milione (di)	*a million*
due milioni (di)	*two million*
quaranta virgola due	*forty point two (40.2)*

5 In città

- Asking for and giving directions
- Saying where you are
- Describing places
- Expressing admiration
- Enquiring about public transport
- Writing cards and buying stamps

Piazza Navona

San Pietro

Castel Sant'Angelo

il Pantheon

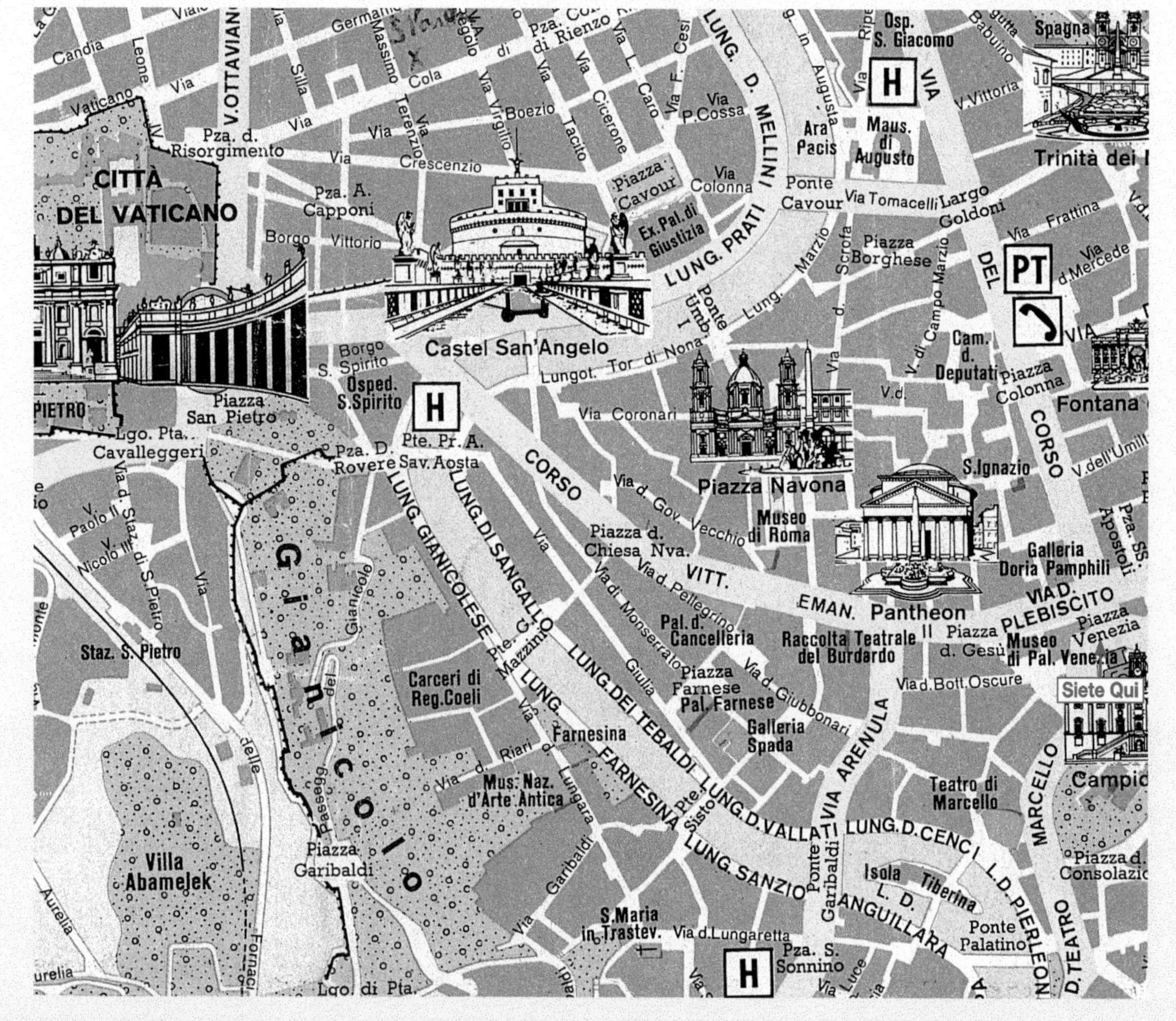

il Foro Romano

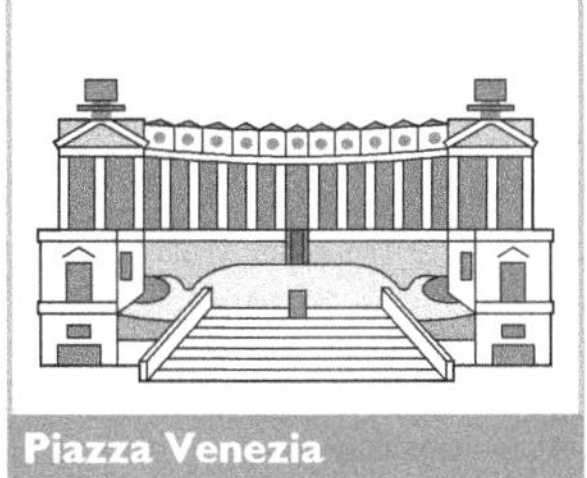
Piazza Venezia

il Campidoglio

il Colosseo

1.46

- **Siamo a Roma.** Ascolta la guida. Conosci questi monumenti?
- Riascolta la guida e segui sulla cartina l'itinerario di oggi e di domani. Ripeti i nomi.

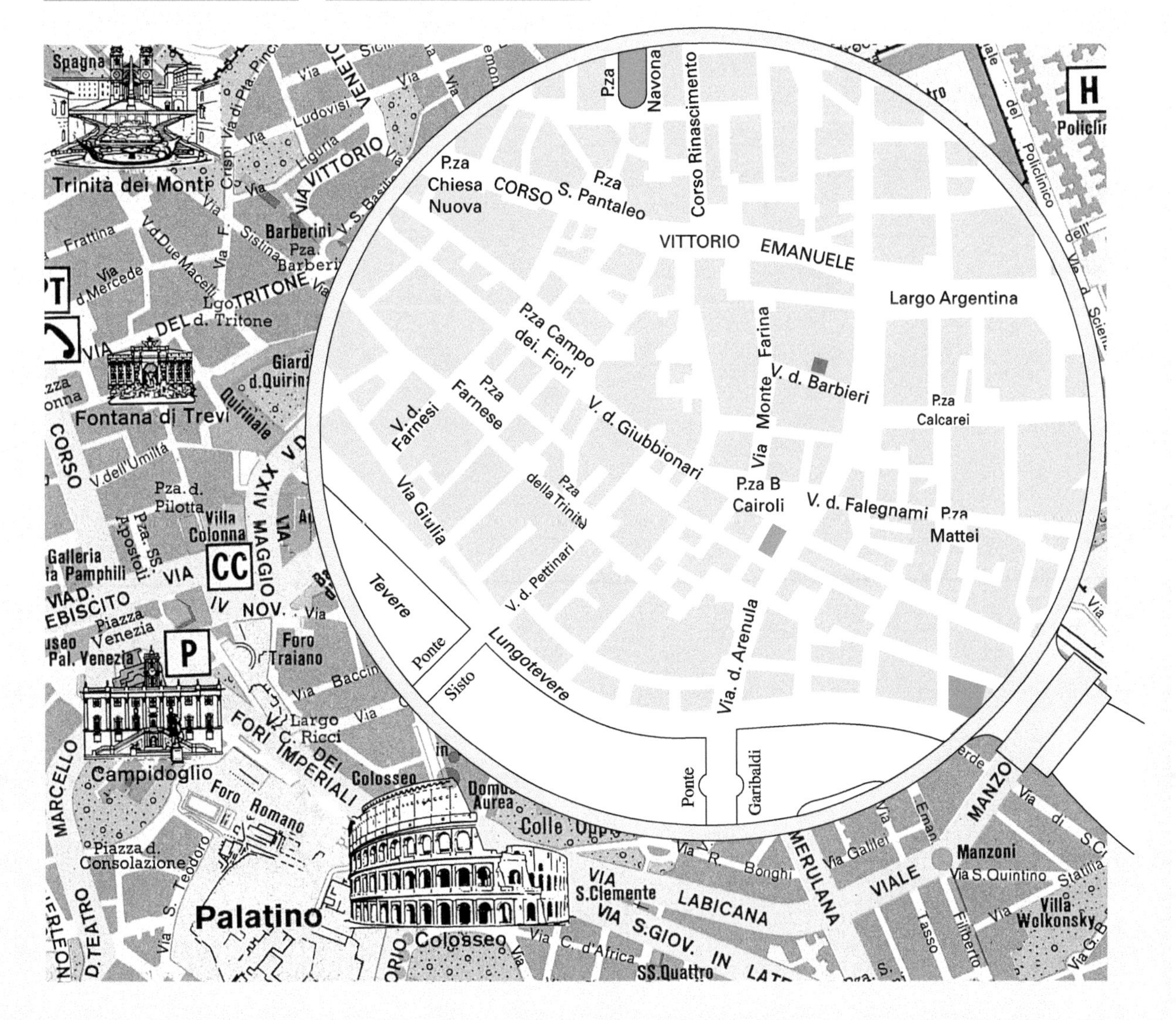

A | In città

1 In tassì

1.47

Ascolta e completa gli indirizzi.

______ Frattina ______

______ Parioli ______

______ Risorgimento ______

______ Vittorio ______

la via	*street*
il viale	*avenue*
la piazza	*square*
il corso	*main street*
but: Via Piave 32	

2 Dove siete?

1.48

a Ascolta e completa.

Tommaso Pronto? Ciao Nico, sono Tommaso, sono arrivato.

Nico Dove sei?

Tommaso Sotto casa tua, ______ alla farmacia, ______ al semaforo.

Nico Aspettami, vengo subito!

Lisa Pronto? Carla? Siamo arrivati.

Carla Dove siete?

Lisa Siamo a Piazza Esedra, ______ alla stazione.

Carla Dove esattamente?

Lisa Di fronte al cinema, ______ all'edicola.

Carla Bene. Vengo a prendervi. Sono lì fra dieci minuti.

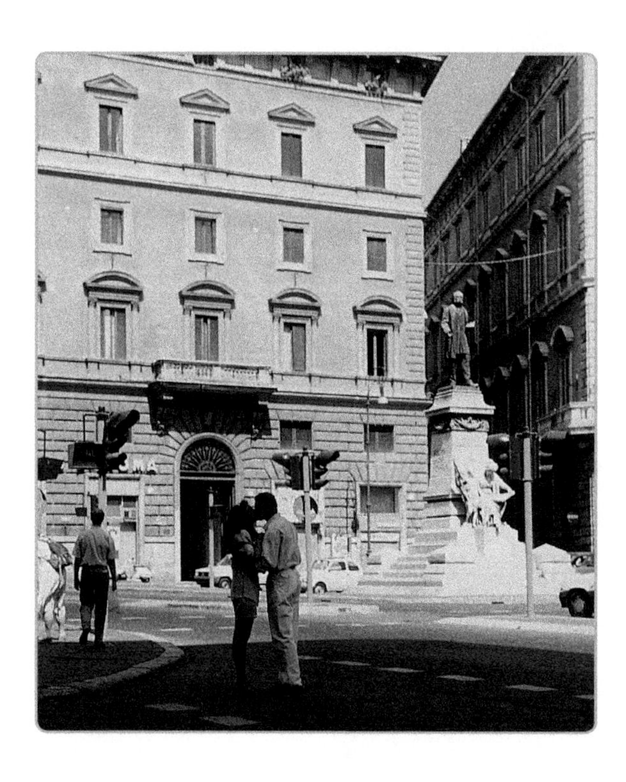

b Completa con **al/alla/all'/allo**.

vicino ______ stazione

di fronte ______ chiesa

vicino ______ fontana

davanti ______ zoo

vicino ______ parcheggio

vicino ______ semaforo

davanti ______ edicola

il semaforo	*traffic lights*
aspettami	*wait for me*
vengo subito	*I'll be right there*
davanti a	*in front of, outside*
di fronte a	*opposite*
vicino a	*near*
l'edicola	*newspaper kiosk*

3 Davanti al cinema, vicino all'edicola

Fate i dialoghi come nell'esempio.

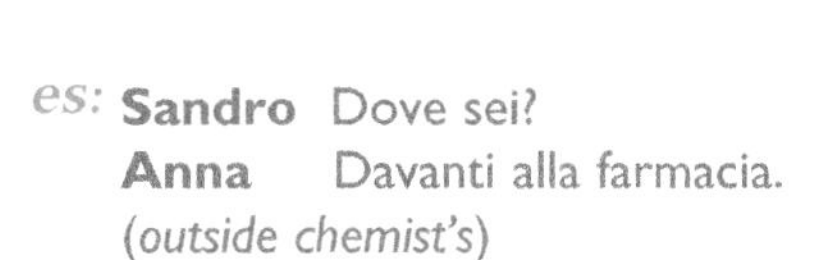

es: **Sandro** Dove sei?
Anna Davanti alla farmacia.
(*outside chemist's*)

Giulia Dove siete?
Manuela e Carla
(*outside church*)

Enzo Dove sei?
Pina
(*near traffic lights*)

Luciano Dove sei?
Angela
(*near fountain*)

Gianni Dove siete?
Aurora e Alessio
(*near station*)

Massimo Dove sei?
Patrizia
(*outside zoo*)

4 Scusi, dov'è ...?

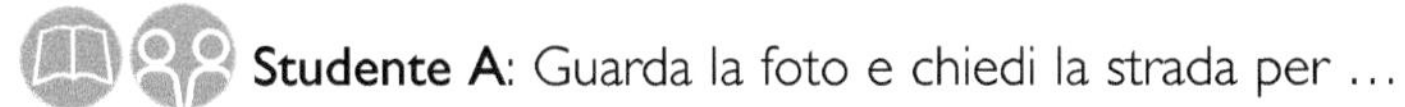

Studente A: Guarda la foto e chiedi la strada per ...

es: La stazione Termini, per favore?

Studente B: Dai le indicazioni.

a sinistra

a destra

sempre dritto

in fondo

5 Prenda, giri, vada

1.49

Guarda la cartina di Roma (pagina 70): sei a Piazza Venezia.

Ascolta: dove ti manda il vigile? (*four places*)

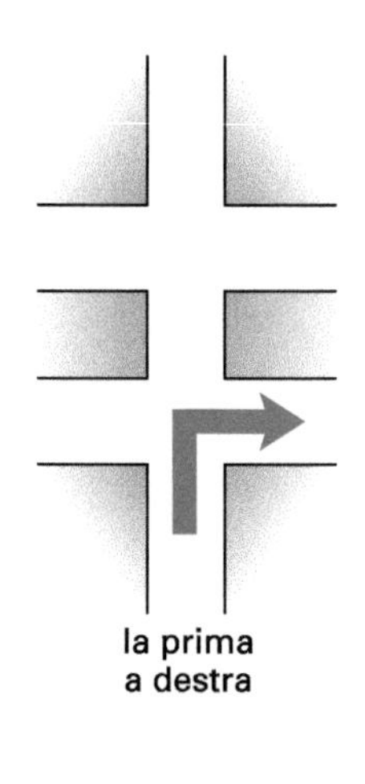

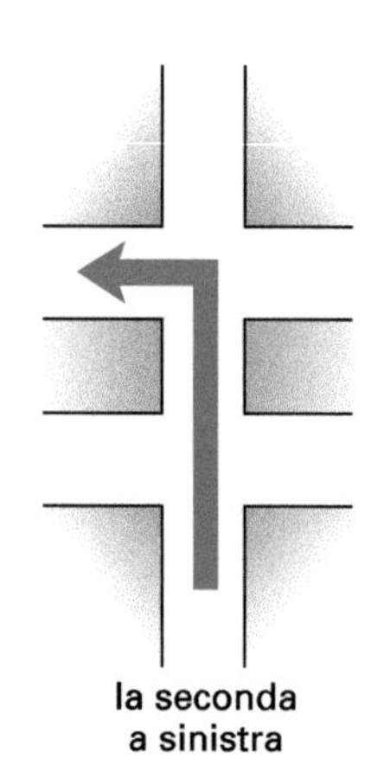

Avete notato?

il vigile usa il **lei** (*formal*)

prenda	*take*
vada	*go*
giri	*turn*

(*Imperative,* **lei** *form:* vedi pagina 85)

6 Scusi, per andare ...?

Studente A: questa pagina.
Studente B: pagina 226.

È lì!

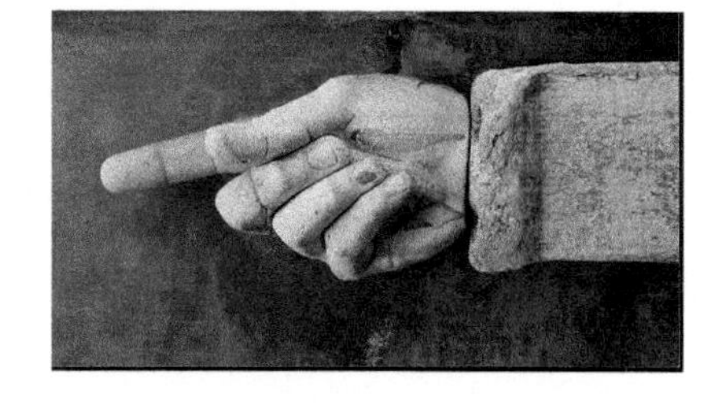

Studente A

1.50

a Ascolta e scrivi sulla cartina i nomi dei posti.
(*Listen and write the names of the places on the map.*)
Check with Studente B.

b Chiedi a Studente B dove sono il Bar Paradiso, la stazione, la farmacia e l'agenzia di viaggi.

c *Place* l'edicola, la posta, il museo, il supermercato, la chiesa *in any of the empty spaces on the map.*
Di' a Studente B come andare in questi posti.

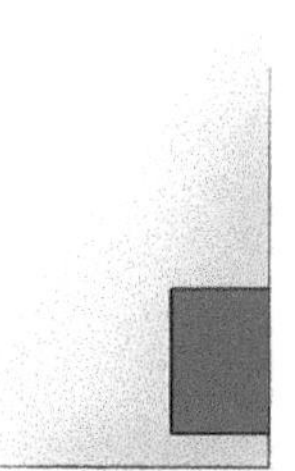
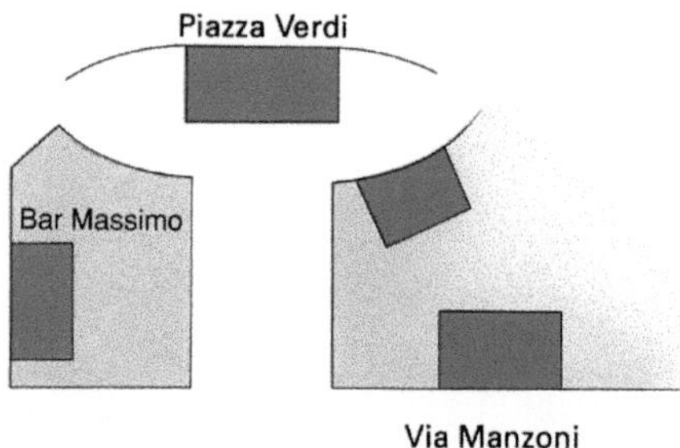
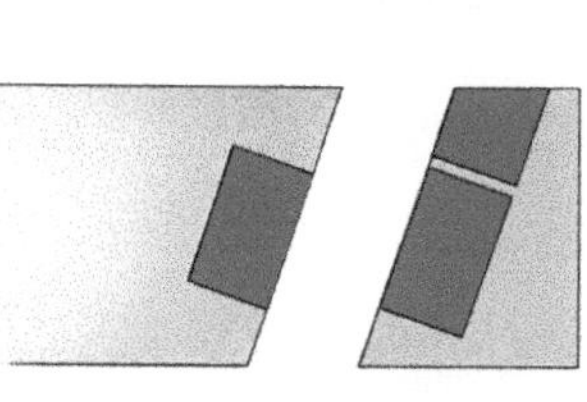
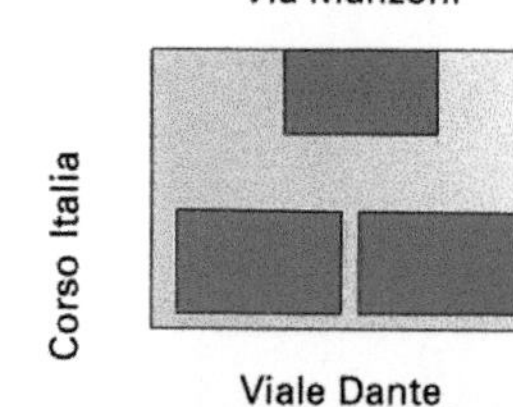
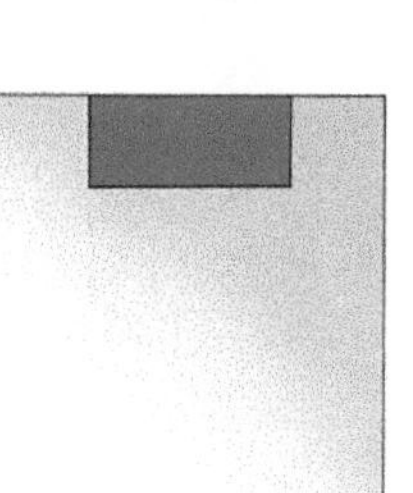
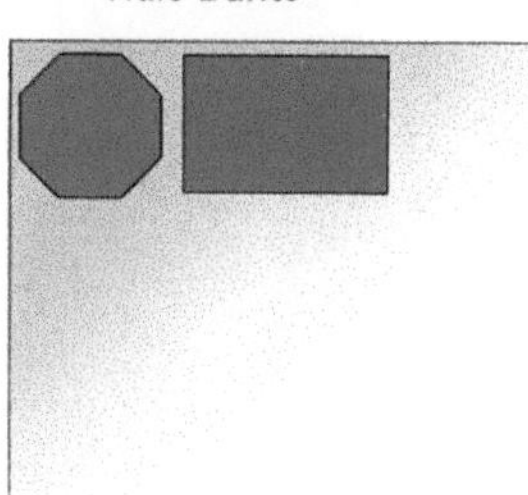

Scusi, per andare a . . . ?	
Scusi, dov'è . . . ?	È lì (*it's there*)
Scusi, c'è un/una . . . qui vicino?	È qui (*it's here*)

Per **scusi** vedi pagina 85.

B | Passeggiate romane

7 Le fontane di Roma

1.51

 **a** Ascolta e leggi.

Bianca Ciao Peter, la settimana prossima vado a Roma: mi puoi dare un consiglio? Tu Roma la conosci bene. Mi puoi dire cosa posso vedere in due giorni?

Peter Ma . . . in due giorni non puoi vedere tutto. Per me la cosa più bella a Roma sono le fontane. Sono stupende. Tu in che albergo vai?

Bianca Vado in una pensione in Via dei Barbieri, vicino a Largo Argentina.

Peter Benissimo, lì vicino ci sono tre fontane meravigliose: la Fontana dei Fiumi a Piazza Navona, la Fontana delle Tartarughe a Piazza Mattei e non lontano, vicino al fiume, c'è il Mascherone di Via Giulia.

Bianca Che bell'idea! E senti, posso andarci a piedi?

Peter Certo, sono vicinissime. Dunque, la più vicina è la Fontana delle Tartarughe. Da Via dei Barbieri devi andare a Via Arenula. Lì devi girare a destra e attraversare la strada, poi devi prendere la terza a sinistra, Via dei Falegnami. Poi devi andare sempre dritto fino a Piazza Mattei e lì c'è la fontana.

posso	*I can*
puoi	*you can* (tu)
il fiume	*river*
la tartaruga	*turtle*
il mascherone	*large mask*
devi	*you must* (tu)
attraversare	*to cross*

b Riascolta e segui l'itinerario da Via dei Barbieri sulla cartina di Roma a pagina 71.
(Prima trova Via dei Barbieri: è vicino a Largo Argentina, a sinistra.)

8

Scegli a, b o c per completare le frasi 1, 2, 3.

1 Bianca telefona a Peter,
2 Bianca non può vedere tutto,
3 Bianca può andare a piedi,

a perché le fontane sono vicine.
b perché vuole un consiglio.
c perché rimane due giorni.

9

1.50

Riascolta il dialogo di Attività 7 e rispondi.

1 Dov'è la Fontana delle Tartarughe?
2 Qual è la fontana più vicina?
3 In che strada si trova il Mascherone?
4 Come si chiama la fontana di Piazza Navona?

10

Guarda la cartina di Roma (pagina 71). Usando **vada/giri/prenda/continui/attraversi:**

a di' a un turista come andare dalla pensione in Via dei Barbieri alla Fontana dei Fiumi a Piazza Navona.

b scrivi un messaggio a Bianca dicendo come andare dalla sua pensione

  1 a Campo dei Fiori
  2 più lontano: al ponte (*bridge*) sul fiume Tevere.

> continui
> attraversi
>
> Imperativo con il **lei**: vedi pagina 85.

11 Che bel bambino!

> *Grammatica*
>
> *To express admiration:*
>
> Che be**ll'**idea!
> Che be**lle** fontane!
>
> *The endings of* bello *are just like the definite article (see* Grammatica 4, pagina 85). *The same applies to* quello.

es: Che bella casa!

Continua.

bambino

mele

chiesa

albero

fiori

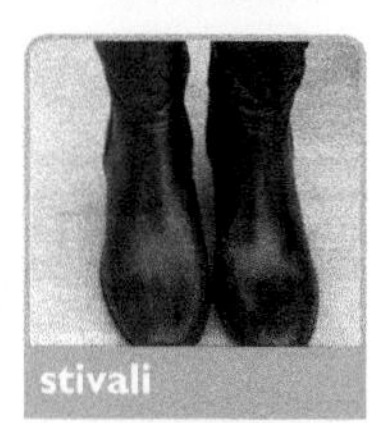
stivali

scoiattolo

paesaggio

piazza

12 Dire o dare?

 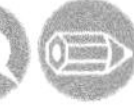 Usa il **lei** o il **tu**.

> *Grammatica*
>
> Mi puoi/può dare un consiglio?
> *Can you give me . . . ?*
> Mi puoi/può dire cosa posso vedere?
> *Can you tell me . . . ?*
>
> posso . . . ? (io)
> puoi . . . ? (tu: *informal*)
> può . . . ? (lei: *formal*)

1 Paolo, mi ______ dov'è la banca?
2 Scusi, mi ______ a che ora parte il treno?
3 Senti Rosa, mi ______ quel giornale inglese?
4 Signorina, mi ______ quanto costa questo ombrello?
5 Mamma, mi ______ un bicchiere d'acqua?
6 Buonasera, mi ______ un'informazione?
7 Scusa, mi ______ se c'è una farmacia qui vicino?

13 Una bella città

Cara Mariella,

finalmente siamo arrivati. Roma è una città molto bella. Ci sono tanti monumenti belli. Ci sono chiese antichissime e belle. Nel centro di Roma ci sono molti negozi belli. Il Campidoglio è in cima ad una collina ed è veramente bello. Lì vicino, a Piazza Venezia, c'è il monumento a Vittorio Emanuele che non è particolarmente bello. La cosa più bella per me è il Foro, pieno di monumenti belli, e c'è anche un giardino con piante di limoni e di arance che è veramente bello. Le fontane di Roma poi sono assolutamente belle! Perchè non vieni anche tu?

Un abbraccio

Elena

 **a** Al posto di **bello** usa:

bellissimo/a	straordinario/a
interessante	famoso/a
meraviglioso/a	magnifico/ca/ci/che
stupendo/a	fantastico/ca/ci/che

Attenzione: Si può tenere solo un **bello/a.**

 **b** Bello, bellissimo

es: Che brutta casa! → È una casa bruttissima.

Continua con:
buon film   libro noioso   vino vecchio
amici cari   donna simpatica

Per casa
Descrivi allo stesso modo la tua città.

È una città ______. Ci sono ______.
Nel centro c'è/ci sono ______.
Per me la cosa più ______.
C'è anche ______. È pieno/a di ______.

C | Trasporti urbani

14 Come vai al lavoro?

1.52

a Ascolta e metti le indicazioni di tempo.

qualche volta   sempre
di solito   prima . . . poi
generalmente

Roberta ______ in macchina.
Bianca Vado ______ in metropolitana.
Carlo ______ a piedi, ______ in autobus.
Diana ______ a piedi, è vicinissimo.
Massimo Vado in tram, ______
Federico Prendo ______ l'autobus e ______ il treno.
Giulia Se c'è il sole vado in bicicletta, se piove vado in autobus.

se	*if*
se piove . . .	*if it rains . . .*
se c'è il sole . . .	*if it's sunny . . .*

b Vero o falso?

1 Bianca va raramente in metropolitana.
2 Massimo va sempre in autobus.
3 Federico va in autobus e in treno.
4 Carlo non va mai a piedi.
5 Diana di solito va in bicicletta.
6 Roberta va generalmente in macchina.
7 Giulia va sempre in autobus.

Grammatica

Presente di **andare** (irregolare)

Vado	**in**	macchina	metropolitana
Vai		treno	autobus
Va		bicicletta	tram
Andiamo			
Andate	**a**	piedi	
Vanno			

15 Quanto ci vuole?

circa	*about*
più o meno	*more or less*
non più di	*no more than*

1.52

a Riascolta il testo di Attività 14 e segna (✓) solo i tempi che senti.

5 minuti	45 minuti
mezz'ora	20 minuti
30 minuti	tre quarti d'ora
10 minuti	25 minuti
un quarto d'ora	40 minuti
un'ora	due ore

Avete notato?

Ci **vuole**	un'ora mezz'ora un quarto d'ora
Ci **vogliono**	5 minuti 10 minuti tre quarti d'ora

b Di' e scrivi quanto ci vuole.

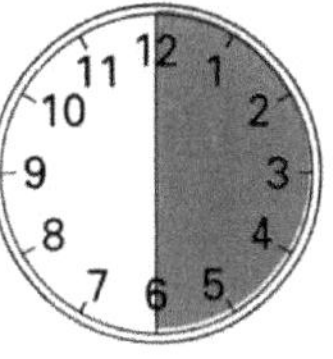

es: Ci vuole mezz'ora.
Ci vogliono 30 minuti.

16

1.52

a Riascolta e riempi la scheda.

Nome	Mezzo di trasporto	Sempre/Di solito/ Qualche volta	Tempo che ci vuole
Roberta			
Bianca			
Carlo			
Diana			
Massimo			
Federico			
Giulia			

 **b** Rispondi

Perché?	*Why?*
Perché . . .	*Because . . .*

1 Perché Bianca va al lavoro sempre in metropolitana?
2 Perché Massimo va generalmente in tram?
3 Perché Giulia qualche volta va in autobus?
4 Perché Federico prende due mezzi?
5 Perché Diana va sempre a piedi?

 **c** Copia la scheda e fai un sondaggio in classe.

17 Dov'è la fermata?

1.53

 **a** Ascolta e ripeti.

A Scusi, c'è un autobus per il Colosseo?
B Sì, c'è l'11.
A Dov'è la fermata?
B Davanti alla Standa, a 200 metri.

A Scusi, che autobus prendo per San Pietro?
B Ma c'è il tram, signora. La fermata è a Piazza Ungheria, all'angolo. È a due passi.
A Che numero è?
B Il 30.

 **b**

Studente A: Chiedi se c'è un autobus/un tram per
1 il Pantheon
2 la fontana di Trevi.
Poi dai le indicazioni a Studente B.

Studente B: pagina 227.

a 200 metri	*200 metres away*
all'angolo	*round the corner*
a due passi	*very near (literally: two steps away)*

Piazza Navona

fermata autobus 62
vicino all'edicola
50 metri

Stazione Termini

fermata autobus 60
davanti alla Standa
100 metri

18 Prenda, scenda, cambi. La Metropolitana di Roma

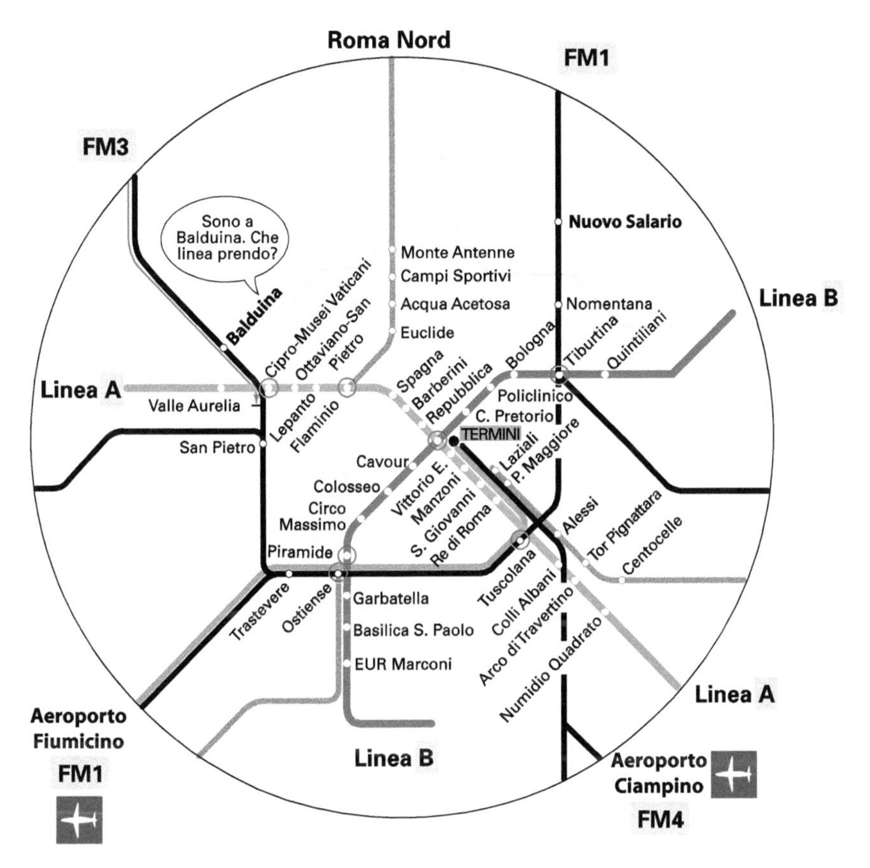

 **a** Vero o falso? Controlla sulla piantina della Metropolitana.

1 Dalla Stazione Termini a Piazza di Spagna ci sono due fermate.
2 Per andare da San Giovanni ai Musei Vaticani bisogna prendere la linea B.
3 Dalla Piramide a Piazza Bologna non bisogna cambiare.
4 Per andare dal Flaminio al Colosseo bisogna cambiare due volte.

bisogna cambiare	*you need to change*
bisogna prendere	*you need to take*
bisogna scendere	*you need to get off*

Bisogna: *see page 85 and 251*

 **b** All'EUR Marconi (linea B) c'è un Congresso di Industriali. Bisogna dire ai partecipanti come arrivare in metropolitana.

es: "Sono a Balduina. Che linea prendo?"
"Dunque . . . Prenda la FM3, cambi a Ostiense, prenda la B e scenda all'EUR Marconi."

A turno continuate con: Nuovo Salario, Aeroporto di Ciampino, Aeroporto di Fiumicino, Stazione Termini.

Grammatica

Altri imperativi con il **lei**:

camb**i**	*change*	(cambi**are**)
scend**a**	*get off*	(scend**ere**)

19 Biglietti

a In Italia bisogna fare i biglietti (*buy tickets*) prima di salire sull'autobus, di solito dal giornalaio o dal tabaccaio.

un biglietto da 1 euro

un biglietto da 11 euro

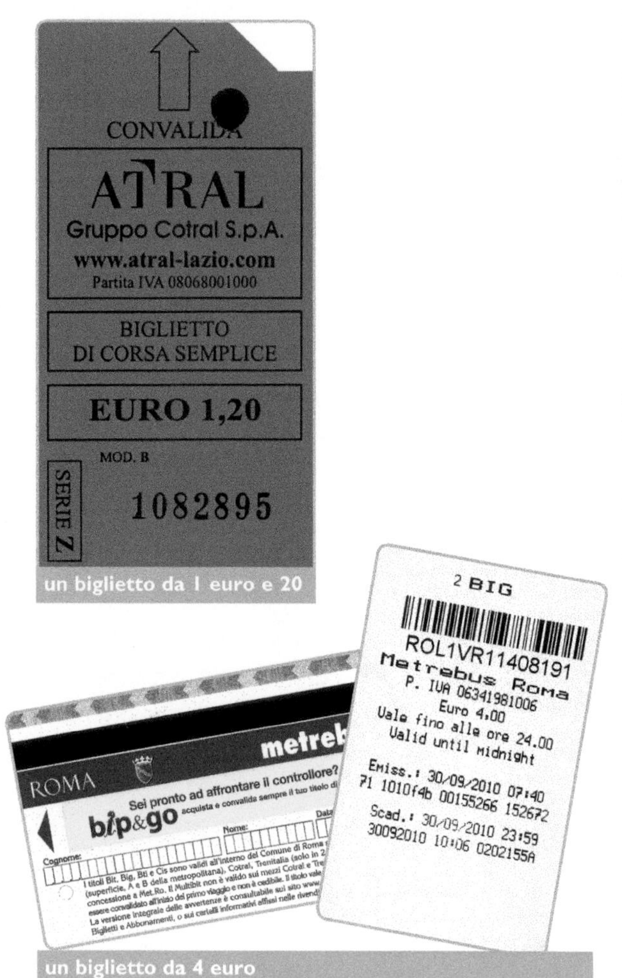

un biglietto da 1 euro e 20

un biglietto da 4 euro

un biglietto **da** un euro e venti (€1,20)

b Scegli il biglietto.

a Sei a Roma per un lungo weekend.

b Devi scendere alla prossima fermata.

c Vuoi passare l'intera giornata facendo spese.

d Oggi vai da amici, in un paese vicino Roma.

abbonamento mensile	*monthly pass*
anziani	*over-sixty*
ridotto	*concession*

D | Cartoline

20 Quale cartolina è?

 a

1

2

3

A

Ciao!
Ti scrivo da
Torriella. Siamo qui
da due settimane e
stiamo benissimo.
Il paese è su una collina
ed ha un vecchio castello.
Il tempo è buono.
A presto!
Un abbraccio
Franco

B

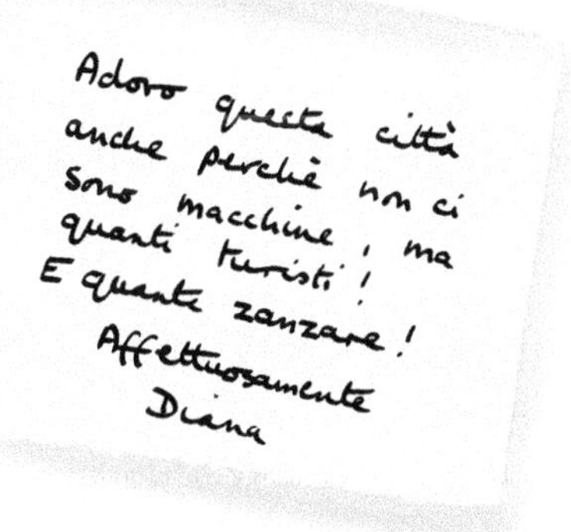
Adoro questa città
anche perché non ci
sono macchine, ma
quanti turisti!
E quante zanzare!
Affettuosamente
Diana

C

Questo è il mio panorama
preferito. Si vedono le chiese
del centro storico e, in
fondo, la cupola di
San Pietro.
Cari saluti
Teresa

b Guarda bene le cartoline 1 e 2.

Conosci queste città?

> *Grammatica*
>
> | | |
> |---|---|
> | (io) | conosco |
> | (tu) | conosci |
> | (lui, lei) | conosce |
>
> conoscere: *to know, to be familiar with (a person/place)*

21 Una cartolina da . . .

Cara Angela, sono a Londra.
È una città fantastica.
Questo è il famoso ponte,
Tower Bridge!
È molto interessante.
Un abbraccio,
Natalia

  Continua con:

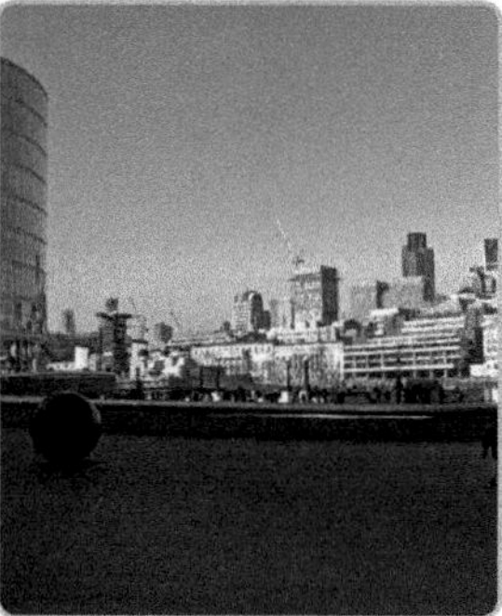

Hyde Park (parco)
Piccadilly Circus (statua di Eros)
Big Ben (orologio del Parlamento)
la City (grattacieli *skyscrapers*)

affollato/a   pieno/a di belle cose   pieno/a di turisti   verde   caro/a   caratteristico/a   bello/a   imponente

22 Dal tabacciaio

1.54

 **a** Ascolta e leggi.

James	Scusi, quanto costa un francobollo per l'Inghilterra?
Tabaccaio	65 centesimi per tutta l'Europa.
James	Allora due francobolli da 65 centesimi, per favore.
Tabaccaio	Ecco a lei.
James	Grazie, buongiorno.
Tabaccaio	Prego, buongiorno.

un francobollo **per** l'Inghilterra
un francobollo **da** 65 centesimi

b Continua. Fate i dialoghi.

Come va la tua vacanza?
Divertiti!
A presto
Mirella

Paolo Carlini
64, Rue Vitiouve
Nice
Francia

Mr and Mrs G. Lawrence,
47, Oak Avenue
Billington,
Sydney
Australia

Grammatica

1 Indicazioni stradali (*Asking the way*)

Scusi, dov'è . . .?
Scusi, c'è un/una . . . qui vicino?
Scusi, per andare a . . .?

The **lei** *form* **Scusi** *is used with people you don't know. With friends and family, you use* **Scusa.**

es: Scusi signora, dov'è ...?
Scusa Paola, per andare a ...?

Note preposition + article after:

davanti / vicino / di fronte } al/allo/alla/all' *etc.*

a due passi / a 100 metri } dal/dallo/dalla/dall' *etc.*

2 Imperativo con il **Lei** (*Formal commands*)

- Verbi in **-are:**

attraversi	attraversare
cambi	cambiare
continui	continuare
giri	girare

- Verbi in **-ere, -ire:**

prend**a**	prendere
scend**a**	scedere
segu**a**	seguire
vad**a**	andare (irreg.)

3 Presente di **potere, volere, dovere** (verbi irregolari)

potere	**volere**	**dovere**
posso	voglio	devo
puoi	vuoi	devi
può	vuole	deve
possiamo	vogliamo	dobbiamo
potete	volete	dovete
possono	vogliono	devono

Potere, volere, dovere sono quasi sempre seguiti da un infinito.

es: Posso andarci a piedi?
Vuoi telefonare?
Deve scrivere una cartolina.

4 Che bello!

	Singolare	Plurale
che	be**l** cielo!	be**i** giardini!
	bel**lo** spettacolo!	be**gli** edifici!
che	bel**l'**orologio!	be**gli** orologi!
	bel**l'**isola!	bel**le** isole!
che	bel**la** città!	bel**le** fontane!

NB: The endings of bello *are the same as the definite article.*

5 -issimo

To make a superlative, add **–issimo/a/i/e** *to the adjective.*

es: È un libro **bellissimo**.

6 Bisogna. . .

bisogna + infinito = *it is necessary to, one needs to*

es: Bisogna prendere l'autobus.

7 Presente di **andare**

vado
vai
va
andiamo
andate
vanno

8 Ci vuole, ci vogliono

ci **vuole**	un'ora/mezz'ora/un giorno (singular)
ci **vogliono**	due minuti/tre ore (plural)

Vocabolario

Indirizzi	***Addresses***
la cartina/piantina	*map (of town)*
il corso	*main street*
la piazza	*square*
la strada	*road, street*
la via	*street*
il viale	*avenue*

Indicazioni stradali	***Directions***
a destra/sinistra	*on the right/left*
a due passi (da)	*just round the corner*
a duecento metri (da)	*two hundred metres away*
all'angolo	*round the corner*
davanti a	*in front of / just outside*
di fronte a	*opposite*
in fondo (a)	*at the bottom (of)*
lì	*there*
qui	*here*
sempre dritto	*straight on*
vicino a	*near*

In città	***In town***
il centro	*the centre*
la chiesa	*church*
la collina	*hill*
la cupola	*dome*
l'edicola	*newspaper kiosk*
la farmacia	*chemist's*
il fiume	*river*
il panorama	*view*
la posta	*post office*
il semaforo	*traffic lights*
il tabaccaio	*tobacconist*
il vigile	*traffic policeman*

Verbi	***Verbs***
attraversare	*to cross*
cambiare	*to change*
comprare	*to buy*
conoscere	*to know*
continuare	*to continue*
girare	*to turn*
mandare	*to send*
prendere	*to take*
scendere	*to get off*
vedere	*to see*
vengo a prendervi	*I'll come and fetch you*

Frequenza	***Frequency***
di solito	*usually*
generalmente	*generally*
(non) mai	*never*
qualche volta	*sometimes*
raramente	*rarely*
sempre	*always*
spesso	*often*

Trasporti	***Transport***
a piedi	*on foot*
in autobus	*by bus*
in bicicletta	*by bike*
in macchina	*by car*
in metropolitana	*by tube*
il biglietto	*ticket*
il blocchetto	*book of tickets*
fare i biglietti	*to buy tickets*
la fermata	*stop*
la tessera	*season ticket*
veloce	*fast*

Il tempo	***Weather***
c'è il sole	*it is sunny*
piove	*it rains/it's raining*

Lettere e cartoline	***Letters and cards***
a presto	*see you soon*
un abbraccio	*hugs and kisses*
affettuosamente	*love from*
la cartolina	*postcard*
il francobollo	*stamp*
la lettera	*letter*
cari saluti	*greetings, all the best*

6 Per sopravvivere

- Understanding prices and rates of exchange
- Changing money
- Talking about shopping habits
- Using Italian weights and measures
- Shopping for food
- Recipes
- Talking about mealtimes

1.55

- Guarda le foto e ascolta. Completa la lista dei prezzi.

Banane €1,15
Patate
Pesche bianche
Uva nera
Lattuga
Pomodori rossi
Pomodori verdi
Peperoni
Meloni
Zucchine
Finocchi

- Quanto costa l'uva? Quanto costano le pesche? Qual è la frutta meno cara (*least expensive*) oggi al mercato?

A | Quant'è il cambio?

1 I cambi oggi

1.56

  **a** Ascolta e completa con la nazionalità.

b Riascolta e scrivi le valute in cifre (*figures*).

I CAMBI OGGI	
Dollaro	
Franco	
Lira	
Corona	
Corona	
Yen	
Dollaro	
Rublo	

1,137 = uno virgola centotrentasette

2 Allo sportello del cambio

1.57

a Ascolta e ripeti.

Impiegato	Desidera?
Turista	Vorrei cambiare 50 sterline. Quant'è il cambio oggi?
Impiegato	Dunque, la sterlina … è 1,14 euro. Ha un documento per cortesia?
Turista	Sì – ecco il passaporto.
Impiegato	Bene. Si accomodi alla cassa.

 **b** Continua con un compagno usando la tabella dei cambi.

100 dollari
patente

80 yen
passaporto

50 corone danesi
carta d'identità

200 franchi svizzeri
passaporto

3 La nuova moneta

Studente A: Leggi le informazioni sull'euro e rispondi alle domande di Studente B.
Studente B: Vai a pagina 227.

Poi scambiatevi i ruoli.

attualmente	*at the moment*
non c'è bisogno di	*you don't need to*
moneta	*currency; coin*
una moneta da 1 euro	*a €1 coin*

Per casa

Prova a rispondere alle domande di pagina 227 senza guardare il libro.

L'EURO. LO SAPEVATE?

La Comunità Europea attualmente è formata da 27 paesi. Non tutti fanno parte dell'Unione Monetaria, come per esempio la Gran Bretagna.

Dal 2002 in tutti i paesi dell'Unione Monetaria si usa la stessa moneta, l'euro. Non c'è più bisogno di cambiare soldi tra un paese e l'altro. Le vecchie monete nazionali non si possono più usare.

Su tutte le banconote si vede la bandiera europea e il profilo geografico dell'Europa.

Ci sono sette banconote, da 5 a 500 euro, ognuna con un disegno e un colore diverso.

In un euro ci sono 100 **centesimi**. Le monete in circolazione sono da 1 e 2 euro, e da 1, 2, 5, 10, 20 e 50 centesimi. Tutte le monete hanno una faccia comune, identica in tutta la Comunità, e una faccia nazionale con un simbolo diverso per ogni paese.

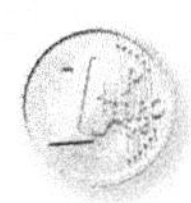

Nei paesi dell'Unione Europea si accettano tutte le maggiori carte di credito.

B | Dove fa la spesa?

4 Mercato o supermercato?

1.58

   **a** Ascolta e completa.

Giulia Signora senta, lei dove fa la spesa di solito?

Renata La faccio nei negozi attorno a ______. La ______ tutti i ______ per quello che riguarda la ______ e la ______. Invece se devo ______ la pasta, i legumi, i ______ pelati, allora preferisco ______ al supermercato perché è più comodo e si risparmia.

Giulia Ogni quanto ______ la ______ al supermercato?

Renata Al ______ ogni 15,20 ______, dipende.

Mariella Signora scusi, lei dove fa la spesa di solito?

Ombretta Io ______ una volta alla settimana in un grande ______. Poi giornalmente compro invece, nei ______ che ho ______ casa, il pane, il latte, ______ e ______.

Mariella C'è un mercato vicino ______ sua?

Ombretta Sì, ce n'è uno ______. Se posso vado al ______ ogni ______, se no una volta alla ______, perché la frutta è più fresca.

1.58

 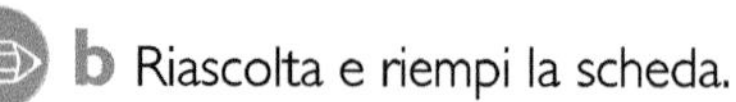 **b** Riascolta e riempi la scheda.

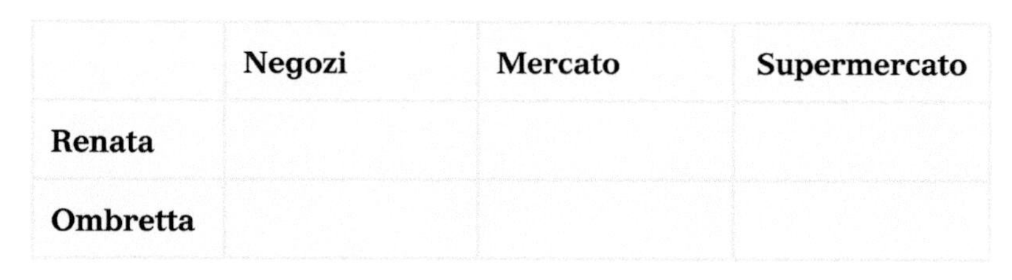

	Negozi	Mercato	Supermercato
Renata			
Ombretta			

fare la spesa *to do the (food) shopping*
il negozio *shop*
comodo/a *handy*
si risparmia *you save money*

1. Ogni quanto fa la spesa al supermercato Renata?
2. Va spesso al mercato Ombretta?
3. Dove compra la pasta, i legumi e i pelati Renata?
4. Cosa compra nei negozi Ombretta?
5. E lei, ogni quanto . . . ?

ogni quanto? *how often?*

una volta | **alla** settimana *once a week*
al giorno, **al** mese
all'anno

tutti i giorni / ogni giorno } *every day*

5

Metti ogni prodotto sul suo scaffale.
(Place each product on the appropriate shelf.)

pomodori pelati

saponette

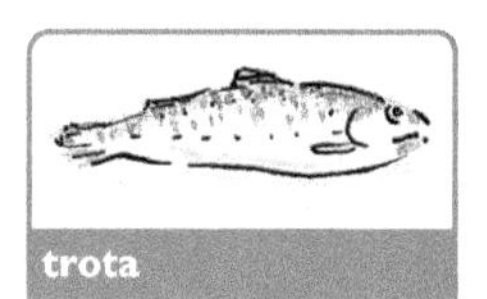
trota

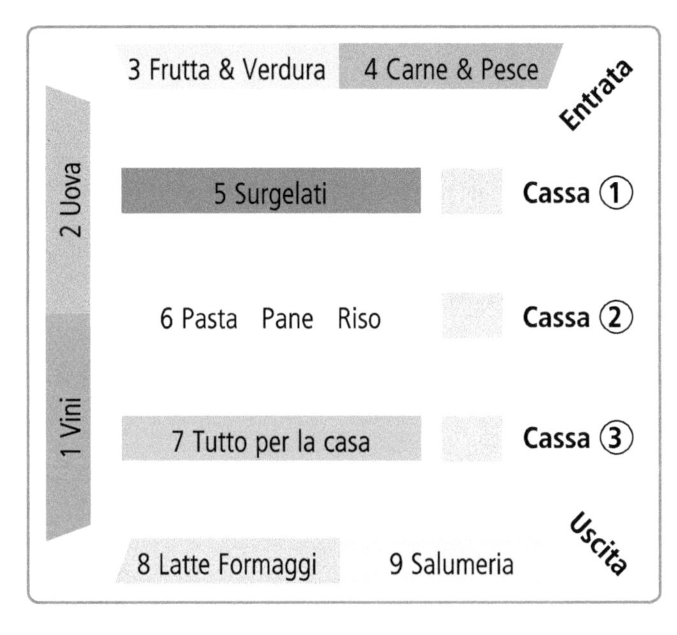

carne

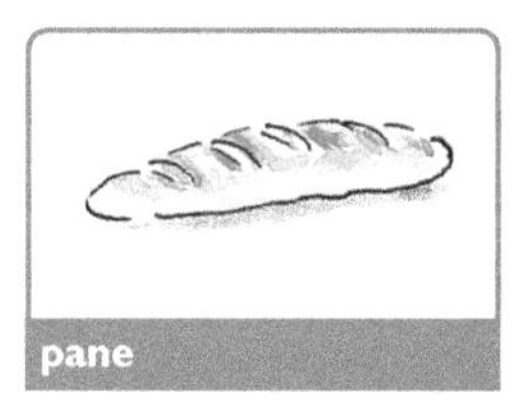
pane

uva

spaghetti

lattuga

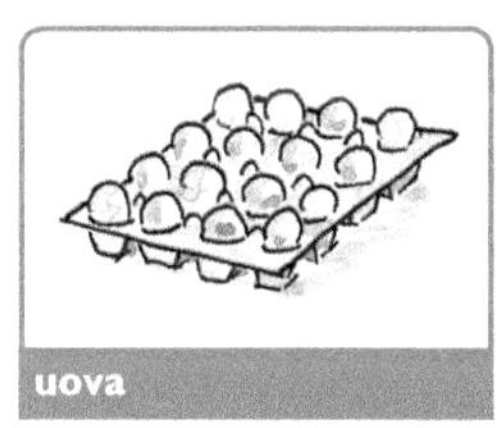
uova

mele

riso

prosciutto cotto

latte

pollo

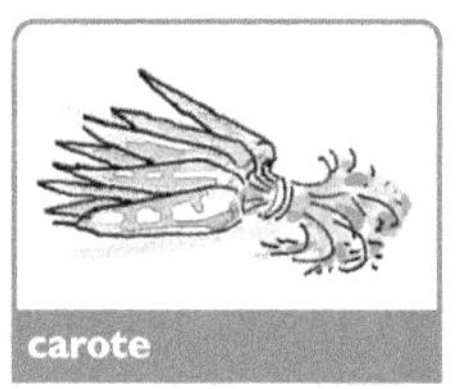
carote

carta igienica

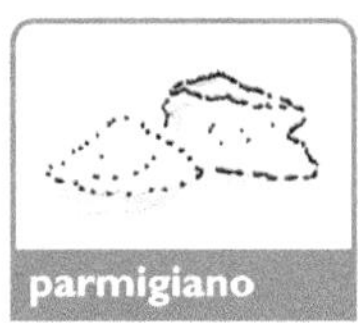
parmigiano

ricotta

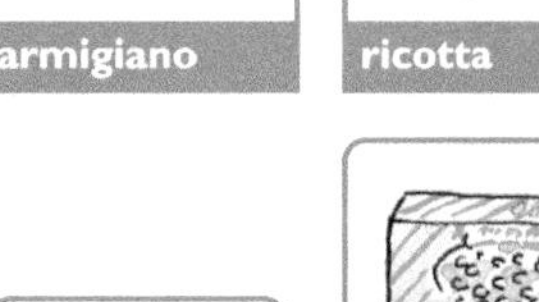

piselli surgelati

detersivo

Chianti

dentifricio

6

a "Preferisco fare la spesa al supermercato/ al mercato perché ..."
Scegli e chiedi ai compagni.

si risparmia
si può fare tutta la spesa insieme
si fa prima
si parla con la gente
di solito c'è un parcheggio
c'è più scelta
la verdura è più fresca
è più pulito

Il **si** impersonale: pagina 100.

b Copia la scheda di Renata e Ombretta e fai un sondaggio in classe.

7 La lista della spesa

Fai la lista della spesa per la settimana con i prodotti a pagina 91 e le quantità in questa pagina.

un chilo di mele	= 1000 grammi =	*1kg*	*(2lb approx)*
mezzo chilo di pane	= 500 grammi =	*½ kg*	*(1lb approx)*
un etto di salame	= 100 grammi		*(¼lb approx)*
un litro di vino			*(2pt approx)*
mezzo litro di latte			*(1pt approx)*

b Quanto ne vuole?

Al negozio di alimentari.

Studente A: Buongiorno. Desidera?
Studente B: Per favore, mi dà . . . .

Continuate usando il **lei**.

una bottiglia

un pacco

un vasetto

un pacchetto

una scatola

una lattina

un cartone

di

latte
Coca-Cola
tonno
olio
pasta
patatine
marmellata
succo di frutta

Grammatica

Articolo partitivo (*some*)

Compriamo **del** prosciutto, **degli** sfilatini, **della** mozzarella, **dell**'acqua minerale

Let's buy some . . .

Vedi Grammatica (pagina 100, G246).

il formaggio	*cheese*
l'insalata mista	*mixed salad*
il basilico	*basil*
il pane integrale	*wholemeal bread*
gli sfilatini	*baguettes*

(Vocabolario per pagina 93)

8 Oggi viene Mario a pranzo

1.59

 **a** Ascolta la conversazione.

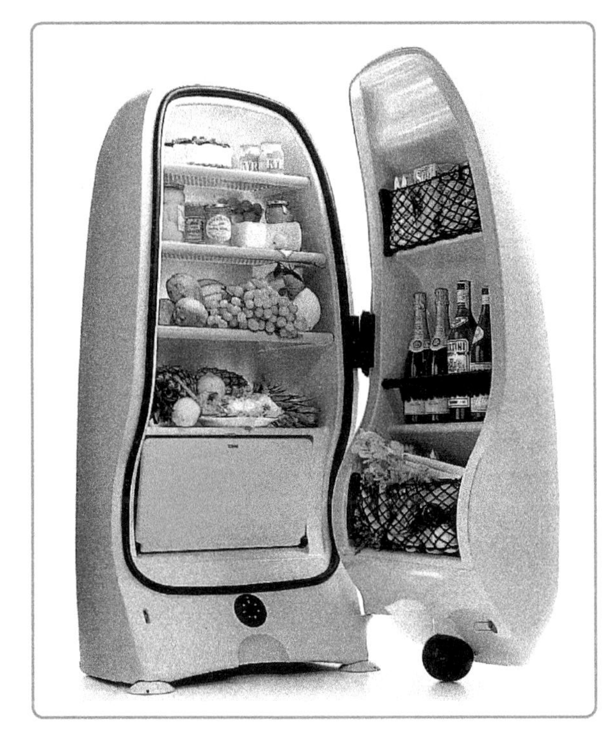

 **b** **Cosa c'è in casa?** Guarda nel frigo e scrivi. Controlla con il CD.

1.59

 **c** **Cosa manca?** Riascolta e fai la lista della spesa con le quantità.

es: Prosciutto, 300gr.

Avete notato?

Manca il pane	*There is no bread*
Mancano i pomodori	*There are no tomatoes*

mancare: *same structure as* **piacere**

 **d** *Practise asking for unspecified quantities* (**del, delle**, ecc.) *with the items in Activity 7b or 5.*

9 La spesa

1.60

 **a** Completa le conversazioni, poi controlla con il CD.

• **Dal fruttivendolo**

A ______ Desidera?
B Buongiorno.
Un chilo di pomodori ______ per favore.
A Ecco a lei. ______?
B Un po' di basilico, grazie. ______?
A €1,80 euro in tutto.

• **Dal fornaio**

A ______?
B Vorrei tre sfilatini.
A Altro?
B ______

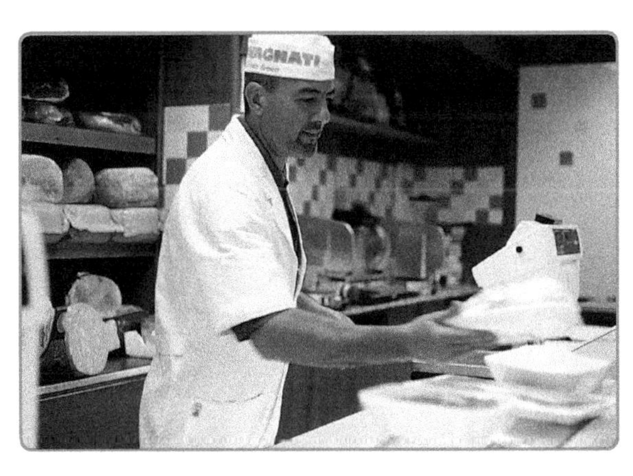

• **Dal salumiere**

A Buongiorno. Dica?
B ______
A Provi questo San Daniele: è squisito!
B ______

quanto costa?	*how much is it?*
quanto costano?	*how much are they?*
quant'è (in tutto)?	*how much is it (altogether)?*

 **b** Ora coprite il testo. Ricordate i dialoghi?

10

Per casa

 Scrivi un dialogo per ogni scontrino.

LA SPICA
VIA BRIATICO 62
VILLA S.GIOVANNI
REGGIO CALABRIA
TEL.0965/795652
P.I. 01581790803

	€
PANE	0,67
DOLCI	3,10
TOTALE €	3,77
CONTANTE	

****
21 02-2011 11-04
N. SCONTR FISC 79
MFBC 6797916

GRAZIE E ARRIVEDERCI

ENOTECA
VIA V.VENETO-46
TEL. 0965/895009
P.I. 00146860804

	€
Chianti	4,02
Barolo	5,06
Nobile	6,55
TOTALE €	15,63
CONTANTE	

21-02-2011 11-41
N.SCONTR FISC 2
MFLM 6814133

TUTTO IL MONDO IN BOTTIGLIA

Supermercato
CONAD
VIALE MATTEUCCI, RIETI 210
CASSA 2
P.IVA 00998940571

	€
AQUA MINERALE 3	1,59
LATTE FRESCO	1,55
SUCCO ARANCIA	1,40
PATATINE 2	0,99
TAGLIATELLE	2,69
PERE	0.89
UVA ROSSA	0,51
LUX SAPONE	1,10
LATTUGA	0,99
ZUCCHERO	1,33
PRUGNE	1,18
UVA BIANCA	0,67
PESCHE	0,68
**LIMONI	1,23
SACCHETTO PLASTICA	0,05
ARTICOLI 15	
TOTALE	16,85
CONTANTI EUR	20,00
RESTO	3,15

8004 0983/003/018 AC-X00
20/08/11 17-22 Nr.59

11 I negozi

1.61

  **a** Ascolta e scrivi i nomi dei negozi che senti.

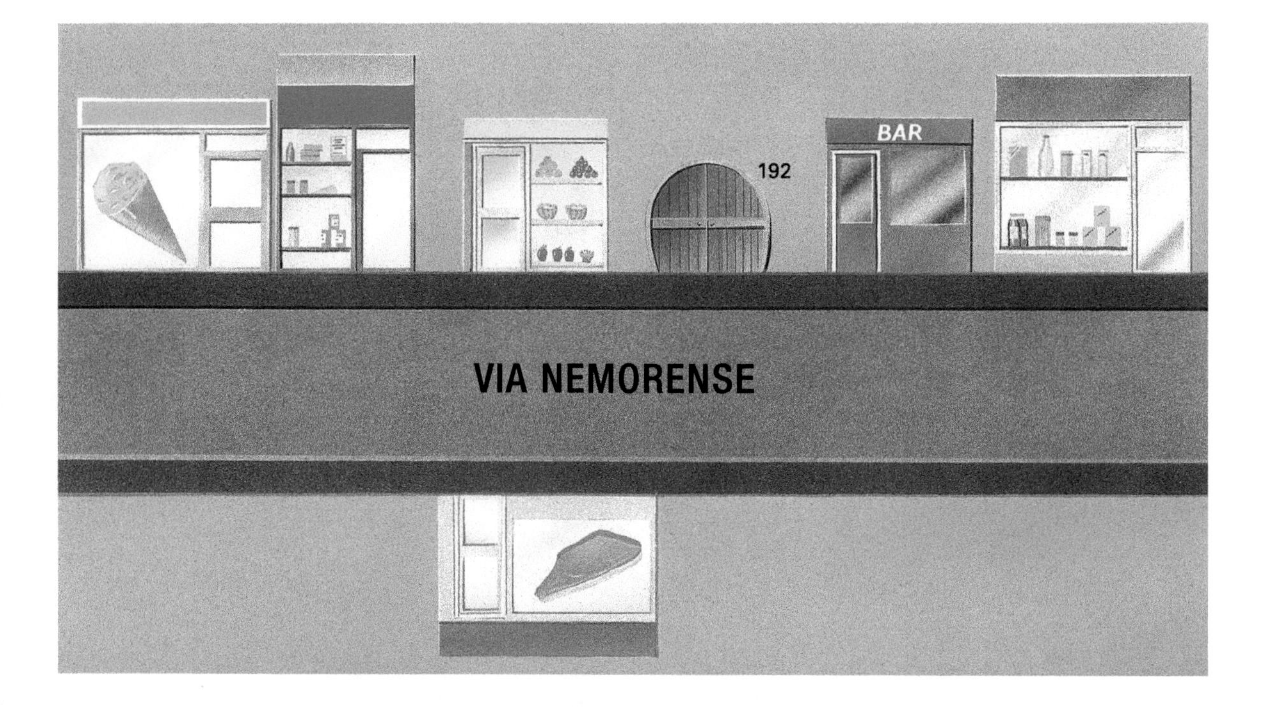

1.61

 **b** Riascolta Luisa. Scrivi **sì** o **no**.

1 Luisa compra l'acqua minerale dal macellaio.
2 Vicino al fruttivendolo c'è un supermercato.
3 Il fruttivendolo è alla destra del portone.
4 Ci sono due negozi di alimentari nella sua strada.
5 Il macellaio è a sinistra.
6 Il macellaio vende prosciutto, salumi e formaggi.

Avete notato?

dal macellaio	*at/to the butcher's*
in salumeria	*at/to the delicatessen*
al mercato	*at/to the market*

For more examples, see Grammatica 3 (pagina 100).

c Scrivi il nome dei negozi con le cose che compra Luisa.

la frutta il salame i formaggi freschi
la carne la pasta la verdura l'acqua minerale
il gelato il pane il prosciutto

12 Le cose che mancano

Studente A e **B**: Fate i dialoghi.

A Mancano i formaggi.
B Va bene. Vado in salumeria.
A Manca il pane.
B 

13 Facciamo un picnic

Gruppi di quattro.

- Decidete cosa volete comprare per il picnic
- Fate la lista della spesa con le quantità (vedi pagina 92):

Pane	Salumi/Formaggi
Da bere	Frutta/Dolce

- Fate i dialoghi nei negozi come in Attività 9.

C | Come si fa?

14 Tre ricette per gli spaghetti

1.62

a Studia il vocabolario a destra. Ascolta Ombretta e segna (✓) solo gli ingredienti che senti.

cipolla (*onion*) sedano (*celery*)
carota prezzemolo (*parsley*) aglio (*garlic*)
pancetta (*bacon*) sale vino pepe
origano pelati basilico peperoni olio

A

- Si fa rosolare un po' di cipolla nell'olio. Si aggiungono i pelati, sale, un po' di prezzemolo.
- Si aggiunge una scatola di tonno e si lascia cuocere per circa 10 minuti.

B

- Si mettono dei funghi freschi nell'olio con mezza cipolla e aglio. Dopo dieci minuti si aggiungono i pelati, il sale e il pepe. Si cuoce per 15/20 minuti.

C

- Si mette in una pentola l'aglio con un po' d'olio e si fa rosolare per due minuti. Si aggiunge una scatola di pelati, sale e pepe e un po' di basilico.
- Si cuoce per 10 minuti e si aggiunge alla pasta già cotta.

b Una di queste tre ricette è quella di Ombretta. Quale?

Avete notato?

si aggiunge il sale (sing.)	*one adds salt*
si aggiungono i pelati (pl.)	*one adds tomatoes*
si: pronome impersonale	(*one, you*)

Vedi pagina 100, G251.

15

Come si cuoce la pasta al dente?
Completa con i verbi e di' al compagno come si fa.

aggiunge fa scola buttano mette mescola fanno aggiunge

Si ______ l'acqua nella pentola.
Si ______ il sale.
Si ______ bollire.
Si ______ gli spaghetti.
Si ______ bene.
Si ______ bollire per sette minuti.
Si ______ con lo scolapasta.
Si ______ il sugo.
Si serve al dente.

16 Lasagne al forno

Metti le preposizioni che mancano nel menù (vedi Grammatica 2, pagina 100)
Conosci altri piatti italiani? Scrivili.

Ci vuole/ci vogliono: vedi pagina 79, G252.

17 Quanto tempo ci vuole per ...?

a

	Cottura (in minuti)	Scongela-mento (in minuti)
Cannelloni di magro 600g	14/16	18/20
Filetti di pesce 500g	6/7	8/10
Pesce intero 750g/1kg	10/12	15/17
Roastbeef 500g	7/11	18/20
Arrosto di maiale 500g	10/11	18/20
Arrosto di vitello 500g	13/15	20/22
Coscia di pollo 125g	5/6	7/8
Spinaci 500g	5/6	7/8

b Ci vogliono cinque minuti

Fatevi le domande.

1 scongelare *(defrost)* mezzo chilo di filetto di pesce
2 arrostire un chilo di carne di maiale
3 cuocere un chilo di roastbeef
4 scongelare mezzo chilo di vitello
5 cuocere un pesce intero di un chilo
6 scongelare mezzo chilo di cannelloni

D | A tavola

18

a Leggi l'intervista con Simona Marchini e metti in ordine le figure.

– Simona, in cucina ci stai volentieri?

Sì, perché stare in cucina, cucinare, è un modo di dare agli altri. Quindi per me cucinare è un piacere grande.

– Ami fare la spesa?

Mi dà tanta gioia, trovo che sia un rituale stupendo. Cioè: fare la spesa avendo tanto tempo, passeggiando con calma tra i banchi del mercato, guardando tutto, inventando magari piatti da cucinare davanti alle belle cose che vedo. Per me fare la spesa in un mercato è un momento di allegria: c'è tanta gente, l'atmosfera è vivace, gioiosa. Mi piace molto.

– Se inviti a cena una persona per te importante, cosa prepari?

Io credo che vada bene qualsiasi cosa. Trovo invece molto importante

presentare una tavola ben apparecchiata. Mi piace pensare alla tovaglia, al colore dei piatti, ai fiori, alle candele. Anche se mangio da sola, io apparecchio per me in maniera carina.

– E quando aspetti una telefonata che non arriva e ti senti nervosa, il cibo ti aiuta?

Eccome (*you bet*)! Mangio pane. Rosette, sfilatini. Io vivrei di pane. Il pane è per me la cosa più buona del mondo. Pane e qualcosa, pane e olio, pane con pane se non ho altro.

b Queste affermazioni sono sbagliate. Perché?

1 Simona detesta stare in cucina.
2 Fa la spesa al supermercato.
3 Evita i posti con molta gente.
4 Per gli amici prepara piatti esotici.
5 Apparecchia solo se ha ospiti.
6 Quando è nervosa fuma.

c Simona è un'entusiasta. Copia quattro sue espressioni di entusiasmo.

es: È un piacere grande!

d Scrivi le domande per **b** e intervista due persone, usando il **lei**.

es: 1 Le piace stare in cucina?
2 Dove preferisce ...?

19 Una tavola ben apparecchiata

a Guarda la figura e scrivi le parole che mancano.

il piatto	la forchetta	i fiori	la candela
il bicchiere	il coltello	la tovaglia	le posate

b Coprite la foto.

Studente A: Di' a Studente B come si apparecchia la tavola per due nel tuo paese.

Usa: si mette/si mettono
a destra di/a sinistra di
davanti al/al centro

Studente B: Ascolta Studente A e disegna la tavola apparecchiata.

Confronta con la foto sopra.

20 L'ora dei pasti

1.63

  **a** Ascolta Paola e scrivi le ore.

Pasti	In Italia:	In Inghilterra:
colazione		
pranzo		
cena		

- A che ora si fa colazione in questa famiglia?
  Generalmente . . .
- A che ora si pranza?
  Di solito . . .
- E a che ora si cena?
  Verso le . . .

 **b** E in Inghilterra? Lavora con un compagno e completa la scheda.

Per casa

Scrivi un paragrafo sull'orario del pasti nel tuo paese e nella tua famiglia. Usa il **si** impersonale.

fare colazione	*to have breakfast*
pranzare	*to have lunch*
cenare	*to have dinner/supper*

Grammatica

1 Quantità: articolo partitivo *(some)*

Singolare	Plurale
del pane	**dei** fiori
dello zucchero	**delle** mele
della carne	**degli** sfilatini
dell'acqua	**degli** aranci
dell'olio	
or	
un po' di . . .	*a bit of ...*

2 al, allo, alla, all', ai, agli, alle

Per esprimere lo stile, l'origine o gli ingredienti principali di un piatto:

antipasto **all'**italiana
ragù **alla** bolognese
gelato **al** limone
pizza **ai** funghi

3 Per indicare i negozi

With names of shops:	**in** farmacia, pasticceria, libreria, pescheria, salumeria, profumeria
With name of owner:	**dal** fornaio, tabaccaio, salumiere, macellaio, giornalaio, lattaio
With type of shop:	**al** mercato, supermercato, negozio di alimentari

4 si (*one*)

Si *always takes the* **3rd person**, *singular or plural.*
If the verb has a plural object: 3rd person **plural.**

Singolare	Plurale
Si risparmi**a**. *(You save/One saves.)*	Si mett**ono** i funghi. *(You put in the mushrooms./The mushrooms are put in.)*
Si aggiung**e** il sale. *(You add salt./Salt is added.)*	

Vocabolario

Il cambio	***Exchange***
il cambio	*exchange (rate)*
il documento	*identification*
il portafoglio	*wallet*
lo sportello	*window/counter*
la sterlina	*pound*
la tabella	*board*
la valuta	*currency*

La spesa	***Shopping***
il negozio	*shop*
la gelateria	*ice cream shop*
il negozio di alimentari	*grocer's (shop)*
la salumeria	*delicatessen*
il fornaio	*baker*
il fruttivendolo	*greengrocer*
il macellaio	*butcher*
il salumiere	*(owner of) delicatessen*
la verdura	*vegetables*
l'aglio	*garlic*
il basilico	*basil*
la carota	*carrot*
la cipolla	*onion*
il fungo	*mushroom*
la lattuga	*lettuce*
il melone	*melon*
i piselli	*peas*
il pomodoro	*tomato*
la frutta	*fruit*
maturo/a	*ripe*
la mela	*apple*
l'uva	*grapes*
il pane	*bread*
il pane integrale	*wholemeal bread*
la rosetta	*type of bread roll*
lo sfilatino	*small baguette*
la carne	*meat*
il formaggio	*cheese*
il maiale	*pork*
la pancetta	*bacon*
i pelati	*peeled tomatoes*
il pesce	*fish*
il pollo	*chicken*
il prosciutto	*ham*
la ricetta	*recipe*
i surgelati	*frozen food*
il vitello	*veal*
il dolce	*dessert*
il pasto	*meal*

La tavola	***The table***
il bicchiere	*glass*
il cucchiaio	*spoon*
il coltello	*knife*
la forchetta	*fork*
il piatto	*plate*
le posate	*cutlery*
la tovaglia	*table cloth*
il tovagliolo	*napkin, serviette*

Verbi	***Verbs***
aggiungere	*to add*
apparecchiare	*to lay the table*
arrostire	*to roast*
bollire	*to boil*
buttare	*to put in*
cenare	*to have dinner*
cuocere	*to cook*
fare colazione	*to have breakfast*
mancare	*to be missing*
mangiare	*to eat*
mescolare	*to mix*
mettere	*to put*
pranzare	*to have lunch*
rosolare	*to brown*
scolare	*to drain*
scongelare	*to defrost*
tagliare	*to cut*

Espressioni utili	***Useful expressions***
altro?	*anything else?*
c'è più scelta	*there's more choice*
cosa manca?	*what's missing?*
mancano i panini	*we've got no rolls*
desidera/dica?	*can I help you?*
è più pulito	*it's cleaner*
quanto costa?	*how much does it cost?*
quant'è?	*how much is it?*
si fa prima	*it's quicker*
si risparmia	*you save*
magari	*possibly*

7 Ripasso 1
Come, dove, quando

- Revision test
- **Tu** and **lei**
- **Piacere**
- Presenting yourself
- Directions
- Jobs, work, family, home
- Dates, **da quanto tempo**

Come, dove, quando

- Ecco le cose che abbiamo imparato a fare finora. Per ogni azione a sinistra, trova la frase giusta a destra.

es: Presentarsi → Mi chiamo Sandro, e lei/e tu?

A Presentarsi
B Ordinare al bar
C Opinioni
D Nazionalità
E Descrivere case
F Parlare del proprio lavoro
G Dare indicazioni stradali
H Dire/chiedere l'ora
I Prenotare un albergo
J Descrivere la routine quotidiana
K Chiedere informazioni sui trasporti
L Indicare età, date e compleanni
M Cambiare soldi
N Presentare qualcuno
O Scrivere cartoline
P Parlare della propria famiglia
Q Fare la spesa
R Descrivere persone
S Dare ricette

1 Quella alta, con i capelli rossi, è Roberta.
2 D'inverno mi alzo presto.
3 Ti scrivo da un posto fantastico.
4 Faccio il chimico.
5 Per me un caffè. Tu che prendi?
6 Lei è d'accordo, vero?
7 Ho dodici anni.
8 Le presento la mia amica Gina.
9 Mi chiamo Sandro, e lei?
10 Vorrei prenotare una camera.
11 Mi dà un chilo di pane per favore?
12 È un palazzo moderno a sei piani.
13 Di dove sei?
14 Vada dritto, poi giri a destra ed è lì.
15 Sa l'ora per favore?
16 C'è una fermata qui vicino?
17 Qual è il cambio oggi?
18 Si mette olio, aglio e cipolla.
19 Siamo in quattro, mia moglie, due figli e io. E poi c'è il cane.

A | Tu o lei?

1 Saluti

 Scrivi una frase o un piccolo dialogo per ogni figura (1–6) usando i saluti a destra.

Ciao Buonanotte Buongiorno Arrivederci Buonasera Piacere!

2 Tu o lei?

1.64

  **a** Ascolta Gianna al telefono.

- Pronto? Sono Gianna.
  Come va? Stai meglio oggi?
  Sono contenta. E tuo figlio come va?
  Benissimo. Allora ci vediamo in ufficio alle 10.
  A più tardi. Ciao.
- Pronto? Sono Gianna Bonelli.
  Buongiorno. Come sta?
  E la sua vacanza è andata bene?
  Benissimo. Allora la vedo in ufficio alle 10.
  A più tardi, arrivederla.

Come va?	*How are things?*
Come sta?	*How are you? (formal:* **Lei***)*
Come stai?	*How are you? (informal:* **tu***)*

Qual è la telefonata al direttore della banca?
Quale all'amica? Perché?

  **b** Con un compagno scrivi la parte dell'altra persona al telefono e fai le due telefonate.

3

a Metti le frasi del riquadro nella colonna giusta.

Tu	Lei

b Con queste frasi fate tre brevi conversazioni con il **tu** e tre con il **lei**.

Come ti chiami?	Le presento mio figlio.	Va a Milano?
Desidera?	Mi dica come si chiama.	Che lavoro fa?
Sei molto gentile.	Che lavoro fai?	Ti dispiace se fumo?
Lei che cosa prende?	Parla francese?	Le telefono stasera.
Tu che cosa prendi?	Parli tedesco?	Di dov'è lei?
Le dispiace se fumo?	Sa l'ora?	Dove vai?
Mi dai il libro?	Buongiorno, come sta?	Ciao, come stai?
Le piace il jazz?	Ti telefono stasera.	Sai l'ora?

4 Diamoci del tu.
(*Let's use* tu.)

Che cosa si dicono? Completa la storia.

Colpo di fulmine in discoteca *(Love at first sight at the discotheque)*

5

Trova quattro differenze di stile (formale e familiare) tra l'email e la lettera.

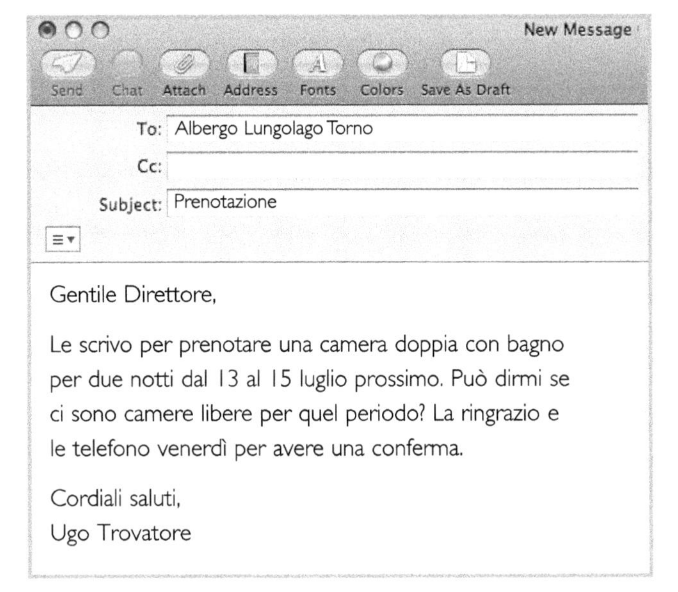

To: Albergo Lungolago Torno
Cc:
Subject: Prenotazione

Gentile Direttore,

Le scrivo per prenotare una camera doppia con bagno per due notti dal 13 al 15 luglio prossimo. Può dirmi se ci sono camere libere per quel periodo? La ringrazio e le telefono venerdì per avere una conferma.

Cordiali saluti,
Ugo Trovatore

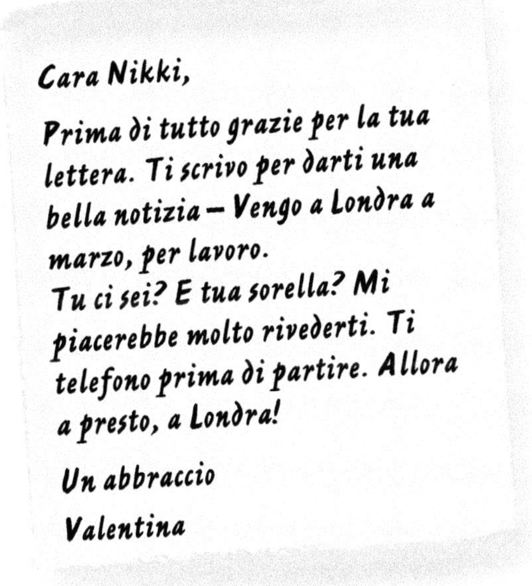
Cara Nikki,

Prima di tutto grazie per la tua lettera. Ti scrivo per darti una bella notizia – Vengo a Londra a marzo, per lavoro.
Tu ci sei? E tua sorella? Mi piacerebbe molto rivederti. Ti telefono prima di partire. Allora a presto, a Londra!

Un abbraccio
Valentina

B | Preferenze e presentazioni

6

Di' la verità: ti piace l'opera? Ti piacciono i motorini?

Fate una conversazione sulle cose nella lista.

l'opera	il dialetto veneziano
le canzoni napoletane	i bambini
ballare	il jazz
le spiagge deserte	leggere
viaggiare in aereo	la chitarra elettrica
sciare	i libri gialli
Mozart	il traffico

Grammatica

mi	**piace**	il gelato
ti		viaggiare in treno
le	**piacciono**	gli occhi azzurri
		i libri gialli

una bella notizia	*good news*

Per casa

Rispondi all' email e alla lettera.

7 I ragazzi di Modena

1.65

  **a** Ascolta. In che ordine parlano? Metti i numeri (1–5) accanto ai nomi sulla foto.

b Scrivi il nome di ogni ragazzo vicino al posto dove abita.

San Vito ______

Formigine ______

quartiere di periferia ______

Modena ______

a 3 km dalla scuola ______

8 Chi è?

1.65

  **a** Riascolta i primi tre ragazzi e indovina chi è. Completa i dettagli sul modulo.

NOME ______

ETÀ ______

RESIDENZA Modena

DISTANZA DALLA SCUOLA ______

MEZZI DI TRASPORTO ______

TIPO DI ABITAZIONE appartamento

FAMIGLIA 3 persone

ANIMALI DOMESTICI ______

SPORT PRATICATI ______

INTERESSI ______

PASSATEMPI ______

b Guarda le foto e rispondi: Quanti ragazzi ci sono in ogni fotografia? Che cosa fanno?

9 Sabato pomeriggio

Questa lettera è di Max, Elena o Lorenza? Controlla con il Transcript (*Support Book* pagine 44–5).

il nuoto	*swimming*
la pallavolo	*volleyball*
la polisportiva	*sports centre*
la palestra	*gym*
Che bellezza!	*Great!*

Cara Alessandra

È sabato pomeriggio, niente scuola. Che bellezza! Mi sono alzata alle 11. È una bellissima giornata e ho portato fuori il cane. Forse più tardi vado al centro a fare spese con mia zia. Adesso voglio pulire l'acquario dei pesci e dare da mangiare ai miei uccellini. Poi verso le cinque ci vediamo con gli amici alla polisportiva per una nuotata o un po' di palestra.

Serena ha promesso di portarmi dei bellissimi francobolli inglesi per la mia raccolta.

Un caro abbraccio

ciao.

10

1.65

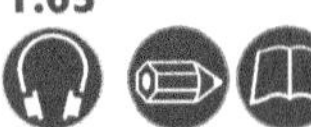

Riascolta o rileggi i ragazzi di Modena (Attività 7) e completa la scheda per tutti.

1 ______ sport pratichi?
2 ______ è il tuo cantante preferito?
3 ______ tipo di musica ti piace?

Nome	Casa	Zona di residenza	Famiglia	Animali	Passatempi e sport
Elena					

11 Domande

Completa le domande con le parole nel riquadro e intervista due compagni.

chi quanti quando dove quali come
quanto tempo che (×3)

4 ______ cosa ti piace fare la domenica?
5 ______ siete in famiglia?
6 ______ vai a nuotare?
7 ______ si chiama tuo fratello?
8 ______ ci vuole in treno per Firenze?
9 ______ abiti?

Per casa

Rispondi alle domande e scrivi un paragrafo su di te sullo stesso modello.

12 Preferenze

a 'Eros Ramazzotti è il mio cantante preferito.' Continua con le foto qui sotto.

Eros Ramazzotti
cantante (*m/f*)

Dario Fo **'attore (*m*)'** **Franca Rame** **'attrice (*f*)'**

Francesco Totti
calciatore

scrittrice(*f*)

scrittore (*m*)

Laura Pausini
cantante (*m/f*)

Botticelli
artista (*m/f*)

il mi**o**/la mi**a**	i mie**i**/le mi**e**
il tu**o**/la tu**a**	i tuo**i**/le tu**e**

b Ora scrivi le tue preferenze personali. Chiedi anche agli altri, usando il **tu**.

Grammatica

Maschile	**Femminile**
l'at**tore**	l'at**trice**
lo scrit**tore**	la scrit**trice**
l'art**ista**	l'art**ista**
il cant**ante**	la cant**ante**

13 Scusi, per andare ...?

La signora Smith è a Modena in Via Bonaccorsi e deve andare a Via Cesare. Tu sei il vigile: guarda la cartina sotto e scrivi le indicazioni per la signora Smith usando il **lei** (vedi Unità 5, pagina 85).

14 Domenica dò una festa

Michele invita Serena a una festa a casa sua.

Michele pagina 228.

Serena questa pagina.

Rispondi all'invito di Michele, digli (*tell him*) che vai volentieri alla sua festa. Chiedigli (*ask him*) dove abita esattamente. Segui le sue indicazioni e segna l'itinerario sulla cartina.

Siete amici, parlate con il **tu**.

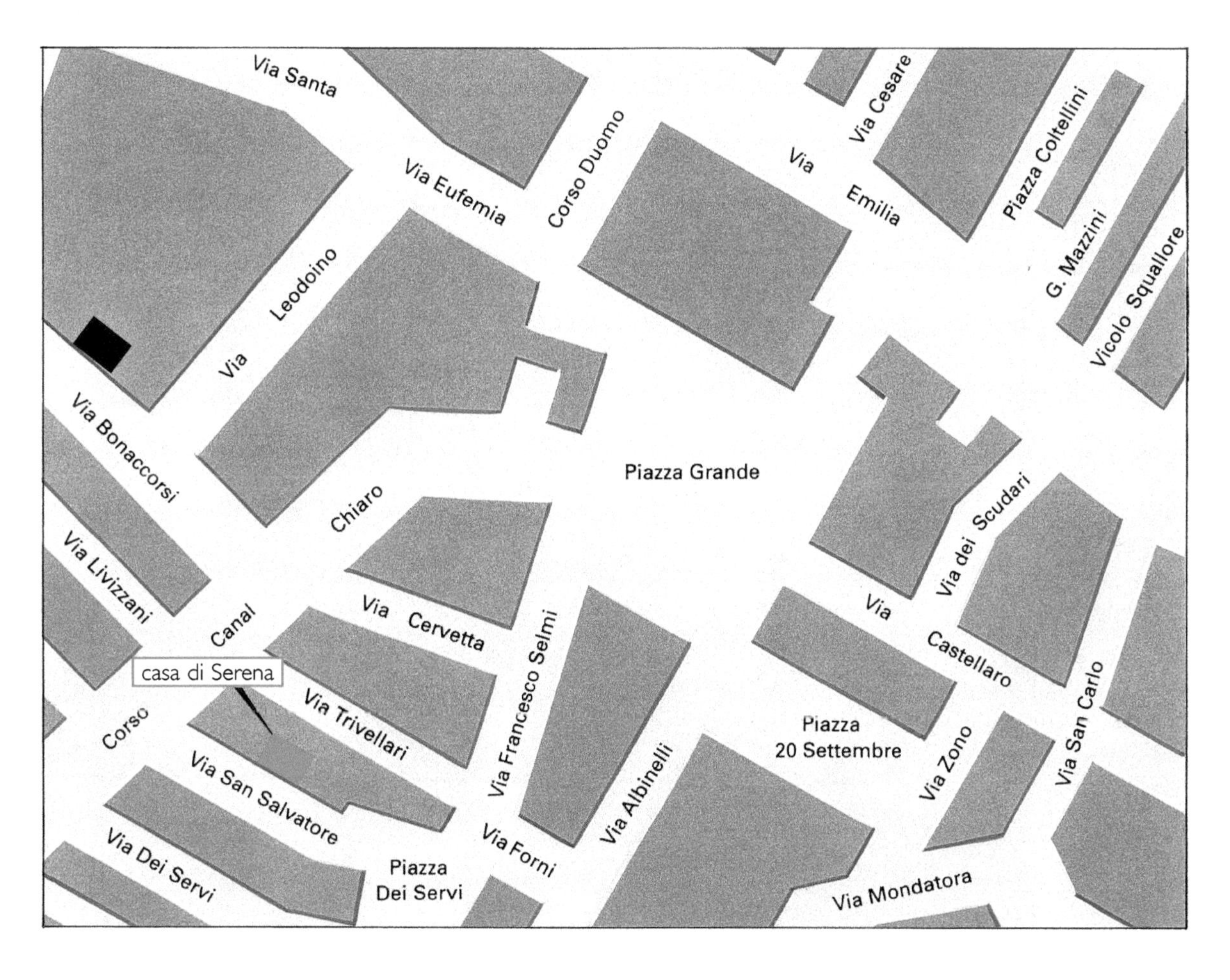

15 Trova l'anima gemella (*your soul-mate*)

club avventura

Chi sei? Che fai?
1 ☐ studente scuole superiori
2 ☐ studente universitario
3 ☐ operaio
4 ☐ impiegato
5 ☐ libero professionista
6 ☐ discoccupato

Come impieghi il tuo tempo libero?
1 ☐ musica
2 ☐ lettura
3 ☐ sport
4 ☐ televisione
5 ☐ cinema
6 ☐ fotografia

Che genere musicale preferisci?
1 ☐ rock
2 ☐ jazz
3 ☐ classica
4 ☐ country

Cosa leggi abitualmente?
1 ☐ quotidiano
2 ☐ settimanale di attualità
3 ☐ riviste sportive

Guardi la TV?
1 ☐ abitualmente
2 ☐ quando capita

Preferisci libri di
1 ☐ narrativa
2 ☐ saggistica
3 ☐ attualità
4 ☐ sport
5 ☐ avventura
6 ☐ gialli, terrore, mistero
7 ☐ fantascienza

Che sport pratichi?
1 ☐ calcio
2 ☐ pallacanestro
3 ☐ nuoto
4 ☐ sci
5 ☐ tennis
6 ☐ alpinismo
7 ☐ palestra
8 ☐ motociclismo
9 ☐ atletica leggera

Quali dei seguenti sport-avventura ti piacerebbe praticare?
1 ☐ scalate
2 ☐ discese in canoa
3 ☐ sci estremo
4 ☐ deltaplano
5 ☐ trekking
6 ☐ altro

Per le tue vacanze scegli
1 ☐ un viaggio organizzato tradizionale
2 ☐ un viaggio-avventura ma organizzato
3 ☐ un viaggio programmato da te

Quali di queste cose desideri di più?
1 ☐ una moto
2 ☐ una vacanza all'estero
3 ☐ un impianto stereo
4 ☐ un guardaroba firmato

In che cosa spendi il tuo budget mensile?
1 ☐ libri
2 ☐ dischi
3 ☐ vestiti
4 ☐ viaggi
5 ☐ accessori auto o moto
6 ☐ collezionismo

a Riempi il modulo del Club Avventura. Usa il dizionario se necessario.

b Facendo domande, scoprite l'anima gemella. Usate il **tu**.

C | Lavoro, routine, famiglia

16 Nuovi lavori

Studente A e **Studente B:**

State cercando (*looking for*) lavoro in Italia. In un sito Internet avete trovato (*found*) esempi interessanti di nuovi lavori.

a Leggete attentamente. Quale dei due lavori vi attira (*attracts*) di più? Perché? Parlatene.

b Scegliete un ruolo per uno (*each*) e fate una conversazione sul lavoro come in Unità 2, pagina 22, Attività 8.

Per casa

Descrivi la giornata tipica di uno dei personaggi. Usa il dizionario e un po' di immaginazione.

• Come si dice in italiano...?

the Web	*la rete, il web*
internet site	______
video games	______
virtual animation	______

invia il tuo CV
agente di ricerca
RICERCA
trova
fra gli annunci
negli articoli
IL MIO LAVORO
›› Entra
›› Nuovo utente
LE INFORMAZIONI

Il creatore di video giochi

Autodidatta (*self taught*) e appassionato di videogiochi, Francesco Mei,27 anni, realizza animazioni virtuali per siti web usando film, cartoon, fotografie e musica.

Nome: ***Francesco Mei***
Luogo di nascita: Napoli
Professione: creatore di video giochi
Età: 28 anni
Per chi lavora: Compagnia di video giochi
Da quanto tempo: 4 anni
E-mail: riceve 30 email al giorno
Dove lavora: ufficio
Tempo per arrivare al lavoro: 20 minuti (Vespa)
Quante ore lavora al giorno: minimo 9 ore
Opinione sul suo lavoro: molto divertente

invia il tuo CV
agente di ricerca
RICERCA
trova
fra gli annunci
negli articoli
IL MIO LAVORO
›› Entra
›› Nuovo utente
LE INFORMAZIONI

Il Bio-cuoco

È uno chef specializzato in prodotti biologici (*organic*) e salute (*health*), che dà consigli ai ristoranti e agli alberghi.

Nome: ***Angelo Verdi***
Luogo di nascita: Mestre (Venezia)
Professione: Consulente alimentare, Bio-cuoco
Età: 40 anni
Per chi lavora: Ristoranti, scuole alberghiere
Da quanto tempo: 6 anni
E-mail: circa 10 al giorno
Dove lavora: Parma, Bologna, Rimini
Tempo per arrivare al lavoro:dipende, da 1 a tre ore
Quante ore lavora al giorno: anche 10
Opinione sul suo lavoro: bello ma faticoso

17 Piccola biografia

Enrico Monti vuole un aumento di stipendio. Ecco la sua scheda personale.

SCHEDA PERSONALE
Enrico Monti

1976	Nasce a Reggio Emilia
1992	Comincia a studiare l'inglese
1996–99	Studia informatica all'Università di Bologna
2000	Si laurea in Informatica
2001	Passa sei mesi in Inghilterra per migliorare il suo inglese
2002-06	Insegna elettronica nelle Scuole Tecniche e comincia a scrivere programmi
2006	Sposa una collega, Bice Parenti
2008	Si trasferisce a Firenze
2008	Entra nella Società Manetti (caporeparto)
2010–oggi:	Programmatore capo per la Società

lo stipendio	*salary*
nascere	*to be born*
l'informatica	*information technology*
laurearsi	*to get a degree*
migliorare	*to improve*
sposare	*to marry (someone)*
trasferirsi	*to move*
il caporeparto	*manager*

a Da quanto tempo?

Grammatica

Studia l'inglese **da** molti anni
Lavora qui **dal** 2010
(ma: È nato **nel** 1976)

Studia la scheda di Enrico e rispondi.

1 Da quanto tempo si interessa di informatica?
2 Da quanto tempo studia l'inglese?
3 Da quanto tempo scrive programmi per computer?
4 Da quanto tempo vive a Firenze?
5 Da quanto tempo lavora per questa società?
6 Da quanto tempo è caporeparto?
7 Da quanto tempo è sposato?
8 Da quanto tempo è laureato?

b Scrivi una nota su Enrico Monti per il direttore.

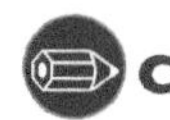

c Scrivi una mini-biografia di un amico o di tuo padre sul modello di Enrico Monti.

18 La mia routine

a In questa intervista con Antonio, operaio all'Olivetti, c'è qualcosa di strano! Correggi le parole sottolineate. Usa il dizionario.

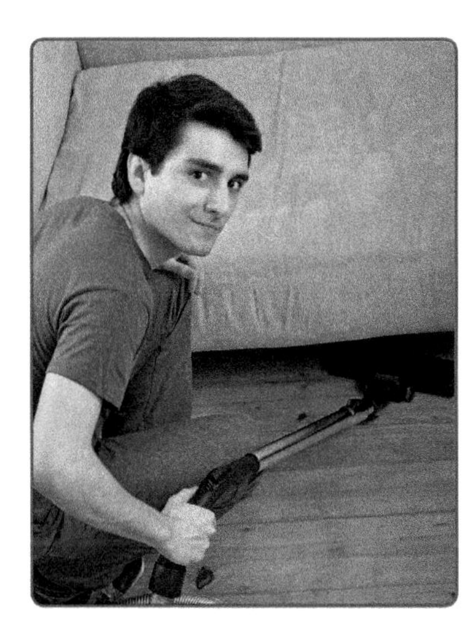

Quando faccio il turno del pomeriggio prendo le cose con calma. Mi sveglio alle 7.30 e mia moglie gentilmente mi porta il cane a letto. Alle 8 accompagno in aereo i figli a scuola e mia moglie al lavoro, poi passo allo zoo e se trovo qualche canarino prendo un caffè con loro. Alle 9.30 torno a casa e faccio qualche giochetto, metto in disordine eccetera.

A mezzanotte faccio bollire il vino per la pasta, friggo due aranciate, fumo un caffè, sparecchio e preparo il gattino che devo portarmi al lavoro. Alle 13 vado in aereo in fattoria e arrivo alle 13.45. Inizio la passeggiata alle 14, alle 18 mangio il gattino, nuoto con i compagni di lavoro, e finisco alle 22.

Arrivo al cinema alle 23.15. Bevo un panino, o un dolce se c'è, mangio la TV e qualche volta mi addormento in treno!

1.66

b Giusto? Ascolta e controlla.

19 Famiglie

È meglio la seconda volta

I protagonisti di questa storia sono Laura e Luigi, di San Giovanni La Punta, in provincia di Catania. Si sono sposati nel 1980, lei studentessa diciottenne, lui di poco maggiore. Dopo dodici anni di matrimonio e due figli, hanno divorziato nel 1992. Qualche giorno fa, diciotto anni dopo, si sono nuovamente sposati. Testimoni d'eccezione i figli: Massimo di 28 anni e Stefania di 25. Laura e Luigi hanno ripreso a vivere insieme con un entusiasmo mai avuto.

sposarsi	*to get married*
il matrimonio	*marriage*
maggiore	*older*
il/la testimone	*witness*

a Leggi l'articolo e completa.

Laura e Luigi sono marito e moglie

Nel 1980 si sono ______

Il loro primo matrimonio è durato ______

Hanno avuto ______

Nel 1992 hanno ______

Nel 2010 ______

I testimoni erano ______

Massimo ha ______ e Stefania ha ______

Ora vivono insieme con ______

b Trova nell'articolo l'equivalente di:

i personaggi principali
ragazza che studia
pochi giorni prima di oggi
di diciotto anni
uniti in matrimonio
più grande
ancora una volta

20 Un rompicapo (*riddle*)

	Rosanna	Ida	Maria
Nino			
Roberto			
Giacomo			

Nino, Roberto e Giacomo sono sposati. Le loro mogli si chiamano (non necessariamente nell'ordine) Rosanna, Ida e Maria.

- Nino e Ida non si conoscono.
- Ida è figlia unica.
- Roberto ha sposato la sorella di Rosanna.

Con un compagno, decidi chi è sposato con chi.

D | Come si fa? Com'è?

21 La ricetta per la pizza

a

Studente A: Stasera vuoi cucinare la pizza. Chiedi a Studente B:

- la quantità degli ingredienti per fare la pasta.
  es: Quanta farina ci vuole?
- il tempo che ci vuole per impastare, lievitare e cuocere al forno.
  es: Quanto tempo ci vuole per ...?
- gli ingredienti da mettere sulla pizza.
  es: Che ingredienti ci vogliono?

Studente A: questa pagina.
Studente B: pagine 228–9.

b Come preferisci la pizza?

Describe your favourite topping.

Per casa

Prepara una descrizione di come si fa il tè o il caffè. Usa il dizionario.

la farina	*flour*	lievitare	*to rise*
il lievito	*yeast*	spianare	*to flatten*
le acciughe	*anchovies*	sottile	*thin*
impastare	*to knead*	cuocere	*to cook*

22 Intervista sulla casa

Signora Thulin, lei ha due case, una a Stoccolma, l'altra vicino a Roma. Le sue abitazioni sono diverse?

Ciò che rende diverse le mie case sono i colori. Nella casa vicino a Stoccolma, ci sono tutti colori più tenui, che assomigliano al cielo svedese, al sole pallido. A Roma invece colori forti, decisi: i rossi, i verdi, i gialli, i bordeaux. Che sono poi le tinte classiche dell'arredamento mediterraneo.

Ma la sua casa a Stoccolma com'è?

Prima di tutto non è proprio a Stoccolma, ma a 15 minuti dalla città. È abbastanza isolata. È uno chalet molto piccolo.

Bello è soprattutto quello che si vede dalle finestre. Il mare, il paesaggio tranquillo. La casa ha pochi locali, separati talvolta da pareti in legno, altre volte da tendoni.

La stanza che ama di più?

La mia camera.

La stanza da letto?

No. La "mia camera" è lo studio, dove leggo, fantastico, organizzo il lavoro, mi concentro. Lì ci sono librerie di legno chiaro, tanti libri, una scrivania. E naturalmente poltrone per sedersi.

E che cosa altro ama nello chalet vicino a Stoccolma?

La piscina. Anche a Roma ho una piscina simile a quella di Stoccolma.

E la casa di Roma com'è?

Non è a Roma prima di tutto. È un casale alle porte della città. Erano due grandi locali sovrapposti. Qui ho fatto costruire il bagno e la piccola cucina. Nelle mie case la cucina è sempre piccola, perché è un luogo dove non vado quasi mai, che non mi interessa . . .
Ho fatto costruire una scala. E al piano di sopra ci sono soltanto tende, tende dappertutto. Di colori profondi, colori intensi, come dite in Italia. Insomma mi ricordano i tramonti.

Le piacciono le sue case?

Non solo mi piacciono, le amo!

a Cerca sul dizionario le parole sottolineate nel testo.

b Che vuol dire? (*What does it mean?*)

1 È abbastanza isolata.
- A È piena di sole.
- B È su un'isola.
- C È lontana da altre case.

2 Mi concentro.
- A Penso attentamente.
- B Vado in centro.
- C Vado a un concerto.

3 alle porte della città
- A vicino al porto
- B vicino alla città
- C vicino alla stazione

4 (due locali) sovrapposti
- A all'ultimo piano
- B troppo grandi
- C uno sopra all'altro

23

a Rileggi l'intervista nell' attività 22. Confronta la casa svedese di Ingrid con la sua casa italiana.

	Tipo di casa	Posizione	Stanze	Colori	Cucina	Piscina
La casa svedese						
La casa italiana						

b Cosa hanno in comune? In che modo sono diverse?

c Usa la stessa scheda per la tua casa (*your house*) e confronta con un compagno.

Grammatica

Strutture da ricordare

1 *Formal and informal address: summary*

tu	**lei**
Come sta**i**?	Come st**a**?
Quando vien**i** a Londra?	Quando vien**e** a Londra?
Ti piace il jazz?	**Le** piace il jazz?
Ti diverti?	(Lei) **si** diverte?
A che ora **ti** alzi?	A che ora **si** alz**a**?
Ecco il **tuo** libro.	Ecco il **suo** libro.

2 Piacere

		il gelato
(Non) mi	**piace**	la musica
ti		l'opera
gli/le		l'italiano
ci		lo zucchero
vi	**piacciono**	i tortellini
gli/loro		le macchine
	piace	leggere
		ascoltare la radio

If the thing you like is plural, use **piacciono**. *Other verbs behaving in the same way:* **interessare, mancare, servire, ci vuole/ci vogliono**

3 Per fare domande

che?	*what?*	quale?	*which?*
che cosa?	*what?*	quando?	*when?*
chi?	*who?*	quanto/a?	*how much?*
come?	*how?*	quanti/e?	*how many?*
dove?	*where?*	perché?	*why?*

4 Articolo + possessivo

il mio cantante preferito *but* **mio** fratello
la tua attrice preferita *but* **mia** moglie

5 Da quanto tempo?

Domanda:
Da quanto tempo studi l'italiano?
How long have you been studying Italian for?

Risposta:
Stud**io** l'italiano **da** quattro mesi.
present tense + **da** + *length of time*

6 Si impersonale

Si **fa** (una cosa): la pizza
Si mett**ono** (più cose): i funghi

8 Feste e regali

Attenzione! *All instructions in this unit are in the* **lei** *form.*

- Choosing and buying presents
- Clothes and shoes; sizes and materials
- Describing what people are wearing
- Compliments
- Writing cards and invitations
- Saying what people are doing

Il Quiz delle Feste

- Per ogni domanda, scelga la risposta 1, 2 o 3 (rosso, blu o verde)

- Quale colore ha scelto lei? Quale colore hanno scelto gli altri studenti?

Risultato a pagina 229.

le Feste	*Christmas season*
Natale	*Christmas*
Capodanno	*New Year's Day*
la neve	*snow*
il regalo	*present*
Babbo Natale	*Father Christmas*

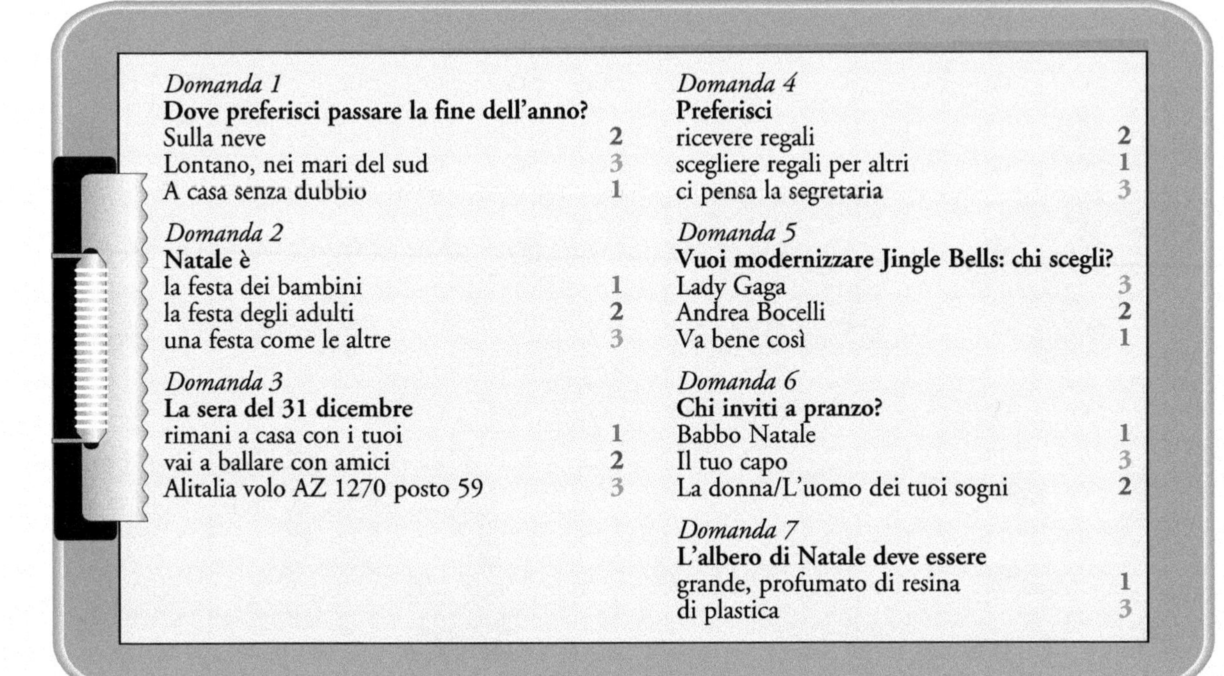

Domanda 1
Dove preferisci passare la fine dell'anno?
Sulla neve 2
Lontano, nei mari del sud 3
A casa senza dubbio 1

Domanda 2
Natale è
la festa dei bambini 1
la festa degli adulti 2
una festa come le altre 3

Domanda 3
La sera del 31 dicembre
rimani a casa con i tuoi 1
vai a ballare con amici 2
Alitalia volo AZ 1270 posto 59 3

Domanda 4
Preferisci
ricevere regali 2
scegliere regali per altri 1
ci pensa la segretaria 3

Domanda 5
Vuoi modernizzare Jingle Bells: chi scegli?
Lady Gaga 3
Andrea Bocelli 2
Va bene così 1

Domanda 6
Chi inviti a pranzo?
Babbo Natale 1
Il tuo capo 3
La donna/L'uomo dei tuoi sogni 2

Domanda 7
L'albero di Natale deve essere
grande, profumato di resina 1
di plastica 3

A | Regali per tutti

orologio

orologio

giacchetto

poltrona

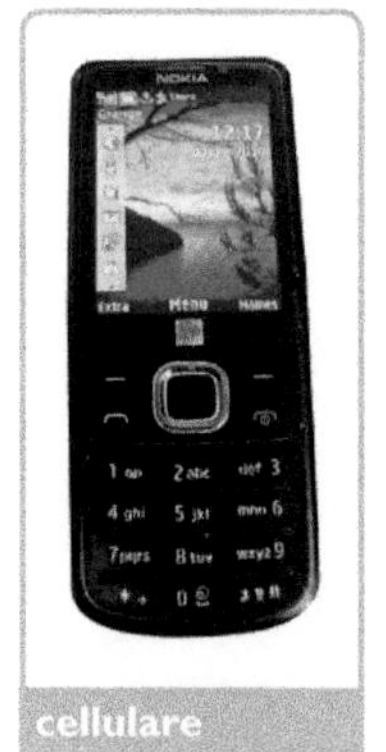
cellulare

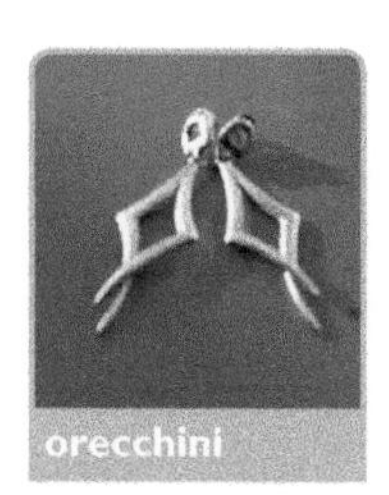
orecchini

vespa

libro

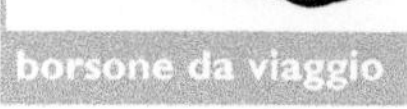
borsone da viaggio

tappeto

spumante

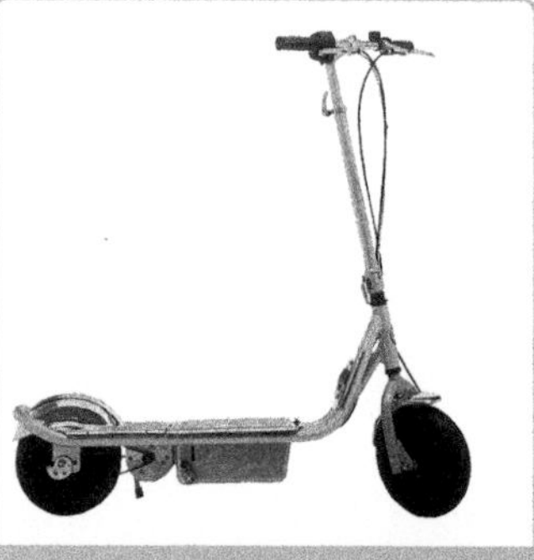
monopattino

profumi

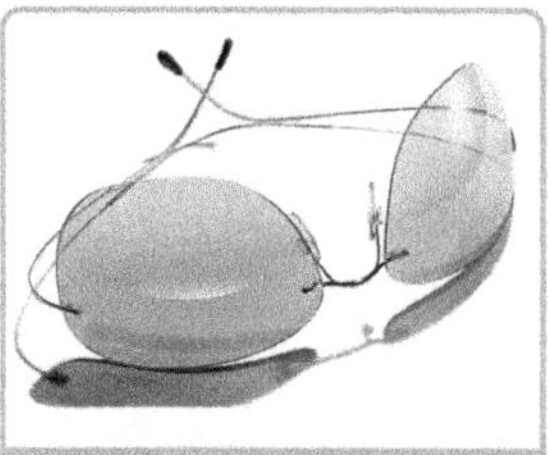
occhiali da sole

guanti di lana

scarpe

1

Guardi pagina 118. Faccia una lista di possibili regali per una coppia di amici, Ugo e Sonia.

es: Per **lui** la valigia, per **lei** gli orecchini.

per **lui**	*for him*
per **lei**	*for her*

c Continuate con Franco (programmatore di computer), Elvira (modella), suo fratello (studente) e altri regali da Attività 1.

valigia	*suitcase*
sai	*you know*
gli voglio bene	*I love him*
pazzo/a	*crazy*

2

2.1

a **Che gli regali? Che le regali?**

Ascolti e completi con **gli** o **le**.

Vittoria	Vieni a fare spese con me oggi pomeriggio?
Cecilia	Perché? Dove vai?
Vittoria	Vado a comprare un regalo per Paolo.
Cecilia	Che ______ regali?
Vittoria	Forse la Tosca in compact disc. Sai lui adora l'opera. E io ______ voglio bene.
Cecilia	E a Antonia? Che ______ regali?
Vittoria	Degli orecchini un po' pazzi che ______ piacciono di sicuro.
Cecilia	E a Savina? Che ______ regali?
Vittoria	Be', lei è un'artista: ______ regalo un tappeto colorato.

Avete notato?

gli regalo	(a Paolo → a lui → **gli**)
le regalo	(a Antonia → a lei → **le**)

b Cerchi i regali di Vittoria a pagina 118. Ci sono tutti?

3

Studente A: Scelga sei oggetti da pagina 118 e indovini il prezzo di ognuno in euro.

Confronti con Studente B che ha i prezzi giusti. Usi le espressioni utili qui sotto.

Studente B: pagina 229.

Espressioni utili

quanto viene/vengono?	*how much is it/are they?*
è caro/costa troppo	*it's expensive/too expensive*
non è caro/costa poco	*it's cheap/inexpensive*
è un'occasione	*its a bargain*

4 Le spese

2.2

a Ascolti le conversazioni (1–6). In quale negozio si svolgono (A–H)?

A

B

C

D

E

F

b Cosa comprano? Riascolti e unisca le due colonne come nell'esempio.

Attenzione: Nella lista ci sono due negozi e due oggetti in più.

profumeria	un orologio
libreria	una torta gelata
gelateria	un paio di scarpe
pelletteria	un sassofono
abbigliamento	un libro
calzature	una borsa
orologeria/gioielleria	acqua di colonia
strumenti musicali	un golfino

G

BOSONI

LA PIÙ COMPLETA
ESPOSIZIONE DI
STRUMENTI MUSICALI
STRUMENTI ELECTRICI
E ACUSTICI
DI MILANO
CORSO MONFORTE, 50
20122 MILANO
02.780362

H

5 Una borsa di pelle

un paio di

scarpe

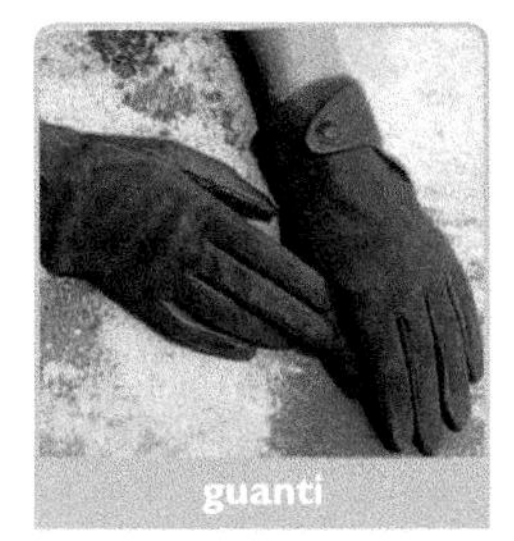
guanti

da uomo

da donna

da bambino

di lana

di cotone

di seta

di tela

di pelle/cuoio

d'oro

d' argento

 Guardate pagina 118 e descrivete a turno un oggetto che volete comprare.

es: Vorrei vedere un paio di guanti da uomo di pelle.

B | Desidera?

6 Lo shopping

2.3

 Ascolti i dialoghi e riempia la scheda.

	1	2	3
L'oggetto			
Il negozio			
La taglia/il numero			
Il materiale			
Il colore			
Il prezzo			
Lo compra/ non lo compra			

Desidera?

Vorrei vedere ...

Per comprare: espressioni utili

Note the use of the **lei** *form.*

Desidera?	*Can I help you?*
Vorrei vedere ...	*I would like to see ...*
Mi fa vedere ...?	*Can you show me ...?*
Che taglia?	*What size? (clothes)*
La 42	*Size 42*
Che numero?	*What size? (shoes)*
Il (numero) 43	*Size 43 (shoes)*
Posso provare?	*Can I try (it on)?*
Quanto viene?	*How much is it?*
Di che colore?	*What colour?*

7 Cosa dice il cliente?

2.3

Completi il dialogo con l'aiuto delle espressioni utili. Poi ascolti e controlli con il CD. (Attività 6, dialogo 2)

A Buongiorno. Desidera?

B ______

A Ne abbiamo di lana, di cotone, di seta...

B ______

A Che taglia?

B ______

A Mi dispiace, la 42 in rosso non c'è. C'è in rosa o marrone.

B ______

A 62 euro. È un'occasione. Lo prende?

B ______

8

2.3

a Riascolti il dialogo 3 (Attività 6) e completi la storiella.

Un signore entra in un negozio e chiede prima un ______ di scarpe, numero ______, poi un paio di sandali ______ e infine delle ______ sportive di tela ______. Il commesso continua a ripetere 'Mi dispiace, non ne ______', ma il cliente non vuole capire: 'Ma che razza di negozio è questo?' grida. 'Questa è una ______, signore', risponde il commesso, 'non un ______ di ______!'

il/la cliente	*customer*
il/la commesso/a	*shop assistant*
capire	*to understand*
gridare	*to shout*

b

Studente A: Chiuda il libro e racconti la prima parte della storia.

Studente B: Finisca la storia.

9 Questo o quello?

Mi piacciono quegli orecchini d'oro. Li prendo.

Continui con:

ombrello (seta)	portafoglio (cuoio)
poltrona (perspex)	borsa (pelle)
scarpe (tela)	guanti (lana)
anello (argento)	calzini (cotone)

For lo, la, li, le, *see page 68, no. 5.*

Grammatica

que**l** vestito	que**i** sandali
quel**l'**ombrello	que**gli** ombrelli
quel**la** borsa	quel**le** borse

The endings of **quel/quello** *and* **bel/bello** *are like the definite article* **il/lo/la/l'/le** etc. *See page 133.*

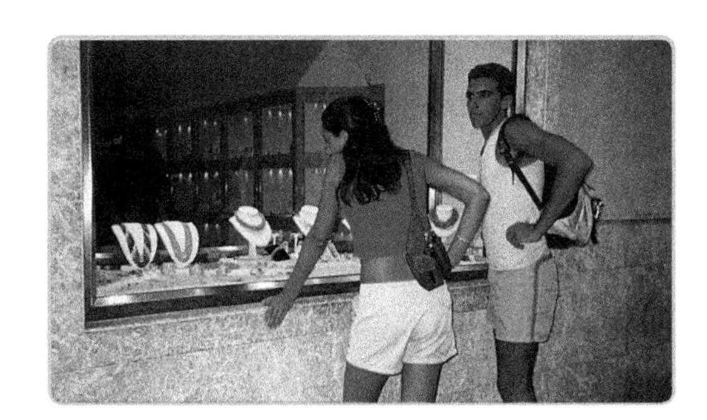

10 Le taglie (*sizes*)

DONNA ***vestiti***	GB	8	10	12	14	16	18
	ITALIA	40		44		48	50
UOMO ***camicie, golf***	GB	36	38	40	42	44	46
	ITALIA	46	48			54	56
DONNA ***scarpe***	GB	3	4	5	6	7	8
	ITALIA	36		38		40	41
UOMO ***scarpe***	GB	7	8	9	10	11	
	ITALIA	40		42		44	

 a

Studente A: questa pagina.
Studente B: pagina 230.

Completate il quadro delle taglie per l'abbigliamento.

es: A che taglia italiana corrisponde la 10 inglese?

 b Che **taglia** ha? Che **numero** di scarpe porta? Scriva le sue misure e chieda ad altre due persone. Usi il **tu**.

C | Com'è vestito? Cosa porta?

11 La moda

Legga le descrizioni e scriva i nomi dei vestiti accanto ai numeri.

Per lei:

- **Vestito** a fiori corto e leggero per l'estate.
- **Gonna** lunga di seta con **maglietta** verde.
- **Gilè** di lana rosso e marrone sopra la camicetta; **pantaloni** classici scozzesi; **cappotto** di pura lana con grandi tasche.

Per lui:

- **Jeans** celesti e **maglietta** bianca, con **camicia** a scacchi a maniche lunghe.
- **Completo** da uomo blu-viola; con **giacca** a tre bottoni, camicia sportiva blu scuro; **cintura** in pelle e **scarpe** nere.

i vestiti	*clothes, items of clothing*
com'è vestito?	*what's he wearing?*
portare, indossare	*to wear (clothes)*
la biancheria	*underwear*

12

2.4

a Valentina e Armando vanno a passare due settimane a Londra. Ascolti. Qual è la lista di Armando?

b Valentina ha messo molte cose in valigia. Aggiunga quello che manca alla sua lista.

magliette
pantaloni 3
camicie
biancheria
scarpe 5 paia

maglione 1
camicie 6
golf 1
biancheria
calze

13 Come sei elegante! Che bel vestito!
(How smart are you! What a lovely dress!)

Faccia i complimenti a un altro studente per tutto quello che porta oggi. (veda pagina 85, no. 4)

1 2 3 4 5 6 7

a righe

a scacchi

a pallini

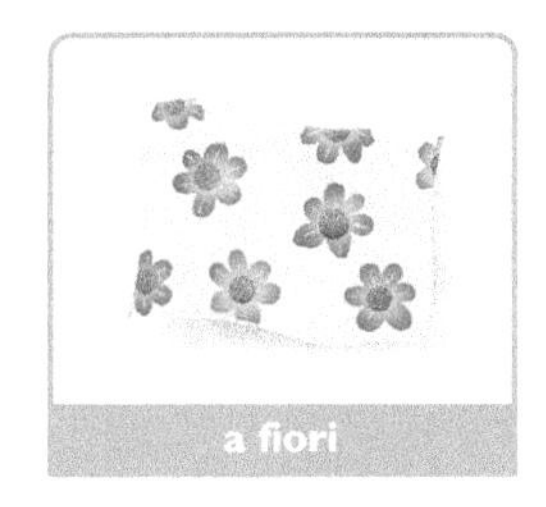

a fiori

14 Gli amici di Caterina

2.5

a Ascolti la descrizione della foto e scriva i nomi.

b Senza riascoltare, descrivete a turno come sono vestiti due dei ragazzi. L'altro studente indovina chi è.

Per casa

Prepari la descrizione di una foto (sua o dai giornali) da presentare in classe come in 14a.

15 A una festa da amici

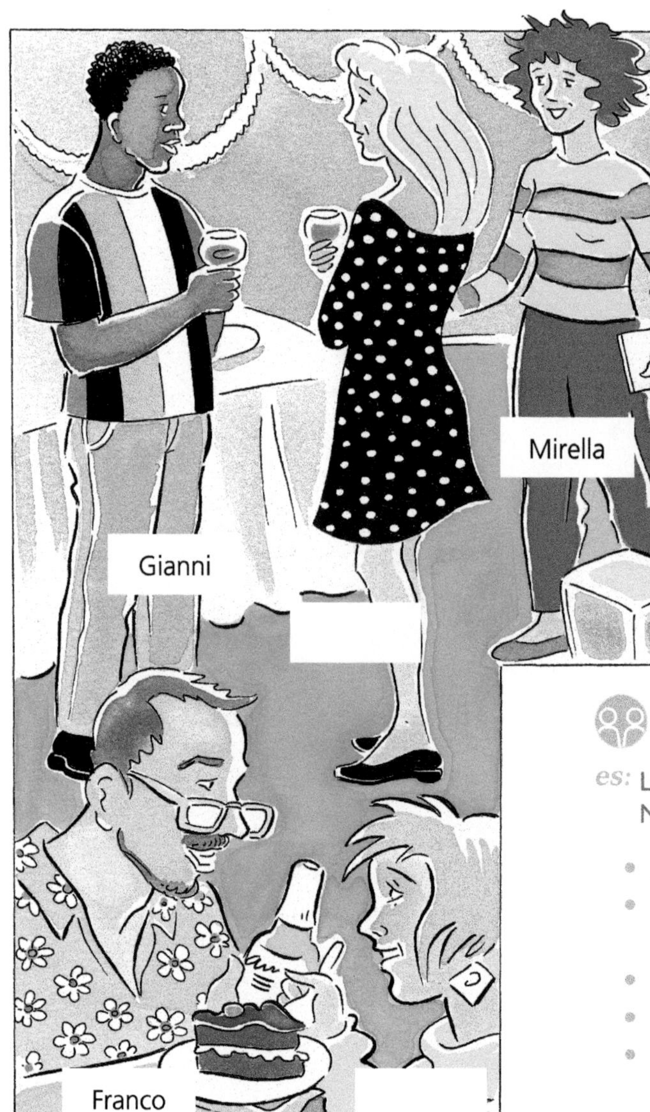

b Lei non è d'accordo. Spieghi perché.

es: Le feste sono noiose.
Non sono d'accordo. Sono divertenti

- Alle feste tutti sono in jeans e maglietta.
- La cosa migliore (*best*) delle feste è la musica.
- Le feste in casa è meglio non farle.
- Preparare una festa è faticoso.
- È difficile fare una conversazione a un party per il chiasso (*noise*).
- Alle feste generalmente si beve troppo.

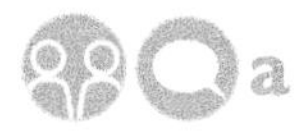

Studente A: Lei è a una festa (*party*) e conosce solo tre persone: Gianni, Franco e Mirella. Si informi sugli altri.

es: Scusa, come si chiama la ragazza che porta . . . ?

Studente B: pagina 230.

16 Alla Rinascente

La Rinascente

5 V piano	**BAMBINO** Abbigliamento Giocattoli Tolette Telefoni
4 IV piano	**DONNA GIOVANE** Abbigliamento sportivo Impermeabili Cappotti
3 III piano	**DONNA CLASSICA** Moda classica Biancheria Taglie piccole Calzature
2 II piano	**UOMO GIOVANE** Abbigliamento sportivo Articoli in pelle Valigie
1 Primo piano	**UOMO CLASSICO** Completi Cappotti Accessori Camicie
T Pianterreno	Profumeria, cosmetici Erboristeria Borse Ombrelli
S Sottosuolo	**TUTTO PER LA CASA** Elettrodomestici Arredamento

 **Una gara con il dizionario.** Avete cinque minuti per trovare il nome di almeno cinque cose che si vendono in un reparto della Rinascente.

es: Profumeria, pianterreno: sapone, acqua di colonia, shampo, rossetto, crema solare.

Vince la coppia con più nomi.

17 A che piano?

 Studi la tabella della Rinascente per due minuti.

Decida a che reparto devono andare queste persone e a che piano.

- Francesca vuole comprare una borsa per sua madre.
- Antonio cerca una blusa elegante per sua moglie.
- Marisa e Stefano cercano un regalo per i loro due bambini.
- La signora Mileto ha bisogno di un paio di scarpe per fare passeggiate in campagna.
- Carlo va a sciare e non ha un maglione.
- Sandro deve partire ma non ha valige.
- Titta vuole fare una telefonata.

cercare	*to look for*
avere bisogno di	*to need*

Per casa

Scriva i dialoghi per le spese di Francesca, Marisa e Stefano, Carlo, Sandro e Titta.

18 Occasioni (*Bargains*)

SALDI DI FINE STAGIONE: Migliaia di turisti danno l'assalto ai magazzini Harrods

Londra, 5 gennaio

Migliaia di turisti stranieri, e anche molti italiani, hanno dato l'assalto ieri ai grandi magazzini Harrods di Londra che hanno cominciato prima del solito i loro famosi saldi di dopo Natale. Le occasioni erano così buone che centinaia di compratori hanno aspettato tutta la notte davanti alle porte sperando di entrare per primi. Louis Farah, uno studente libanese, fa la coda da mezzanotte sperando di comprare per solo 1.400 sterline (circa 1600 euro) un orologio d'oro Rolex che ieri costava 2.900 sterline. A un'altra porta Mark Maker, di 24 anni, fa la coda da giovedì sera sperando di comprare un televisore Sony ridotto da 600 a 25 sterline. Tuttavia Mark è stato battuto da Peter Win, anche lui di 24 anni, che è stato il primo a arrivare al reparto Elettrodomestici. Mark è arrivato 30 secondi più tardi.

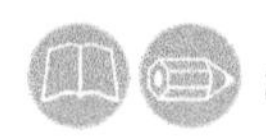

a Gli sconti di Harrods. Riempia la scheda con i dettagli.

Oggetto	Marca	Prezzo originale	Prezzo ridotto	Compratore

b Lei è un giornalista. Intervisti un cliente italiano.

- Scusi, di dov'è lei?
- Quanti anni ha?
- Da quanto tempo fa la coda (*queue*)?
- Cosa spera di comprare?
- È un'occasione?

migliaia di turisti	*thousands of tourists*
centinaia di compratori	*hundreds of customers*

D | Tanti auguri!

19

 **a** Quale cartolina di auguri va bene per:

1 i vicini di casa?
2 il suo professore?
3 sua sorella e la sua famiglia?
4 il compleanno di un amico?

Grammatica

	m	*f*
s	buon/buono	buona/buon'
pl	buoni	buone

Attenzione: **buon/buono/buona/buon'** come **un/uno/una/un'** (veda pagina 238)

b **Buon divertimento!** *(Enjoy yourself!)*
Auguri (*wish*). Dica: Buon/buona... etc.

divertimento vacanze riposo appetito
viaggio studio notte pranzo lavoro
ginnastica

- a Lia che parte per Genova
- a Carlo che si siede a tavola
- a un collega che va a casa a mangiare
- a Teresa che va in ufficio
- a sua madre che va a Capri per un mese
- a Tonino e Sandra che vanno a ballare
- a Gianni che ha molto da studiare
- a Rita che va in palestra (*gym*)
- a Giorgio che va a letto

20 Al telefono. Un invito a cena

A turno, telefonate agli amici e invitate anche loro.

La prima telefonata è già fatta.

A: Pronto? Ciao Enrico, sono Antonio.
B: Ah, ciao, come va?
A: Bene, grazie. Senti, c'è una festa da Mariella. Vieni anche tu?
B: Quando?
A: Il 22 dicembre.
B: A che ora?
A: Alle nove. Allora, vieni anche tu?
B: Sì, certo. Grazie.
A: Mi raccomando, puntualità!

es:

Enrico: ✓
festa, Mariella
22 dicembre
21.00
Puntualità!

Carla:
pranzo, Paola
domenica ore 13
Portare il gelato!

Patrizia e Roberto
cena, Cati e Paolo
domani sera
20.30
Vestirsi casual!

Lisa e Riccardo:
cocktail, Marisa
ore 18
dopodomani
Vestito elegante!

Pronto? Sono Tonio.
Hello! It's Tonio here.
Mi raccomando, puntualità!
Please do be punctual.

Avete notato?

da Mariella	*at Mariella's*
da me, **da** noi	*at my/our place*
anche tu	*you too (informal)*
anche lei	*(formal)*
anche voi	*(group)*

Verbo irregolare: **venire** *(to come)*
vengo, vieni, viene, veniamo, venite, vengono

21 Che sta facendo?

a Perché non risponde la dottoressa Milani? Guardi le figure e i verbi: completi quello che dice la segretaria.

1 Mi dispiace, in questo momento *sta visitando* un paziente.
2 ______ al telefono.
3 ______ in ospedale.
4 È l'una: ______.
5 ______ ricette per un paziente.
6 Ha finito, ______.

visitare andare uscire pranzare scrivere parlare

2.6

b Ora ascolti e controlli.

c E lei, cosa sta facendo in questo momento? Scriva tre cose e confronti con gli altri.

d Uno studente mima un'azione, gli altri indovinano:

es: Stai parlando al telefono.

parlare al telefono	lavorare al computer
bere una Coca-Cola	mangiare spaghetti
dormire	lavarsi le mani
giocare a tennis	bere il caffè

Avete notato?

Il presente progressivo

sto stai	visit**ando**	**(-are)**
sta stiamo	scriv**endo**	**(-ere)**
state stanno	usc**endo**	**(-ire)**

Il dottore **visita** dalle 9 alle 2.
(*always*)
Il dottore **sta visitando** un paziente.
(*at this very moment*)

22 Tradizioni di fine anno

Quattro tuffi da ponte Cavour

L'egiziano vola per primo

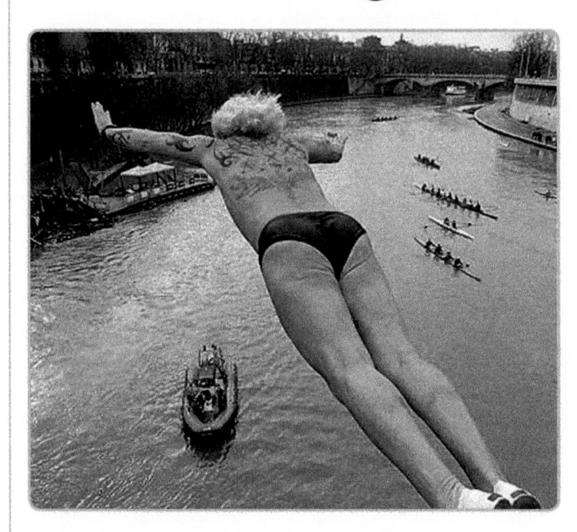

Un minuto d'anticipo, centinaia di persone a guardare e una piccola novità nella tradizione: un egiziano al posto di un romano. Alle 11,59 di ieri Ahmed Bisciara, di 40 anni, è stato il primo a tuffarsi nel Tevere dal ponte Cavour per il tradizionale tuffo di Capodanno.

Subito dopo si sono tuffati tre romani. Un minuto dopo mezzogiorno si è tuffato Giuseppe Palmulli, di 35 anni, sposato con cinque figli. Un quarto d'ora più tardi si sono presentati Aldo Corrieri di 35 anni, che si è tuffato subito, e il suo 'maestro' Spartaco Bandini, di ben 76 anni, veterano del tuffo: è lui che vediamo nella foto mentre sta volando dal ponte, quattro minuti dopo il concorrente più giovane.

Roma, 2 gennaio

a Chi è l'uomo nella foto e che cosa sta facendo? Scriva una frase. Poi completi la scheda per tutti i tuffatori.

Gara	Data	Località
Nome	**Età**	**Ora del tuffo**
1		
2		
3		
4		

b Usando la scheda, racconti la storiella agli amici.

il tuffo	*dive*
tuffarsi	*to dive*
il ponte	*bridge*
volare	*to fly*
subito	*immediately*
la gara	*competition*
centinaia *(f pl)* di persone	*hundreds of people*

sta volando	(vol**are**)
si sta tuffando	(tuff**arsi**)

Grammatica

1 Pronomi personali: oggetto indiretto

(vedi G241)

a lui → **gli** *to him*
a lei → **le** *to her*

es: Gli/Le compro un regalo. (*I'm buying him/her a present.*)

2 quel/quello

Endings as in the definite article and in bel/bello *(see page 238)*

Singolare	**Plurale**
que**l** tavolo	que**i** ragazzi
quel**l'**albero	que**gli** occhi
quel**lo** studente	que**gli** studenti
quel**la** bicicletta	quel**le** calze

3 buon/buono

Buon Natale e Buon Anno!
Buone vacanze e Buone feste!

Endings as in un/uno/una/un' *(see page 237):*

Singolare	**Plurale**
un buo**n** affare	buo**ni** affari
un buo**n** vino	buo**ni** vini
un buo**no** spumante	buo**ni** spumanti
una buo**na** vacanza	buo**ne** vacanze
una buo**n'**amica	buo**ne** amiche

4 da

for scarpe **da uomo**
pantaloni **da donna**

at/to Vieni **da noi** stasera?
Andiamo a cena **da Carla.**

5 Complimenti

Come sei elegante! (tu)
Come siete bravi! (voi)
Che bel vestito! *(see page 85, no 4)*

6 Quantità

centinaia (*f pl irreg*) di persone
migliaia (*f pl irreg*) di turisti
paia *(f pl irreg)* di scarpe

7 Richieste

Vorrei vedere . . .
Mi fa vedere . . . ?
Posso provare . . . ?

8 Presente progressivo

Presente di **stare** + gerundio (-**ando**/-**endo**)

sto	parl**ando** (-are)
stai	
sta	scriv**endo** (-ere)
stiamo	
state	usc**endo** (-ire)
stanno	

NB **Si** sta tuffando. (*He is diving.*) *With reflexive verbs* (e.g. tuffarsi), *the pronoun goes before the auxiliary verb.*

9 Verbo irregolare: venire

Presente
vengo
vieni
viene
veniamo
venite
vengono

10 anche

Venite **anche voi**?
Portiamo **anche il vino**.

NB: anche *always precedes the noun or pronoun it refers to.*

Vocabolario

Feste	***Festivities***
l'albero di Natale	*Christmas tree*
gli auguri	*wishes*
Buon Natale	*Happy Christmas*
Capodanno	*New Year's Day*
Natale (m)	*Christmas*

Regali	***Presents***
la borsa	*bag*
gli orecchini	*earrings*
l'orologio	*watch*
il portafoglio	*wallet*
il registratore	*(tape) recorder*
il lettore CD	*CD player*
la torta	*cake*
la valigia	*suitcase*

Materiale	***Materials***
l'argento	*silver*
il cotone	*cotton*
la lana	*wool*
l'oro	*gold*
la pelle	*leather/skin*
la seta	*silk*
la tela	*canvas*

Negozi	***Shops***
negozio di abbigliamento	*clothes shop*
le calzature	*footwear, shoe shop*
dischi e radio	*record shop*
gli elettrodomestici	*electrical appliances shop*
la gioielleria	*jeweller's*
i grandi magazzini	*department store*
la libreria	*bookshop*
l'orologeria	*watchmaker's*
la pasticceria	*cake shop*
la pelletteria	*leather goods shop*
la profumeria	*perfumery*

Nei negozi	***In the shops***
caro	*expensive*
il/la cliente	*client, customer*
il/la commesso/a	*assistant*
il compratore	*buyer*
di fine stagione (*adj*)	*end of season (adj)*
la marca	*brand name*
l'occasione (*f*)	*bargain*
i saldi	*sales*
lo sconto	*reduction*
la svendita	*sale*

Verbi	***Verbs***
aspettare	*to wait (for)*
avere bisogno di	*to need*
cercare	*to look for*
comprare	*to buy*
dare l'assalto a	*to attack*
fare la coda	*to queue*
portare	*to wear*
regalare	*to give as a present*
ricevere	*to receive*
scegliere	*to choose*
sperare di	*to hope to*
vendere	*to sell*

Vestiti	***Clothes***
la biancheria	*underwear*
le calze	*stockings*
i calzini	*socks*
la camicetta	*blouse*
la camicia	*shirt*
la giacca	*jacket*
il golf, golfino	*jumper*
la gonna	*skirt*
il guanto	*glove*
la maglietta	*T-shirt, vest*
il maglione	*sweater*
un paio (*f pl* paia) di …	*a pair of …*
i pantaloni	*trousers*
la scarpa	*shoe*
il vestito	*dress/suit*
a fiori	*floral*
a pallini	*with polka dots*
a righe	*striped*
a scacchi	*checked*

Espressioni utili	***Useful expressions***
centinaia (*f pl irreg*) di …	*hundreds of …*
Che stai facendo?	*What are you doing?*
Costa poco	*It's cheap*
Mi dispiace, ma …	*I am sorry, but …*
Mi fa vedere?	*Can you show me?*
migliaia (*f pl irreg*) di …	*thousands of …*
Posso provare?	*Can I try?*
prima del solito	*earlier than usual*
Quanto viene/vengono?	*How much is it/are they?*
Vorrei vedere	*I'd like to see*

9 Cosa hai fatto di bello?

- Saying what you have done recently
- Using the past tense
- Using the right auxiliary (**essere** or **avere**)
- **Sapere** and **conoscere**
- Choosing a ski resort
- Short biographies
- Talking about events long ago

Carlo

Ho mangiato troppo, ho bevuto troppo, ho speso troppo, però mi sono divertito un sacco.

Cosa hai fatto di bello a Natale?

Serena

Sono andata a sciare, è stato fantastico.

Gianfranco

A Capodanno sono andato a una bellissima festa.

Antonio

Ho passato il Natale in famiglia, con i miei.

Francesca

Di solito resto a Roma, ma quest'anno sono andata a Parigi con amici.

ballare	*to dance*
sciare	*to ski*
divertirsi	*to enjoy oneself*
un sacco	*a lot*
troppo	*too much*
i miei	*my family*

2.7

 Ascolta e segna (✓) il verbo al passato.

 Rispondi.

1 Chi ha ballato molto?
2 Chi ha fatto una vacanza sportiva?
3 Chi è andato in Francia?
4 Chi è stato con sua madre e suo padre?
5 Chi ha fatto troppo ma si è divertito un sacco?

A | Cosa hai fatto di bello?

1 Trova una persona che . . .

 **a**

- ha passato le Feste con amici.
- è rimasto/a in città.
- è uscito/a tutte le sere.
- ha mangiato panettone.
- è andato/a a sciare.
- ha bevuto troppo champagne.
- ha fatto un viaggio all'estero.
- a Capodanno ha ballato tutta la notte.
- ha baciato qualcuno a mezzanotte.
- ha speso troppo.
- ha dormito pochissimo.

Prepara le domande con il **tu**: vedi esempi nel riquadro.

b Quante persone sono andate a sciare? Quante hanno fatto un viaggio?

Grammatica

Il passato prossimo
*Talking or asking about the past (**tu** form):*

Hai passato Capodanno con gli amici?
No, **ho passato** Capodanno con i miei.

Sei andata a ballare?
Sì, **sono andata** a una bella festa.

Il passato prossimo si forma con **essere** o **avere**, vedi pagina 147, G248.

che? / che cosa? / cosa? — *what?*

Avete notato?

(io)	**ho** invitato	**sono** andat**o/a**
(tu)	**hai** invitato	**sei** andat**o/a**
(lui/lei)	**ha** invitato	**è** andat**o/a**

2 Cosa dice Mario?

 **a** Indovina e completa.

Armando Cosa hai fatto di bello a Capodanno?
Mario Sono ____________
Armando Ah, ti piacciono le feste! Pensa, io non so ballare!
Mario E allora, cosa hai ____________?
Armando Be', io ho invitato amici a cena.
Mario Quante ____________ hai ____________?
Armando Una decina di persone.
Mario Hai ____________ tu?
Armando No, non ho cucinato tutto io. Mi ha aiutato un amico che è bravissimo.
Mario E a che ora ____________?
Armando Sono andato a dormire alle cinque di mattina!

2.8
 **b** Ora ascolta, controlla e rileggi.

c Chiudi il libro e fai il dialogo con un compagno.

B | Un viaggio a Londra

3 Bibi racconta

2.9

  Ascolta e riordina le vignette di sabato, domenica e lunedì.

la cognata	*sister-in-law*	l'aragosta	*lobster*
insieme	*together*	le barche a vela	*sailing boats*
chiacchierare	*to chat*	la porcellana	*china*
le notizie	*news*	il Salone della Nautica	*the Boat Show*

4

Rispondi alle domande.

1 In che città sono andati Bibi e Franco?
2 Quanti giorni sono rimasti?
3 Quale grande mostra hanno visitato?
4 In quale grande negozio sono andati?
5 Quale famoso mercato hanno visto?

Avete notato?

(noi)	**abbiamo visitato**	**siamo andati/e**
(voi)	**avete visitato**	**siete andati/e**
(loro)	**hanno visitato**	**sono andati/e**

Note that, with **essere***, the past participle always agrees with the subject.*

5

Franco non ricorda bene. Bibi corregge.

es: **Franco:** Siamo arrivati sabato mattina.

Bibi: Ma no: siamo arrivati sabato pomeriggio.

1 A Heathrow abbiamo preso l'autobus.
2 La sera di sabato siamo rimasti a casa.
3 Domenica mattina ci siamo alzati a mezzogiorno.
4 Domenica sera abbiamo mangiato in un ristorante.
5 Lunedì mattina siamo andati al Salone della Nautica.
6 Lunedì sera abbiamo cenato a Wimbledon da amici.

6

2.9

Completa i primi tre giorni (**a**, **b**, e **c**). Poi ascolta e controlla.

a Sabato. Usa **siamo** o **abbiamo**.

______ arrivati sabato alle tre del pomeriggio, ______ preso la metropolitana, e ______ venuti a casa di mia cognata: ______ stati il pomeriggio insieme a chiacchierare, a parlare, a scambiarci tutte le notizie. La sera ______ andati in un ristorante italiano che si chiama Fellini, perché è un nostro amico che ha questo ristorante e ci ha invitato, e ______ mangiato gli spaghetti all'aragosta, i crostini col tartufo e poi ______ bevuto champagne. ______ passato una bella serata e poi ______ venuti a casa.

andati
ritornati
alzati
andati
*stati
*fatto
*visto
(**irregular verbs*)

b Domenica

Domenica mattina ci siamo ______ abbastanza presto, e siamo ______ a vedere il Salone della Nautica e abbiamo ______ bellissime barche a vela, e siamo ______ lì tutto il giorno. Poi siamo ______ a casa e abbiamo ______ una bella cena italo-inglese. E poi siamo ______ a dormire tardi, dopo aver molto chiacchierato.

C Lunedì

Poi lunedì mattina (abbiamo) (preso) la metropolitana e ______ ______ a Piccadilly Circus, e da lì ______ ______ un po' di strade eleganti, negozi di guanti, vestiti, porcellane, cose inglesi. E poi ______ ______ a Wimbledon da certi nostri amici e poi ______ ______ a casa, ______, ______, e ______ ______ a letto tardi.

7 E martedì?

2.9

Guarda i disegni a pagina 137 e scrivi quello che hanno fatto martedì. Ora ascolta e controlla.

8

È domenica e Bibi scrive a casa. Completa la cartolina.

Londra, 9 gennaio

Cari tutti,

Famiglia Arena
Via Cassia, 60
ROMA
(Italia)

9

a Prima . . . poi

es: Prima sono andati a casa della cognata, poi sono andati a un ristorante.

Continua.

1 Salone Nautica/casa
2 Piccadilly Circus/Wimbledon
3 Harrods/Portobello
4 chiacchierato/a letto

b Prima di . . .

es: Prima di andare a Wimbledon sono andati a Piccadilly.

Continua.

1 a letto/chiacchierato
2 Portobello/Harrods
3 Heathrow/. . .

10

Ora a te: la tua giornata a rovescio.

Prima di venire a scuola, ho fatto una telefonata.

Prima di fare una telefonata, ______ spesa.

Prima di fare la spesa, ______

Continua con un compagno.

C | La settimana bianca

11

2.10

a Leggi l'opuscolo (*brochure*) della Val di Fassa.

Ascolta la pubblicità e segna (✓) solo le attrezzature che vedi nella lista.

b Sotto ogni simbolo a destra (1–8), scrivi l'attrezzatura.

12 Sai sciare?

2.11

  Ascoltate e fate il dialogo.

Paolo	**Sai sciare?**
Fabio	**Sì, abbastanza bene.**
Paolo	**Quando hai imparato?**
Fabio	**Cinque anni fa.**
Paolo	**Dove hai imparato?**
Fabio	**A Cervinia.**
Paolo	**Come hai fatto?**
Fabio	**Ho preso lezioni da un bravo maestro di sci.**

Adesso cambiate i dettagli.

Avete notato?

(io) **so** sciare
(tu) **sai** suonare il piano?
(lui/ lei) **sa** nuotare?

sapere + infinito: *to know how to*
(vedi pagina 143)

LA VAL DI FASSA

La val di Fassa dispone di:

- impianti di risalita:
  51 sciovie,
  29 seggiovie,
  2 funivie
- 150 km di piste da sci
- pattinaggio sul ghiaccio
- 50 km di piste da fondo
- scuole di sci
- noleggio sci
- palestre
- piscine coperte
- discoteche

sai sciare?	*can you ski?*
cinque anni fa	*five years ago*
come hai fatto?	*how did you do it?*

13 Non so nuotare

 **a** Unisci l'attività con la figura.

nuotare pattinare cucinare
giocare a carte guidare parlare tedesco
usare il computer suonare il piano

 **b** Scrivi tre cose che sai fare e tre cose che non sai fare.

Con un altro studente, fate i dialoghi sul modello di Attività 12.

14 All'Agenzia Tuttaneve

Tre gruppi di persone telefonano per organizzare la loro settimana bianca:

a Sandra e Luigi con i loro due bambini;

b Piera e le sue amiche;

c Giacomo.

2.12

  **a** Ascolta e riempi il modulo per i tre gruppi.

Agenzia Tuttaneve

Numero di persone

Adulti, bambini

Pensione completa / mezza pensione

Livello: principianti / medio / esperto

Lezioni di sci / guida alpina

Attività preferite del doposci

Località

b Leggi l'opuscolo e trova la località adatta per ogni gruppo. Scrivila sul modulo.

Un'esperienza da non dimenticare all' ALPE DI SIUSI

Una settimana densa di attività sportive, ma nel silenzio e nella pace dei 2000 metri!

All'Albergo del Touring sull'**Alpe di Siusi**, due **Settimane bianche** con offerta speciale:

19 febbraio – 19 marzo
19 marzo – 27 marzo

Formula normale €450
Formula A: €580

Le quote comprendono: mezza pensione con vino ai pasti, film e conferenze, parcheggio e ski-pass.
Le quote di formula A comprendono corsi di sci-alpinismo o sci fuoripista con guide specializzate.

Appuntamento con la giovinezza all' HOTEL TREMOGGIA

Dal 2 al 9 aprile offerta speciale all'**Hotel Tremoggia**: un albergo a tre stelle con tutti i comfort, palestra, sauna e idromassaggio per le ore del doposci. Cucina tradizionale della valle. Il prezzo include lo ski pass e le lezioni di sci.

La giornata tipo:

7,30	sveglia
8	colazione
8,30	partenza in funivia
9–11	lezioni in pista e fuori pista
12,30	pranzo al rifugio Alpe
14	esercizi sulla neve
16	riposo e relax
17,30	attività sportive
20	cena
21,15	film, serate musicali, gita notturna in slitta

Prezzo: €620

Offerta speciale a MADONNA DI CAMPIGLIO

Grande offerta promozionale dall' 11 al 18 dicembre: una settimana a pensione completa per il prezzo di un weekend!

Suggestivo *chalet alpino* a solo tre km da tutte le amenità di Madonna di Campiglio: 90 km di piste, piscina pubblica coperta, campi di pattinaggio e stadio del ghiaccio, pizzerie, negozi, campi da tennis e tanto altro.

Prezzo: solo €410

Bambini sotto i 12 anni: sconto del 20%.

15

Per casa

Vuoi andare a sciare in Italia quest'anno. Ma dove? Fai una lista dei tuoi requisiti (modulo pagina 141) e consulta pagina 142.

Quando hai scelto, scrivi un'email all'Agenzia Tuttaneve per prenotare.

Scrivi la conversazione al telefono con l'Agenzia come in Attività 14a. Usa il **lei**.

16

Sul modello dell'Hotel Tremoggia, scrivi la giornata tipo per Madonna di Campiglio.

> *Grammatica*
>
> **Verbi riflessivi al passato**
>
> mi alzo → **mi sono** alzato/a *I got up*
> mi vesto → **mi sono** vestito/a *I got dressed*
>
> Al passato prossimo i verbi riflessivi prendono sempre **essere.** Vedi pagina 196.

17

a Raccontatevi le esperienze del primo giorno sulla neve.

Usate questi verbi riflessivi:

mi sono alzato/a
vestito/a
preparato/a
divertito/a
stancato/a
riposato/a

b Completa la cartolina con le forme adatte di **sapere** o **conoscere** (vedi pagina 250).

> *Grammatica*
>
> **sapere** *to know a fact* — **Sai** l'ora?
> *to know how to do something* — **Sai** sciare?
>
> **conoscere** *to know/be familiar with (person, place)*
> Io non **conosco** Napoli.
> **Conosci** Ugo?

Ciao Massimo,

______ l'Alpe di Siusi? É un posto straordinario. Ho ______ molte persone interessanti e adesso ______ sciare anche fuoripista.

______ chi mi fa lezioni di sci? Il maestro Luigi di Cortina, che tu ______ bene!

Non ______ quando torno, ma ti farò sapere.

Armando

Luigi Marello
Via Castagno 14
21025 Torino

■ 18 L'attrezzatura da sci

Hai 700 euro da spendere e non hai attrezzatura da sci.
Fai una lista di quello che ti serve con i prezzi e con le espressioni qui sotto.

es: un berretto di lana caldo e leggero €18

di lana	leggero/a	solare
di cotone	pesante	caldo/a
da sole	termico/a	elegante
a vento	sportivo/a	comodo

Quante cose puoi comprare con i tuoi soldi?

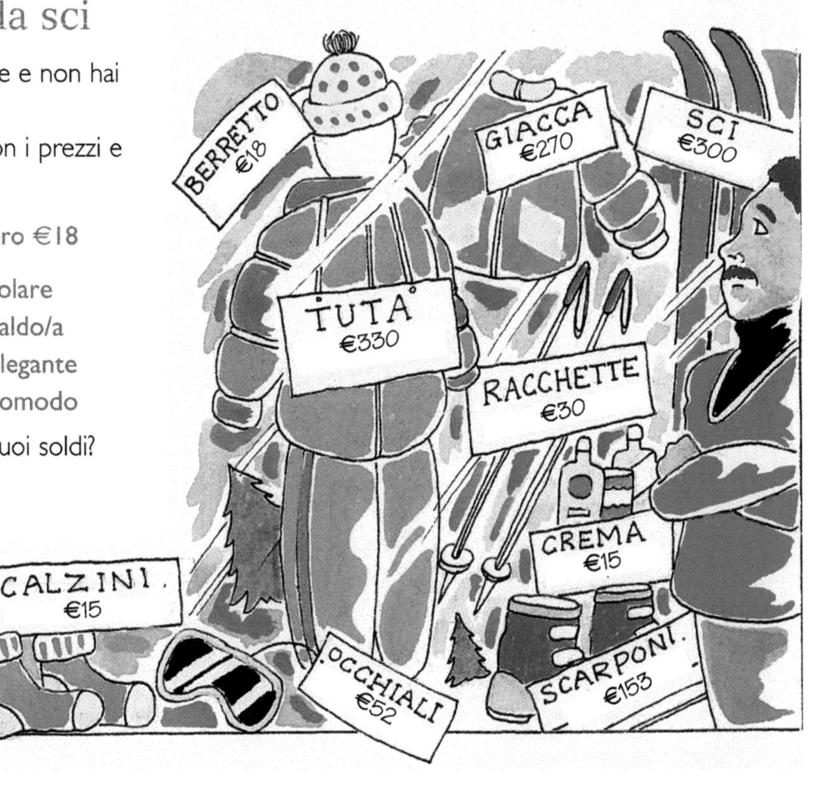

D Personaggi

■ 19 Enzo Ferrari

a Leggi e completa la scheda personale di Ferrari.

la guerra	*war*
la gara	*race*
il pilota	*driver*
il Reparto Corse	*races department*
la fabbrica	*factory*
l'automobilismo	*car racing*
è morto	*he died*

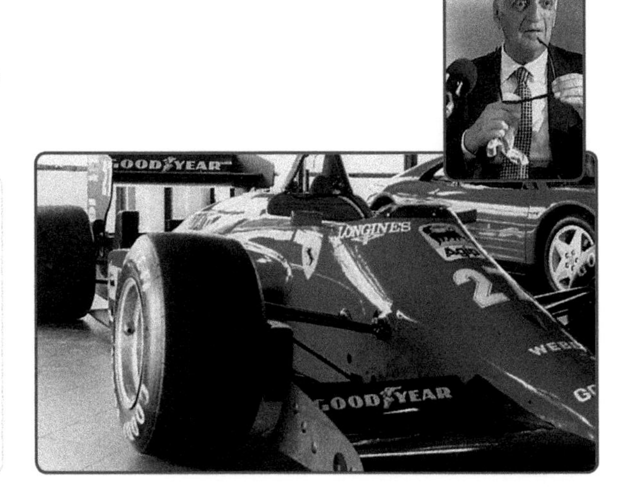

Enzo Ferrari

È nato a Modena nel 1898. Ha partecipato alla prima guerra mondiale. Nel 1928 è entrato all'Alfa Romeo e ci è rimasto fino al 1939. In seguito ha partecipato a diverse gare automobilistiche come pilota e nel 1938 è diventato direttore del Reparto Corse. Nel 1940 la prima Ferrari rossa ha partecipato a una gara. Ferrari ha aperto la sua famosa fabbrica a Maranello vicino Moderna nel 1946, dopo la guerra. Da allora la Ferrari ha vinto moltissime gare internazionali. Enzo Ferrari ha scritto diversi libri sulla sua vita e sull'automobilismo. Nel suo lavoro era molto appassionato e deciso. È morto nel 1988 a ben 90 anni.

SCHEDA PERSONALE

Nome e cognome ______

Data e luogo di nascita ______

Morto **nel** ______

Carriera all'Alfa Romeo: **dal** ______ **al** ______

Prima gara della Ferrari: **nel** ______

Fabbrica di Maranello: aperta **nel** ______

Altre attività ______

Personalità ______

b 

Studente A: Prepara quattro domande e intervista Ferrari. Usa il **Lei.**

Studente B: Tu sei Ferrari. Rispondi.

Avete notato?

nel 1898	*in 1898*
fino **al** 1939	*until 1939*
dal . . . **al** . . .	*from . . . to . . .*

Con le date ci vuole sempre l'articolo o preposizione + articolo.

20 Un premio Nobel

Studente A: Chi è e che cosa ha fatto questa persona? Prepara le domande come per Ferrari e chiedi a Studente B.

Studente B: pagina 231.

21 Quiz

1 Chi ha scoperto l'America?
2 Chi ha inventato il telescopio?
3 Chi ha scritto La Divina Commedia?
4 Chi ha dipinto la Gioconda?
5 Chi ha scoperto il voltaggio?
6 Chi ha composto l'Aida?
7 Chi ha affrescato la Cappella Sistina?
8 Chi ha diretto La Dolce Vita?

A Federico Fellini
B Alessandro Volta
C Dante Alighieri
D Giuseppe Verdi
E Cristoforo Colombo
F Galileo Galilei
G Michelangelo
H Leonardo

22 Quanto tempo fa?

a Completa le frasi con queste espressioni.

circa cinquanta anni fa
più di cinquanta anni fa
più di sessanta anni fa
pochi anni fa
più di duecento anni fa
circa cinque secoli fa
più di un secolo e mezzo fa

fa	*ago*
circa	*about*

es: 1 Colombo ha scoperto l'America (cinque secoli fa).

2 ( ) ha diretto La Dolce Vita ( ).

3 ( ) ha affrescato la Cappella Sistina ( ).

4 Volta ha scoperto l'elettricità ( ).

5 L'Italia è stata unificata ( ).

6 La seconda guerra mondiale è finita ( ).

7 Il Mercato Comune è stato fondato ( ).

8 L'Italia ha vinto la Coppa del Mondo ( ).

b Giusto?

Studente A: Ora leggi le frasi complete.
Studente B: pagina 231.

c E tu, che cosa hai fatto cinque anni fa? Dieci anni fa? . . .

Per casa

Scrivi una scheda personale con le date importanti della tua vita.

Grammatica

1 Il passato prossimo

In Italian, you need two words to say what you have done in the past. One is the auxiliary verb, e.g. sono/ho, *the other is the past participle of the main verb, e.g.* andato/ballato.

- **Ausiliari**

sono andato a una bella festa *(I went to a lovely party)*
ho ballato tutta la notte *(I danced all night)*

ho / hai / ha / abbiamo / avete / hanno	mangiato / bevuto / dormito	sono / sei / è	andat**o/a** / venut**o/a**
		siamo / siete / sono	usciti**i/e** / tornat**i/e**

Remember: with essere, past participle endings and subject must agree.

Most verbs of motion and change (e.g. andare/venire/diventare*) and all reflexive verbs use* **essere**.

Mario: Sono partit**o** il 2 gennaio. *(I left on January 2nd.)* Mi sono divertit**o** molto. *(I enjoyed myself a lot.)*

Mirella: Sono partit**a** il 2 gennaio. Mi sono divertit**a** molto.

- **Participio passato**

Most verbs have regular past participles ending in **-ato**, **-uto** or **-ito**.

-ARE	-ERE	-IRE
mangi**are** → mangi**ato**	vol**ere** → vol**uto**	dorm**ire** → dorm**ito**
ball**are** → ball**ato**	pot**ere** → pot**uto**	sent**ire** → sent**ito**
sci**are** → sci**ato**	vend**ere** → vend**uto**	fin**ire** → fin**ito**

- *Some irregular past participles:*

fatto	(fare	*to do/make*)
detto	(dire	*to say*)
preso	(prendere	*to take*)
speso	(spendere	*to spend*)
scoperto	(scoprire	*to discover*)
composto	(comporre	*to compose*)
diretto	(dirigire	*to direct*)
bevuto	(bere	*to drink*)
stato	(essere	*to be*)
rimasto	(rimanere	*to stay*)
scritto	(scrivere	*to write*)
vinto	(vincere	*to win*)
dipinto	(dipingere	*to paint*)

2 Conoscere e sapere

See G250.

3 Dates

With dates, you need to use the definite article **il / l'** *(masculine), or preposition plus article:*

es: il 2009
nel 1980

4 Quanto tempo fa?

fa	*ago*
due anni fa	*two years ago*
un'ora fa	*an hour ago*

Fa *always follows the expression of time.*

Vocabolario

Verbi	***Verbs***
aprire (aperto)	*to open*
baciare	*to kiss*
ballare	*to dance*
chiacchierare	*to chat*
cucinare	*to cook*
diventare	*to become*
imparare	*to learn*
nascere (nato)	*to be born*
nuotare	*to swim*
rimanere (rimasto)	*to stay (on)*
sciare	*to ski*
scoprire (scoperto)	*to discover*
scrivere (scritto)	*to write*
spendere (speso)	*to spend*

A Londra	***In London***
la barca a vela	*sailing boat*
la cognata	*sister-in-law*
la mostra	*exhibition*
le notizie	*news*
la porcellana	*china*
l'aragosta	*lobster*
i crostini col tartufo	*canapés with truffle*
a rovescio	*backwards*
insieme	*together*

La settimana bianca	***A week's skiing holiday***
l'agenzia	*agency*
l'aria	*air*
le attrezzature	*facilities*
la cabinovia	*gondola lift*
il doposci	*après-ski*
le esigenze	*requirements*
la funivia	*cable car*
la giornata	*day*
la gita	*excursion*
gli idromassaggi	*hydromassage*
gli impianti di risalita	*ski lifts*
di lusso (*adj*)	*luxury (adj)*
il noleggio	*hire*
il pattinaggio	*skating*
la piscina	*swimming pool*
la pista (da sci)	*ski run*
la pista da fondo	*cross-country ski run*
il principiante	*beginner*
la quota	*fee*
le racchette	*ski sticks*
la salita	*ascent*
lo sci	*skiing/ski*
la sciovia	*drag lift*
la seggiovia	*chair lift*
la slitta	*sledge*
i soldi	*money*
la sveglia	*wake-up call*
il berretto	*hat/beret*
i calzini	*socks*
la crema solare	*sun cream*
i guantoni	*ski gloves*
gli occhiali	*glasses/goggles*
gli scarponi	*ski boots*
la tuta	*ski suit*

Aggettivi	***Adjectives***
appassionato/a	*keen*
bravo/a	*good, clever*
elegante	*smart*
esperto/a	*experienced*
intermedio/a	*intermediate*
leggero/a	*light*
notturno/a	*nocturnal, night*
pesante	*heavy*
termico/a	*thermal*

Espressioni utili	***Useful expressions***
all'estero	*abroad*
Come hai fatto?	*How did you do it?*
Cosa hai fatto di bello?	*Did you do anything nice?*
il posto che fa per loro	*the right place for them*
la giornata tipo	*the typical day*
non scio da molti anni.	*I haven't skied for years*
sono appassionato di	*I'm keen on . . . / I love . . .*
fa	*ago*
un secolo fa	*a century ago*
un'ora fa	*an hour ago*
prima di fare la spesa	*before doing the shopping*

10 Che facciamo stasera?

- Talking about films and TV programmes
- Accepting and refusing an invitation
- Buying theatre tickets
- Choosing a restaurant
- Ordering food
- Talking about the radio

MARTEDÌ 12 SETTEMBRE

______	**Telegiornale**
14.00	**TG** ______ Rubrica di economia
______	**Se ... a casa di Paola**
16.10	**La vita in diretta** Attualità, cronaca e ospiti
______	**TG Parlamento** Un breve panorama quotidiano sulle sedute di Camera e Senato
______	**TG1** Telegiornale
17.10	______
______	**L'eredità** Il quiz show più amato dagli italiani
20.00	______
20.30	**I soliti ignoti**
______	**Ti lascio una canzone.** Varietà musicale
______	**Annozero** Programma di inchieste e interviste su temi di attualità e di politica
24.00	______

2.13

- Ascolta e scrivi le **ore** che mancano.

2.13

- Riascolta e scrivi **i programmi** che mancano.

- A turno con un compagno fatevi le domande.

1. Quanti telegiornali ci sono dopo le 13.00 e a che ora?
2. Quanto dura Annozero?
3. C'è un programma di attualità?
4. Ci sono programmi per bambini il pomeriggio?
5. A che ora è l'ultimo telegiornale?
6. C'è un programma di politica?

La vita in diretta

Condotto da Lamberto Sposini e Mara Venier. Programma di attualità, cronaca e spettacolo. La «vita» sarà ogni giorno seguita in diretta, con l'aiuto di servizi e collegamenti esterni.

Ti lascio una canzone

Varietà musicale condotto da Antonella Clerici

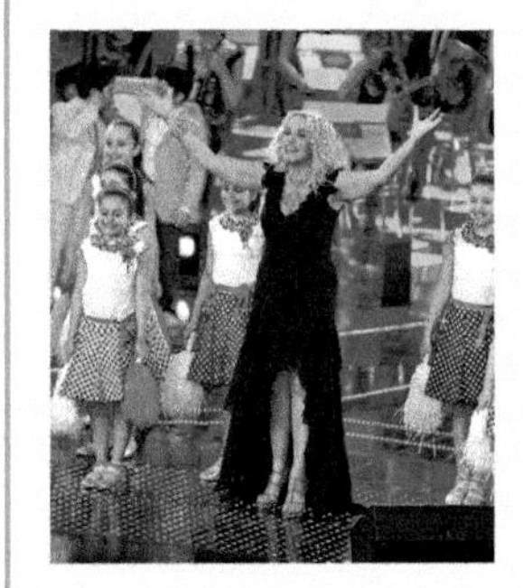

L'eredità

Quiz show legato alla Lotteria Italia condotto da Carlo Conti.

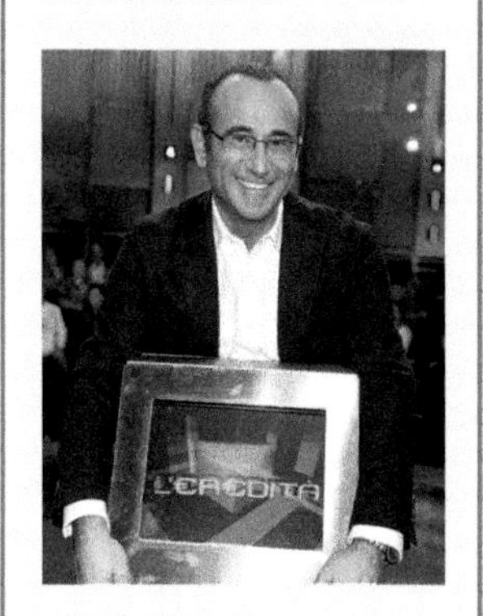

A | Guardiamo la televisione

1

a Trova nel testo le parole italiane e scrivile vicino all'inglese.

Vocabolario

________	*which is broadcast*
________	*current affairs*
________	*presenter (m.)*
________	*fashion trends*
________	*guests*
________	*episodes, instalments*
________	*created, devised*
________	*broadcast live*
________	*keep up to date*

b Quale programma guardi se …

1 ti interessa la politica?
2 vuoi tenerti al corrente su eventi politici?
3 vuoi sapere cosa succede in Italia?
4 vuoi sapere i prezzi e la qualità dei prodotti?
5 ti interessano i mobili e la moda?

c Quale programma è trasmesso …

1 cinque giorni la settimana?
2 da moltissimo tempo?
3 dopo la mezzanotte?
4 una volta la settimana?
5 per due ore la mattina?

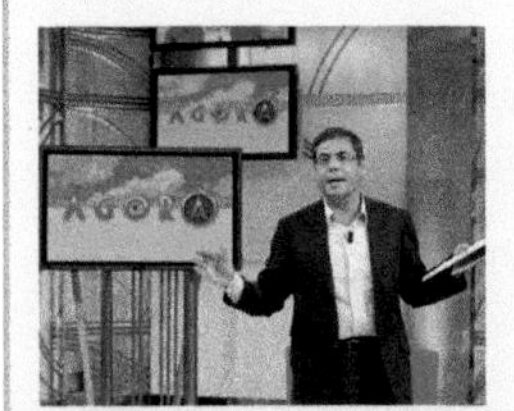

Agorà

Agorà è la nuova trasmissione del mattino di Rai 3, condotta da Andrea Vianello, che va in onda dal lunedì al venerdì dalle 9.00 alle 11.00.

Andrea Vianello chiamerà in studio ospiti politici e cittadini comuni che potranno comunicare direttamente in modo chiaro e comprensibile su temi di attualità e della vita di tutti i giorni.

Occhio alla Spesa

In onda su Rai 1 dal lunedì al venerdì alle 11.00 e il sabato alle 11.30 *Occhio alla Spesa* esamina prodotti che entrano ogni giorno nella borsa della spesa degli italiani per valutarne il rapporto qualità/prezzo. Il conduttore, Alessandro Di Pietro, biologo e giornalista, è ormai conosciuto come il «Re delle casalinghe».

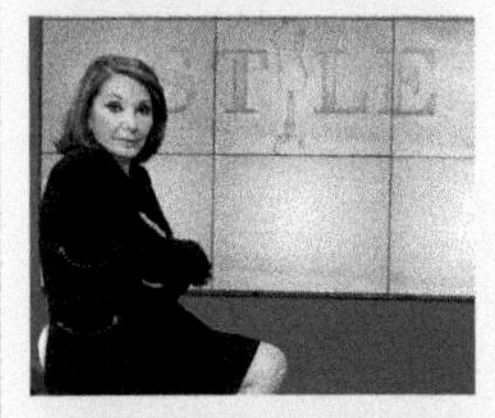

Stile

In onda il giovedì alle 24.25 su Rai 2. Ideato dalla giornalista **Mariella Milani**, *Stile* è un programma settimanale che ha l'obbiettivo di informare, consigliare, divertire e possibilmente suggerire tendenze di moda, design e life style.

Porta a Porta

Dal lunedì al giovedì alle 23.30 circa su Rai 1. Il programma di **Bruno Vespa** ha raggiunto 1.561 puntate. Un programma per chi vuole tenersi al corrente sui principali fatti di cronaca e di politica del nostro tempo. Indimenticabili i programmi sull'elezione di Papa Benedetto XVI e sul terremoto in Abruzzo quest'anno, trasmesso in diretta.

2 Un sondaggio

Le abitudini dei telespettatori

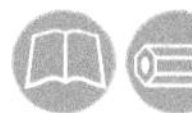  **a** Leggi e scrivi le domande.

il telespettatore	*viewer*
il telegiornale	*TV news*
occupato/a	*busy*
rilasciarsi	*to relax*

Intervistatrice ______________________________?

Luciano Ma direi di sì. Guardo sempre il telegiornale delle otto, poi le previsioni del tempo e un film, se c'è.

Marisa In questo momento sono molto occupata e non ho il tempo di guardare la televisione. Però qualche volta guardo una commedia o un telefilm, soprattutto per rilasciarmi.

Intervistatrice ______________________________?

Giuseppe Ieri sera ho visto il telegiornale e un documentario. Poi ho visto la partita Juve-Fiorentina.

Barbara Ho visto i cartoni animati e un film di cowboy.

Intervistatrice ______________________________?

Giuseppe Preferisco i programmi di sport.

Intervistatrice ______________________________?

Luciano Ma, credo due o tre ore al giorno. Al weekend di più. Dipende dai programmi.

2.14

 **b** Ascolta e controlla.

 **c** Correggi.

- Luciano guarda sempre i cartoni animati.
- Tutti guardano le previsioni del tempo.
- Marisa guarda i film di cowboy o un telefilm.
- Giuseppe ha visto un documentario e un film.
- Barbara ha visto un film di cowboy e il telegiornale.

 **d** Fate un piccolo sondaggio in classe usando le stesse domande.

Per casa

Scrivi i programmi di sabato sul tuo canale preferito, come a pagina 149.

B | Che danno al cinema?

3

Studente A: questa pagina.
Studente B: pagina 232.

Giudizio	Film	Regista	Genere
	La Dolce Vita		
	La Sposa di Frankenstein	Whale	
	Il conformista		
	Le Avventure di Sherlock Holmes	Werker	
	Camera con Vista		
	007 Dalla Russia con Amore	Young	
	Per un Pugno di Dollari		
	Il Padrino		
	Un Pesce chiamato Wanda	Crichton	
	Indiana Jones e l'Ultima Crociata	Spielberg	

a **Studente A:** Per alcuni film manca il nome del regista (*director*). Chiedi: 'Chi è il regista di . . . ?

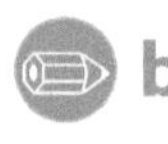

b **Studente A e Studente B:** Chiedete a turno che genere di film è e scrivetelo nella scheda.

d'avventura
di spionaggio
di cowboy
thriller
storico
comico
romantico
poliziesco/giallo
dell'orrore
drammatico

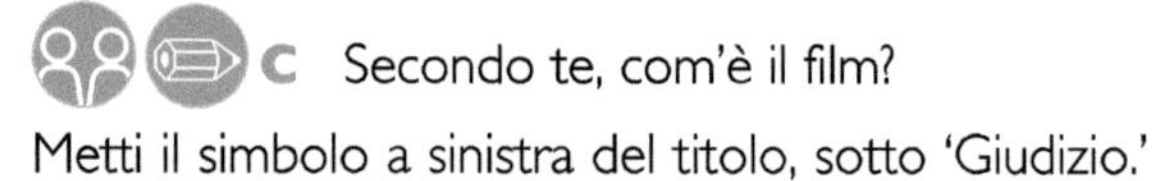

c Secondo te, com'è il film?
Metti il simbolo a sinistra del titolo, sotto 'Giudizio.'

Il tuo compagno è d'accordo?

4

a Da Attività 3 scegli il film che corrisponde a ogni frase.

- Ti piacciono i film drammatici e le storie d'amore.
- Tu ami i film di spionaggio.
- Tu odi i film dell'orrore e i film gialli.
- Ti piacciono solo i film italiani.
- Ti interessano solo i film di avventura.
- Ti piacciono solo i film comici.

b Che film piacciono ai tuoi compagni?

5 Il mio film preferito

2.15

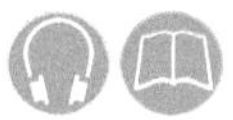

a Ascolta e leggi.

Il mio film preferito è 'Il Terzo Uomo'. È un vecchio film inglese diretto da Carol Reed. È un film in bianco e nero. L'attore principale è Orson Welles e l'attrice principale è Alida Valli. È un film giallo ambientato a Vienna, durante l'ultima guerra mondiale. È preso da un libro di Graham Greene.

ambientato/a	*set*
durante	*during*
la guerra mondiale	*world war*
l'attore (m)	*actor*
l'attrice(f)	*actress*

b Completa le domande.

1 ______ è il titolo?
2 ______ è il regista?
3 ______ è l'attore principale?
4 ______ è l'attrice principale?
5 ______ è ambientato?
6 ______ genere di film è?
7 È ______ bianco e nero o ______ colori?

in chi qual chi a chi che dove

c

Studente A: Fai le domande su 'Il Terzo Uomo'.
Studente B: Rispondi.

Copia la scheda e completa.

SCHEDA
Titolo: ....
Regista: ....
Attore: ....
Attrice: ....
Ambientato: ....
Genere: ....
Colore: ....

6 Camera con vista

Studente A: Studente B è stato al cinema e ha visto *Camera con Vista*. Fai le domande sul film e completa la scheda, come in Attività 5b, c.

Studente B: pagina 232.

Scambiatevi i ruoli per il film *Cinema Paradiso*.

Cinema Paradiso (1989)
di Giuseppe Tornatore
con Salvatore Cascio, Philippe Noiret
romantico, a colori

Per casa

Descrivi l'ultimo film che hai visto come in Attività 5a.

7 Che fai stasera?

a

Che fai stasera?
Ti va di andare al cinema?

Sì, volentieri. Ottima idea!

ti va di . . .?	*do you feel like . . .?*
che fai . . .?	*what are you doing . . .?*
volentieri	*with pleasure*

Studente A: Invita un compagno.
Studente B: Accetta l'invito.

Usate le espressioni sotto:

andare **in**	piscina discoteca pizzeria
andare **a**	mangiare pattinare giocare a tennis

b Rifiuta un invito

Ti va di andare a mangiare una pizza?

Mi dispiace, non posso perché devo uscire.

Grammatica

devo	+ infinito	*I must*
devi		*you must*
deve		*he/she must*

Studente A: Invita un compagno.
Studente B: Rifiuta, perché . . .

8 A teatro

2.16

  **a** Al botteghino. Ascolta.

A Vorrei due biglietti, per favore.
B Platea o galleria?
A Platea.
B Ci sono due posti in seconda fila.
A Va bene. Quanto costa un biglietto?
B 45 euro.
A Allora due biglietti. Ecco 90 euro.

il botteghino	*box office*
la platea	*stalls*
la galleria	*circle*
il posto	*seat*
la fila	*row*

b Fate i dialoghi.

Studente A: Vai a teatro con un gruppo di amici. Chiedi questi biglietti. Chiedi il prezzo.
Studente B: Lavori al botteghino (pagina 233).

Scambiatevi i ruoli.

1	2
3 biglietti galleria solo 1ª fila	3 biglietti platea tutti insieme

3	4
2 biglietti platea insieme solo 1ª e 2ª fila	4 biglietti galleria anche separati

20 18 16 14 12 10 8 6 4 2 T 1 3 5 7 9 11 13 15 17 19 21
20 18 16 14 12 10 8 6 4 2 S 1 3 5 7 9 11 13 15 17 19 21
20 18 16 14 12 10 8 6 4 2 R 1 3 5 7 9 11 13 15 17 19 21
20 18 16 14 12 10 8 6 4 2 Q 1 3 5 7 9 11 13 15 17 19 21
20 18 16 14 12 10 8 6 4 2 P 1 3 5 7 9 11 13 15 17 19 21
20 18 16 14 12 10 8 6 4 2 O 1 3 5 7 9 11 13 15 17 19 21
20 18 16 14 12 10 8 6 4 2 N 1 3 5 7 9 11 13 15 17 19 21
20 18 16 14 12 10 8 6 4 2 M 1 3 5 7 9 11 13 15 17 19 21

20 18 16 14 12 10 8 6 4 2 L 1 3 5 7 9 11 13 15 17 19 21
20 18 16 14 12 10 8 6 4 2 I 1 3 5 7 9 11 13 15 17 19 21
20 18 16 14 12 10 8 6 4 2 H 1 3 5 7 9 11 13 15 17 19 21
20 18 16 14 12 10 8 6 4 2 G 1 3 5 7 9 11 13 15 17 19 21
20 18 16 14 12 10 8 6 4 2 F 1 3 5 7 9 11 13 15 17 19 21
20 18 16 14 12 10 8 6 4 2 E 1 3 5 7 9 11 13 15 17 19 21
20 18 16 14 12 10 8 6 4 2 D 1 3 5 7 9 11 13 15 17 19 21
C 16 14 12 10 8 6 4 2 1 3 5 7 9 11 13 15 C
B 16 14 12 10 8 6 4 2 1 3 5 7 9 11 13 15 B
A 16 14 12 10 8 6 4 2 1 3 5 7 9 11 13 15 A

PLATEA

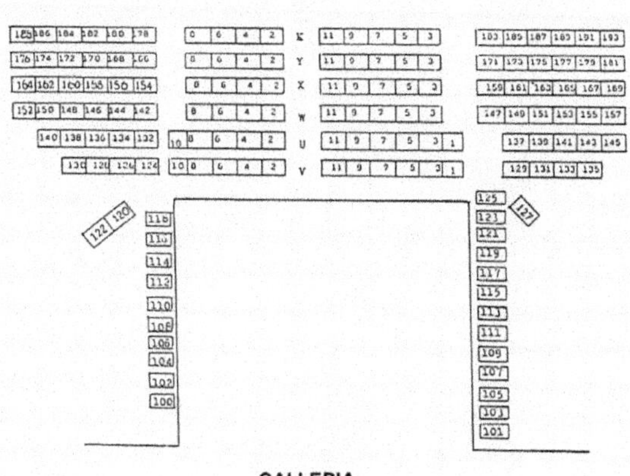

C | Andiamo al ristorante

9 Dove andiamo a cena?

A

OSTERIA DELLA SANTA PAZIENZA

Specialità francesi - A mezzogiorno menù fisso €14
aperto dalle 20,00 alle 3,00
via Borgonuovo 6. Tel. 051-224363 – riposo Domenica

B

ragu RISTORANTE
cucina tradizionale . . .
pasta e dolci
fatti in casa
Piazza VIII Agosto 30/A – Tel. 051/24.56.15
CHIIUSO IL LUNEDÌ

C

D

VECCHIA INDIA
Tutti i Sabato Sera i sapori dell'India
Cucina Vegetariana Indiana
Via degli Albari 6 – Bologna – Tel. 051235643

E

RISTORANTE
POSTA
CUCINA TIPICA TOSCANA *chiuso il lunedì*
salsicce, bistecche alla griglia
Via Della Grada 21/A – Tel. (051) 410820 – Bologna

F

長城

Ristorante cinese
LA MURAGLIA
Locale caratteristico, tipica cucina
cinese con giardino e parcheggio.
20129 Milano
Piazza Oberdan 2/A
Tel. (02) 20.49.528/29.40.58.61

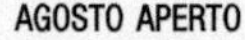

AGOSTO APERTO

G

Birreria delle Belli Arti
Aperto anche a mezzogiorno
Aperto dalle 08 alle 02
Chiuso domenica
Via Belle Arti 6 Tel. (051)26.76.48

Trova il ristorante giusto per ogni persona.

1 Vorrei tanto provare un piatto cinese.
2 Ho molta voglia di una bistecca alla griglia.
3 Noi siamo vegetariani.
4 Vorrei un bel piatto di pasta.
5 Mi piacerebbe mangiare qualcosa di nuovo.
6 Perché non andiamo in birreria?
7 È mezzanotte, chissà se c'è un ristorante aperto.

chissà . . .	*I wonder . . .*
alla griglia	*grilled*

10

a Copia il menù e metti i piatti al posto giusto.

b Aggiungi tre cose da bere *(drinks)*.

c Confronta con i compagni.

Ristorante "Da Mario"

Piazza della Madonna ai Monti, Roma

Tel. 06.8457092

Antipasti	***Contorni***
....	....
....	....
....	....
Primi	***Dolci***
....	....
....	....
....	....
Secondi	***Da bere***
....	....
....	....
....	....

lasagne	minestrone	insalata di pomodori
bistecca alla griglia	tiramisù	spaghetti alla bolognese
pollo al pomodoro	trota al forno	gelato
fragole	antipasto misto	zucchine
albicocche	fegato alla veneziana	fettuccine al ragù
patate fritte	spinaci al limone	agnello arrosto
tortellini	zabaglione	fagiolini
risotto ai funghi	uva	pannacotta
ravioli	prosciutto	calamari fritti

11 A pranzo al ristorante

2.17

Ascoltate e ripetete il dialogo.

Cameriere	Buongiorno. Cosa prende per primo?
Luciano	Vorrei . . . spaghetti alla bolognese.
Cameriere	Bene, e per secondo?
Luciano	Per secondo vorrei una bistecca alla griglia.
Cameriere	Per contorno? C'è insalata, spinaci, fagiolini, pomodori, patate fritte.
Luciano	Un'insalata, per favore.
Cameriere	Dolce o frutta?
Luciano	Frutta. Un'arancia. E un caffè, per favore.
Cameriere	Da bere?
Luciano	Acqua minerale e mezza bottiglia di vino rosso.

12

2.18

a Ascolta e completa il dialogo.

Cameriere	Buongiorno signori. Cosa prendono per primo?
Emilia	
Cameriere	Sì, bene. E per secondo?
Emilia	
Cameriere	E per il signore?
Roberto	
Cameriere	E per contorno? Un'insalata?
Emilia	
Cameriere	Formaggio? Dolce?
Emilia	
Roberto	
Cameriere	Bene. E da bere?
Roberto	
Cameriere	Caffè?
Emilia	

b Leggi il dialogo con due compagni.

13 Il conto

Il cameriere ha portato il conto a Luisa e Piero che hanno finito di mangiare.

quantità	descrizione	importo €
2	COPERTI	4,00
1	BIRRA	3,50
1	ACQUA MINERALE	2,00
	PIZZA	
	PASTI A PREZZO FISSO	
2	ANTIPASTI	12,00
1	PRIMI PIATTI	8,00
2	SECONDI PIATTI	24,00
	CONTORNI	
	FORMAGGI	
	FRUTTA	
	DOLCI – DESSERT	
2	CAFFÈ – LIQUORI	2,50
conteggio	**TOTALE** (IVA compresa)	56,00

Vero o falso?

1 Luisa e Piero hanno bevuto solo vino.
2 Hanno preso due primi.
3 Hanno preso due secondi.
4 Piero ha mangiato del formaggio.
5 Luisa ha ordinato un dolce.
6 Hanno bevuto una bottiglia di acqua minerale.
7 Piero non ha preso il secondo.
8 Hanno preso due antipasti.

Per casa
Scrivi il dialogo per Luisa e Piero, come in 12a.

14 Ordinazioni

Con il menù di Attività 10, fate i dialoghi. Uno studente è il cameriere.

1

1 persona:
ha fame
vuole: primo
secondo
contorno
dolce

2

2 persone:
hanno fame
1 è vegetariana
1 ama il pesce

3

3 persone:
1 è vegetariana
1 ama la carne
1 fa la dieta

4

4 persone:
1 bambino: solo primo
2 vogliono pasta/ carne
1 fa la dieta
tutti: gelato

avere fame	*to be hungry*
fare la dieta	*to be on a diet*

15

Avete notato?

Es: Gliela porto subito *I'll bring it to you straight away*

gliela (*f.sing*)	**glielo** (*m.sing*)	*it to you*
gliele (*f.pl.*)	**glieli** (*m.pl.*)	*them to you*

For combined personal pronouns, see page 161, G242.

Continuate con:

la lasagna	le fettuccine
la bistecca	il pollo
gli spinaci	gli spaghetti
i ravioli	il conto
due caffè	le fragole

D | Ascoltiamo la radio

16 Parole e musica

a Ricostruisci il testo di questa vecchia canzone con le parole sotto.

La Radio (di E. Finardi)

Quando sono ______ in casa
e solo devo restare
per ______ un lavoro
o perché ho il ______,
c'è qualcosa di molto ______
che io ______ fare:
______ la radio
e mettermi a ______.
Amo la ______
perché ______ tra la gente,
entra ______ case,
ci parla direttamente:
e se una ______ è libera
ma libera ______
mi ______ anche di più
______ libera la ______.

ascoltare piace solo gente veramente
accendere mente raffreddore posso
radio arriva perché nelle finire facile

il raffreddore	*a cold*
qualcosa di. . .	*something . . .*
accendere	*to switch on*
mettersi a	*to start to*
la mente	*mind*
liberare	*to free*
spegnere	*to switch off*
detesto	*I hate*

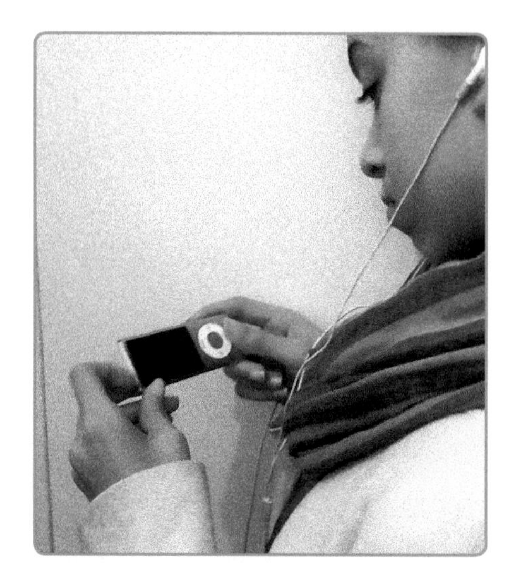

b Nel testo della canzone trova il contrario di:

per strada	(io) detesto
cominciare	parte
difficile	esce
spegnere	

Avete notato?

direttamente	*directly*
veramente	*truly, really*

diretto → diretta + **mente** = **direttamente**

L'avverbio si forma in genere dal femminile dell'aggettivo (vedi pagine 161, 240).

17

a Fai gli avverbi di:

vero	(*true*)	raro
certo	(*certain*)	magnifico
freddo	(*cold*)	splendido
solo	(*only*)	cortese

b Completa con un avverbio da **a**.

1 Ieri sera ho visto un programma ________ interessante.
2 Sono andato in Italia ________ una volta.
3 Pavarotti ha cantato ________.
4 È ________ caro.
5 Mi ha guardato ________.
6 La vedo ________.
7 Ha risposto molto ________.

Ascolta online le stazioni radio più popolari in Italia. La tua radio in internet. Scegli online la tua stazione radio preferita e ascoltala direttamente in internet

18 La radio oggi

a Adatta per la radio le domande di Attività 2, pagina 151, e intervista due studenti.

b Vuoi ascoltare la radio italana in diretta? Guarda la guida e spiega come si fa.

Per casa. Tema: Io e la radio.

Grammatica

1 Pronomi doppi *(combined personal pronouns, see G242)*

The indirect object pronouns le *(to her/you) and* gli *(to him) both change to* glie *in front of a direct object pronoun.*

le/gli porto il pane (*m s*) → glie**lo** porto
(*I'll bring it to you/her/him*)

le/gli mando la lettera (*f s*) → glie**la** mando
(*I'm sending it to you/her/him*)

le/gli porto i ravioli (*m pl*) → glie**li** porto
(*I'll bring them to you/her/him*)

le/gli porto le patate (*f pl*) → glie**le** porto
(*I'll bring them to you/her/him*)

2 andare + a/in/al

vado **a** mangiare
pattinare
giocare a tennis

vado **in** piscina *but* vado **al** cinema
discoteca ristorante
pizzeria **a/al** teatro

3 Plurali irregolari

Some nouns ending in -o and -i are invariable:

la radio (*f.*) italiana	la crisi politica
le radio europee	le crisi politiche

4 Avverbi (*see G240*)

Adverbs are made by adding **-mente** *to the feminine form of the adjective:*

certo → certa → certa**mente**
freddo → fredda**mente**
magnifico → magnifica**mente**

Adjectives ending in -e do not need to change before adding -mente:
forte → forte**mente**
veloce → veloce**mente**

Vocabolario

TV e radio	***TV and radio***
ascoltare	*to listen*
attualità	*current affairs*
la canzone	*song*
i cartoni animati	*cartoons*
il documentario	*documentary*
le notizie sportive	*sports news*
la partita	*match*
le previsioni del tempo	*weather forecast*
il programma	*programme*
il radio-ascoltatore	*listener*
il conduttore	*presenter*
la puntata	*episode, instalment*
in diretta	*live*
il telegiornale	*television news*
il telespettatore	*viewer*
il varietà	*variety show*
andare in onda	*to be broadcast*

Aggettivi	***Adjectives***
certo/a	*sure, certain*
freddo/a	*cold*
raro/a	*rare*
solo/a	*alone*
vero/a	*true, real*

Verbi	***Verbs***
accendere	*to switch on*
bere	*to drink*
liberare	*to free*
mettersi a	*to start to*
sentire, ascoltare	*to listen to*
spegnere	*to switch off*

Al teatro e al cinema	***At the theatre and the cinema***
il genere	*type*
il giallo	*detective story*
il giudizio	*opinion, judgement*
la guerra mondiale	*world war*
ambientato/a	*set*
durante	*during*
il botteghino	*box office*
la fila	*row*
la galleria	*circle*
la platea	*stalls*
il posto	*seat.*

Al ristorante	***At the restaurant***
l'antipasto	*hors d'oeuvre*
il primo	*first course*
il secondo	*second course*
il contorno	*vegetables*
il dolce	*dessert*
al forno	*cooked in the oven*
alla griglia	*grilled*
la birreria	*beer-house*
l'agnello	*lamb*
la bistecca	*steak*
il fegato	*liver*
il forno	*oven*
il pollo	*chicken*
il prosciutto	*ham*
la trota	*trout*
i fagiolini	*French beans*
l'insalata	*salad*
le patate fritte	*chips*
gli spinaci	*spinach*
le zucchine	*courgettes*
il tiramisù	*a dessert made with coffee, rum and cream*
lo zabaglione	*a dessert made with eggs, sugar and marsala*

Espressioni utili	***Useful expressions***
chissà	*I wonder*
ho il raffreddore	*I have a cold*
ho voglia di . . .	*I feel like*
qualcosa di facile	*something easy*
ti va di . . . ?	*do you feel like . . . ?*

11 Sani e belli

- Understanding and giving instructions
- Talking about sport
- Making comparisons
- Giving reasons
- Explaining health problems
- Asking for and giving advice
- Decimals

SOMMARIO

1	Il corpo ecologico	4
2	La salute in pillole	18
3	Ti amo sigaretta, ma presto smetterò	25
4	Troppi antibiotici, meglio le erbe	29
5	Fa male il footing?	33
6	Confessioni di un tennista	38
7	Dimenticare l'alcool	55
8	Trecento calorie al giorno	61

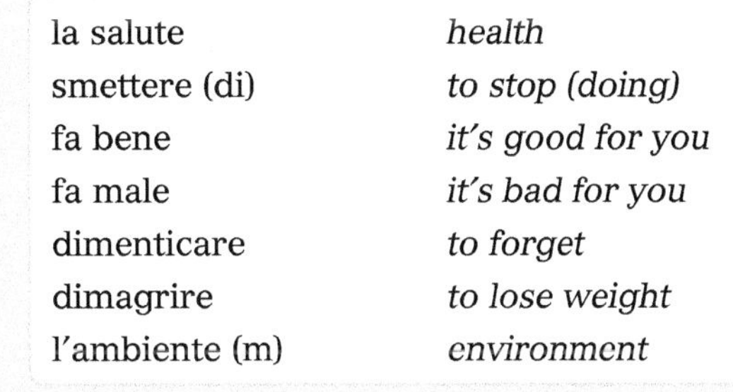

la salute	*health*
smettere (di)	*to stop (doing)*
fa bene	*it's good for you*
fa male	*it's bad for you*
dimenticare	*to forget*
dimagrire	*to lose weight*
l'ambiente (m)	*environment*

a • A che pagina apri se ti interessa . . .

dimagrire?
l'alcolismo?
l'uomo e l'ambiente?
lo sport?
la medicina tradizionale?
smettere di fumare?
la medicina alternativa?
i rischi dell'attività fisica?

b • Fa bene o fa male? Rileggi a e metti nelle due colonne.

Fa bene	Fa male

A | Tenersi in forma

1 Facciamo ginnastica

 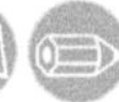 **a** Unisci istruzioni e figure.

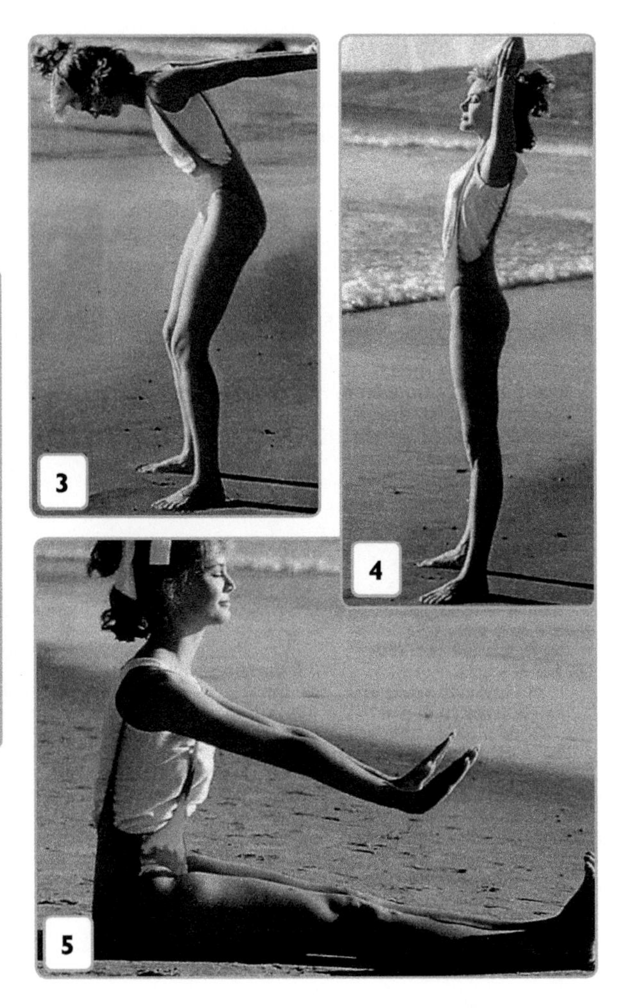

A Ruotate le braccia avanti e indietro, piegando leggermente le gambe.

B Seduti a terra, gambe tese, schiena dritta, braccia in avanti, cercate di toccare i piedi. Fate l'esercizio dieci volte lentamente.

C In piedi, prendete il piede e spingete indietro.

D In piedi, gambe divaricate, braccia sopra la testa, stringete i gomiti.

E Saltate a corda per tre minuti. Riposatevi per un minuto. Ripetete.

la ginnastica	*exercises*
cercare di	*to try to*
il gomito	*elbow*
stringere	*to clasp*
spingere	*to push*
saltare a corda	*to skip*
riposarsi	*to rest*

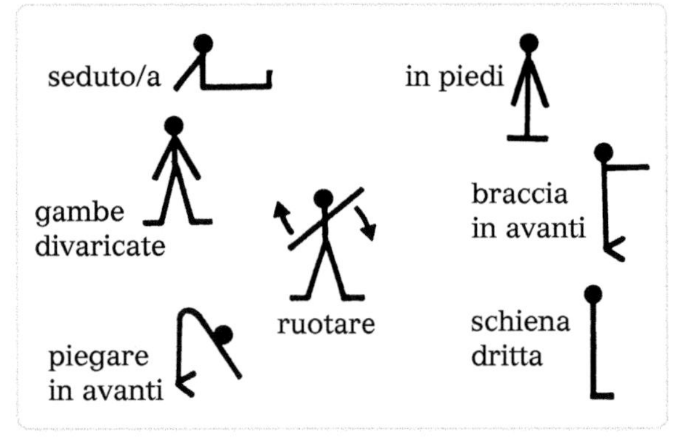

2.19

 **b** Giusto? Ascolta e controlla.

2.19

 **c** Senza guardare il libro, riascolta e fai gli esercizi di ginnastica.

Grammatica

L'imperativo: verbi regolari

	-ARE	-ERE	-IRE	
(non)	cerc**a**	prend**i**	dorm**i**	(**tu**)
	cerc**ate**	prend**ete**	dorm**ite**	(**voi**)
	(cercare)	(prendere)	(dormire)	

Vedi pagina 249.

Grammatica

Imperativo: verbi irregolari

fa**i**	bev**i**	esc**i**
fate	bev**ete**	usc**ite**
(fare)	(bere)	(uscire)

2

Rileggi pagina 164 e sottolinea gli imperativi. Sono con il **tu** o il **voi?**

Ora a te. Usando il **tu**, dai a un compagno le istruzioni per Attività 1.

es: (n.5): Seduto/seduta a terra, gambe tese, **cerca** di toccare i piedi.

3 Avviso ai passeggeri

Tu lavori all'aeroporto. Leggi le informazioni dell'Alitalia e scrivi un avviso con cinque raccomandazioni per i passeggeri, usando il **voi**.

Come affrontare l'immobilità prolungata

Per evitare possibili danni alla salute in viaggio, la nostra compagnia consiglia ai signori passeggeri di bere acqua frequentemente durante il volo, di limitare gli alcolici durante e prima del volo, di indossare scarpe comode, di evitare il più possibile di accavallare le gambe mentre si sta seduti a bordo. Si consiglia soprattutto di fare il più spesso possibile gli esercizi consigliati nella pagina seguente.

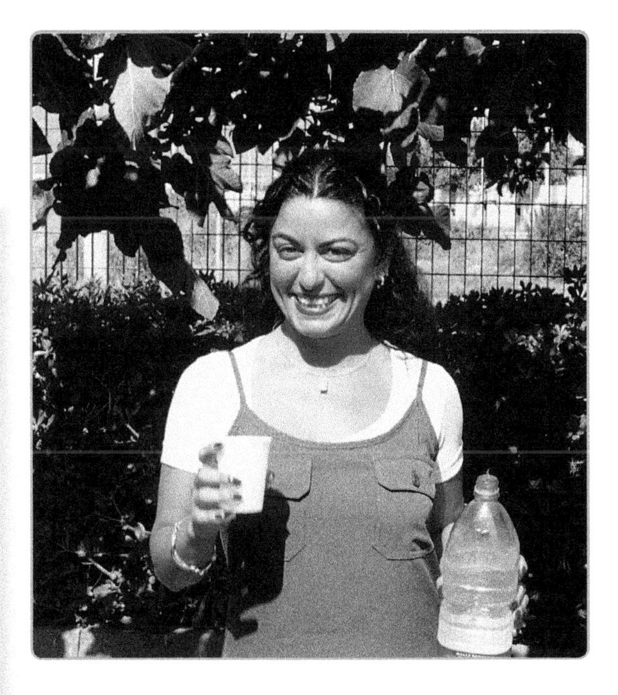

accavallare	*to cross (legs)*

4 Esercizi in volo

a

abbassare	*to lower*
alzare	*to lift*
in senso orario	*clockwise*
in senso anti-orario	*anticlockwise*
il ginocchio (*pl* le ginocchia)	*knee*
il petto	*chest*
la pancia	*stomach/belly*
abbracciare	*to hug*
lo sguardo	*look*

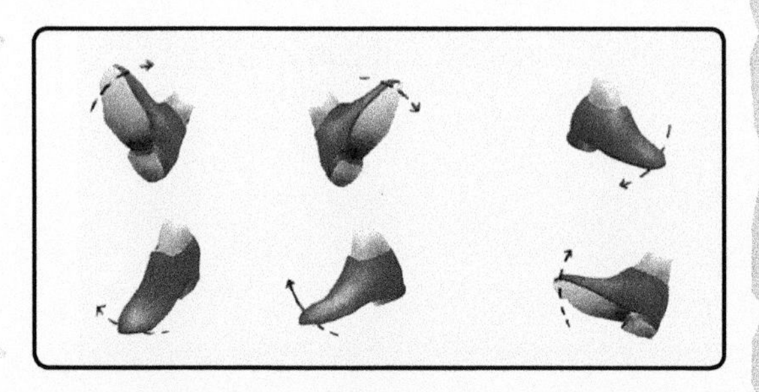

Lo spazio in aereo è ristretto, si sa, e specialmente quando il viaggio è lungo è importante fare qualcosa per attivare la circolazione.

Esercizio n. 1 Ogni tanto è bene alzare e ruotare i piedi prima in senso orario e poi in senso anti-orario.

Esercizio n. 2 Per le gambe, ogni ora:

a) bisogna alzare prima un ginocchio e poi l'altro verso il petto.
b) bisogna alzare le gambe verso il petto e poi abbassarle.

Esercizio n. 3 Ogni tanto è bene unire i piedi, tirare in dentro la pancia, abbracciare le ginocchia e cercare di toccarle con la testa.

IMPORTANTE: è meglio ignorare gli sguardi degli altri passeggeri!

b Spiega a tuo figlio che cosa deve fare in volo. Usa il **tu**. Cambia le espressioni sottolineate nel testo, come nell'esempio.

es: È importante fare qualcosa
→ **Fai** qualcosa!

Avete notato?

Strutture impersonali

è importante	fare qualcosa	*it is important to do something*
è bene . . .	+ infinito	*it is a good idea to . . .*
è meglio . . .	+ infinito	*it is better to . . .*
bisogna . . .	+ infinito	*it's necessary/you must*

Vedi G251.

B | Tu fai sport?

5 Che sport fai?

a Scrivi lo sport sotto il simbolo (1–10).

palestra/ginnastica pattinaggio corsa/footing tennis nuoto bicicletta sci calcio pallacanestro giardinaggio equitazioneo pallavolo squash

1

2

3

4

5

6

7

8

9

10

2.20

b Copia i nomi di questi raggazzi. Ascolta e scrivi che sport fanno.

Per parlare di sport:

so . . . (sciare, nuotare)
pratico . . .
gioco a . . .
mi piace molto . . .

Elisa Sara Barbara Max

Ilaria Daniela Riccardo Filippo Elena

2.20

c Riascolta bene e rispondi alle domande.

1 Qual è lo sport preferito dalla maggioranza?
2 Il calcio è uno sport popolare?
3 Quanti fanno palestra per tenersi in forma?
4 Quanti giocano a pallavolo?
5 Ci sono differenze tra maschi e femmine?
6 Chi non ama lo sport?

6 Tu cosa fai per tenerti in forma?

Nome	Attività	Quanto spesso	Dove	Con chi

 Fai un sondaggio in classe e intervista quattro persone come in 5b.

Per casa

Scrivi un paragrafo sulle attività sportive nel tuo gruppo.

7 Paragoni

 **a** Unisci i contrari.

divertente	impegnativo
difficile	pericoloso
sicuro	leggero
agonistico	facile
rilassante	tranquillo
faticoso	non competitivo
aggressivo	noioso

 **b** Scegli due aggettivi per descrivere uno sport che ti piace e uno che non ti piace. Confronta (*compare*) con un compagno.

es: Il calcio mi piace perché è . . .

Grammatica

Comparativi

più	facile	**del**	tennis/nuoto
meno	bello	**dello**	sci
		dell'	atletica
		della	maratona

 **c** A turno, fate paragoni (*comparisons*) tra gli sport.

Secondo me, il golf è più difficile del tennis.

Non sono affatto d'accordo.

Sì, sono d'accordo.

Per casa

- Fai un paragone tra il tuo sport preferito e quello che ti piace di meno.

8 Un salto nel buio

 **a** Prima di leggere:

Hai mai fatto sport estremi?
Ti piacerebbe farlo?
Scrivi il nome di tre sport pericolosi.

Che magnifica emozione quel salto nel buio. Il tenore cieco si è lanciato da più di 3000 metri. 'Volevo sfidare me stesso,' racconta.

'Un salto nel vuoto da 3.600 metri, al buio, a 200 chilometri l'ora. E poi il paracadute che di colpo si apre e finalmente la terra sotto le scarpe. Un' esperienza meravigliosa.' Dopo essere andato a cavallo e dopo aver sciato sotto la guida di Alberto Tomba, Andrea Bocelli si è anche lanciato con il paracadute. È accaduto all'aeroclub di Marina di Massa, di cui il tenore è socio. 'Di solito vado all'aeroclub per fare qualche giro sugli aeroplani leggeri,' dice. 'Mi piace volare, mi piace sfidare il vuoto. Così, quando mi hanno chiesto se volevo provare col paracadute, non ci ho pensato due volte. Ed è stato bellissimo.' Bocelli si è lanciato insieme al suo istruttore, Michele Calabrese. Sua moglie Enrica quando l'ha saputo si è molto arrabbiata. 'Molti si meravigliano del mio lancio perché sono cieco,' aggiunge. 'Ma tutti devono superare ostacoli nella vita.'

 **b** Leggi e correggi.

1 Bocelli è saltato dall'aereo a quasi cinque chilometri di altezza.
2 È l'unico sport praticato dal cantante.
3 Questo era il suo secondo lancio col paracadute.
4 Bocelli fa paracadutismo perché lo ha promesso alla moglie.

sfidare	*to challenge*
paracadute	*parachute*
salto	*jump*
buio	*dark*
a cavallo	*riding*
volare	*to fly*
socio (di)	*a member (of)*
cieco	*blind*

 **c** Immagina che, invece di un tenore, la protagonista di questa storia sia una donna, la soprano Teresa Bocchi. Riscrivi la storia al femminile.

9 Come mai? (*How come?*)

2.21

Ascolta queste persone che non fanno sport e scrivi il numero (1–4) accanto ai motivi (*reasons*) (A–G).

A	Non gli piace	☐
B	Ha troppo da fare	☐
C	Non ci sono attrezzature	☐
D	Non ha voglia	☐
E	Non ha tempo	☐
F	Si stanca troppo	☐
G	Non ha i soldi	☐

4

1

2

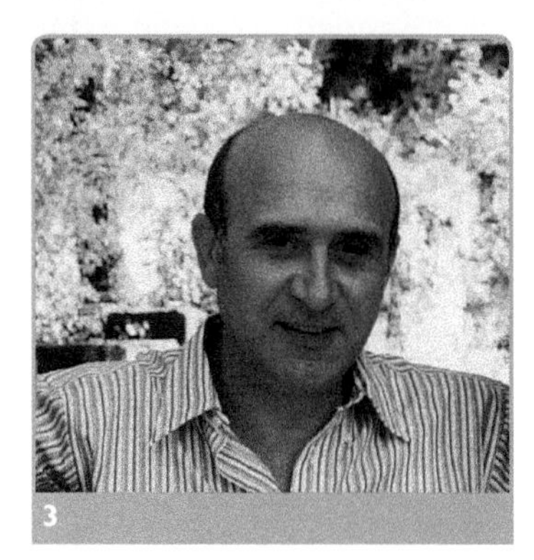
3

10 Consigli (*Advice*)

A: Vorrei un consiglio. Vivo in città, cosa posso fare per tenermi in forma?
B: Invece di andare in macchina, perché non vai a piedi?

Continuate:

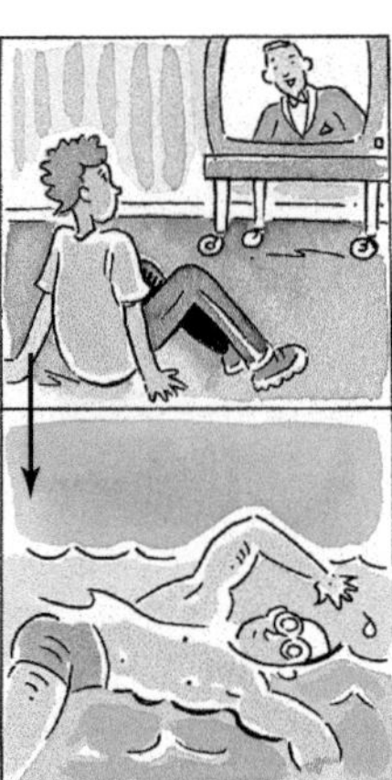

C | Non mi sento bene

11 Che cos'hai?

Che cos'hai? (tu)	*What's the matter? (informal)*
Che cos'ha (lei)	*What's the matter? (formal)*
Mi sento male	*I feel unwell*
Non mi sento bene	*I don't feel well*

2.22

 **a** Ascolta e trova nella figura i disturbi (*ailments*) che senti.
Poi completa il vocabolario qui sotto con le espressioni equivalenti come nell'esempio.

es: Ho mal di stomaco: Mi fa male lo stomaco.

pancia: ____________

denti: ____________

testa: ____________

gola: ____________

	la tosse	*I've got a cough*
Ho	la febbre	*a fever*
	il raffreddore	*a cold*
mi fa/fanno male		*it hurts/they hurt*

 **b** Fate la conversazione

A: Chiedi al tuo amico come sta. Usa il **tu**.

B: Tu stai male. Di' che non ti senti bene.

A: Simpatizza e chiedi che cos'ha.

es: Poverino! . . . Ma davvero? Ma che cos' hai?

B: Rispondi enfaticamente:

es: Ho un terribile . . .
Mi fa molto molto male . . .

A: Suggerisci di andare in farmacia/dal dottore.

es: Perchè non . . . ?

12 In farmacia

2.23

a Ascolta. Guarda la figura e trova il rimedio per ogni persona. Scrivilo sul modulo nella pagina accanto.

b Riascolta e controlla.

le compresse	*tablets*
le pastiglie	*lozenges*
la pomata	*cream*
le gocce	*drops*
la bruciatura	*burn*

A

PASTIGLIE VALDA

PER LA TUA GOLA

Pastiglie Valda: composte di estratti vegetali con proprietà balsamiche. Dalle Pastiglie Valda una prima difesa per la tua gola.

B

C

neo Cibalgina®

Mal di testa, mal di denti, nevralgie, possono rallentare il tuo ritmo: in casa, sul lavoro, nello svago. Una o due compresse di NeoCibalgina e puoi rispondere: bene, grazie!
È un medicinale: usare con cautela. Non somministrare ai bambini sotto i 12 anni. Leggere attentamente le avvertenze.

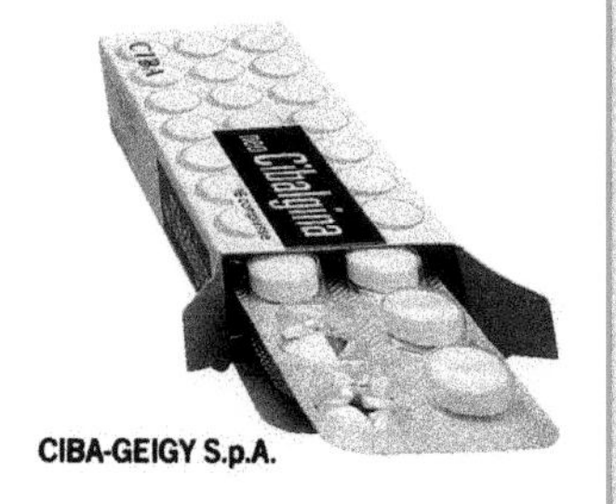

CIBA-GEIGY S.p.A.

D

COLLIRIO iridina blu

DISINFETTANTE IGIENICO

iridina blu

Cod. n. A021332046 Aut. n. 7837

iridina blu MONTEFARMACO

E Per l'arrosamento dei tuoi occhi

	Uomo/Donna/ Bambino	Disturbo	Rimedio	Quante volte	Quando
1					
2					
3					
4					

 c Senza riascoltare, guarda la scheda e scrivi il primo dialogo.

 d Fai i dialoghi in farmacia con un compagno.

Grammatica

Quante volte? (*How often? How many times?*)

due **volte** | **al** giorno / **alla** settimana

ogni tre | ore / giorni

13 Pronto Soccorso (*First Aid*)

a A che serve? (*What is it for?*)
Serve/Servono . . .

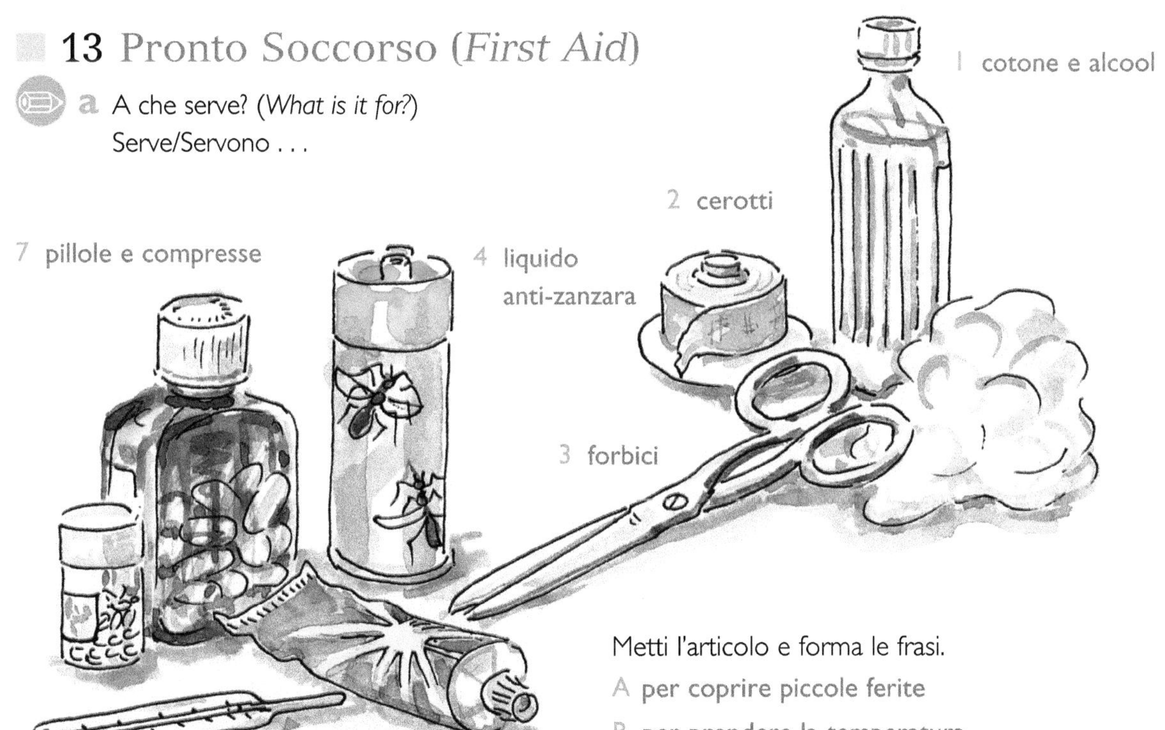

Metti l'articolo e forma le frasi.

A per coprire piccole ferite
B per prendere la temperatura
C per tenere lontano gli insetti
D per disinfettare
E per tagliare
F per calmare il dolore
G per curare la pelle dopo troppo sole

b Cosa mi consiglia?

Siete in vacanza in un campeggio.
A ognuno è successo qualcosa.
Andate al Pronto Soccorso (Studente B).
Lavorate a coppie.

Studente A:

- Ti sei bruciato/a al sole.
- Ti sei tagliato/a un dito/il piede.
- Hai la febbre altissima.
- Sei coperto/a di morsi di zanzare.

Espressioni utili

Faccia vedere (*Show me*)	È importante . . .
Le posso dare . . .	È meglio . . .
Ecco un . . .	Due volte al giorno
Prenda questo/a	Ogni tre ore
	Vediamo *(Let's see)*

Studente B:

Tu lavori al Pronto Soccorso.
Offri aiuto (*help*) ai campeggiatori. Usa il **lei**.

D | Benessere e salute

14 Storia d'Italia in cifre: siamo alti, longevi e colti.

"E ora nascono più bambini"

Ci sono salute e benessere ma aumenta il numero degli studenti, mentre cala l'occupazione. Tuttavia non cala più la popolazione. Dal 2008 infatti, dopo un minimo storico negli anni' 90, hanno ricominciato a nascere più bambini. Ogni anno, per rispondere alle domande "Chi siamo, da dove veniamo, dove andiamo?", l'Istituto Centrale di Statistica fornisce un check-up completo, in cifre, di che cosa cambia, migliora o peggiora nel nostro paese. Oggi non siamo soltanto più longevi, siamo anche più alti e meglio nutriti. E la dieta mediterranea continua ad avere un ruolo cruciale nella nostra longevità.

Paese	Durata media della vita	
	uomini	donne
Giappone	79	86,1
Svezia	78,7	83
Svizzera	79	84,2
Italia	77,5	83,5
Paesi Bassi	77,5	81,9
Norvegia	77,8	82,5
Australia	78,9	83,6
Francia	77,1	84
Germania	76,5	82,1
Regno Unito	77,2	80,6
Stati Uniti	75,6	80,8

la durata media	*average length*	minimo storico	*all-time low*
la salute	*health*	nascere	*to be born*
il benessere	*prosperity*	aumentare	*to increase*
le cifre	*figures*	calare	*to go down*
longevo/a	*long-lived*	fornire	*to provide*
colto/a	*educated*	migliorare	*to get better*
l'occupazione (f)	*employment*	peggiorare	*to get worse*

a Leggi l'articolo e trova:

- una cosa che sta calando e due cose che stanno aumentando in Italia.
- la frase che indica l'aumento della popolazione.
- tre aggettivi per descrivere gli italiani di oggi.
- che cos'è l'ISTAT e cosa fa.

b Fatevi le domande a turno.

- I francesi sono più o meno longevi degli inglesi?
- Gli italiani vivono in media più o meno degli americani?
- In quale paese vivono più a lungo le donne?
- Gli svedesi sono meno o più longevi dei norvegesi?
- I tedeschi vivono più o meno delle tedesche?
- Qual è il paese con l'età media più alta?

15

a Leggi usando il vocabolario a pagina 177.

Camminare è bello

Ogni mattina, con qualsiasi tempo, esco a fare una passeggiata, a volte breve, a volte lunga, in compagnia della mia cagna. Cammino nel bosco dietro casa, poi lungo un sentiero e ritorno per un prato: seguo così i cambiamenti delle stagioni, i movimenti degli animali, il variare della vegetazione. Qualche volta, o perché piove, o perché fa freddo o nevica, o per altre cose che avrei da fare, non vorrei uscire, a causa di quel diavoletto che suggerisce: "Ma dove vuoi andare? Non senti come piove? Sali invece nella tua stanza, non perdere tempo." Ma dopo aver camminato per un'oretta, il lavoro viene più facile.

Credo proprio che quello del camminare sia l'esercizio fisico più salutare per l'uomo. Ma camminare, non correre: camminare lontano dai motori, dai rumori innaturali, perché quello dell'acqua o quello del temporale o quello del vento sono complementari al camminare; e il canto degli uccelli o il ronzio degli insetti fanno accordo

con i tuoi pensieri. Se poi insieme a te hai un amico o un'amica potranno essere poche le parole, ma tante le comunicazioni.

Personalmente ho camminato tanto, non solo da ragazzo, non solo in guerra dove è stato la salvezza; e penso che sarebbe bello andarmene da questo mondo camminando per colline boscose in una sera d'autunno.

Mario Rigoni Stern

 **b** Non è vero. Perché?

1 Lo scrittore esce solo quando c'è il sole.
2 Fa una passeggiata una volta la settimana.
3 Va sempre da solo.
4 Trova il canto degli uccelli irritante.
5 Ama camminare dove c'è traffico.

 **c**

Studente B: Sei un giornalista. Vuoi intervistare lo scrittore Rigoni Stern (pagina 234). Prepara cinque domande. Usa il **lei.**

Studente A: Sei lo scrittore. Rispondi alle domande (pagina 175).

 **d Per casa**

Descrivi una passeggiata che hai fatto recentemente, dove e quando.

Grammatica

1 Imperativo (*Commands, G249*)

L'imperativo regolare

	-ARE	-ERE	-IRE	
	cerc**a**	prend**i**	unisc**i**	(**tu**)
(non)	cerc**ate**	prend**ete**	un**ite**	(**voi**)
	(cercare)	(prendere)	(unire)	

Imperativi irregolari: fare dare, stare

fai	dai	stai	(**tu**)
fate	date	state	(**voi**)

NB In instructions and notices the infinitive is often used (see page 172, d).

es: Leggere attentamente.
Usare con cautela.

2 Comparativi

per fare paragoni (*comparisons*):

più + aggettivo + **di** . . .

Antonio è **più** alto **di** Mario
Il tennis è **più** faticoso **del** calcio
La tua casa è **più** antica **della** mia

di, del, della . . .: *than*

3 Non mi sento bene

Che (cosa) hai?
ha?

Ho mal di testa.
pancia.
gola.
stomaco.
denti.
orecchio.

Ho la tosse.
la febbre.
il raffreddore.
l'influenza.

4 Per dare un consiglio. Espressioni impersonali

è bene
è meglio
è importante
è una buona idea
} + infinito

es: Per tenersi in forma **è bene** camminare ogni giorno.

Vocabolario

Tenersi in forma	***Keeping fit***
abbassare	*to lower*
abbracciare	*to hug*
alzare	*to lift*
cercare di	*to try to*
fare ginnastica	*to exercise*
fare una passeggiata	*to go for a walk*
la palestra	*gymnasium*
spingere	*to push*
stringere	*to clasp*
la corsa a piedi	*running*
l'equitazione (f)	*riding*
il footing	*jogging*
il giardinaggio	*gardening*
la ginnastica	*gymnastics, exercise*
il nuoto	*swimming*
la pallacanestro	*basketball*
lo squash	*squash*

Aggettivi	***Adjectives***
divertente	*enjoyable*
impegnativo/a	*demanding*
pigro/a	*lazy*
sano/a	*healthy*
pericoloso/a	*dangerous*
sicuro/a	*safe*

Verbi	***Verbs***
annoiarsi	*to get bored*
appoggiarsi	*to lean*
aver tempo	*to have time*
camminare di buon passo	*to walk briskly*
correre	*to run*
essere occupato/a	*to be busy*
prendere l'ascensore	*to take the lift*
fare le scale	*to go up the stairs*
scendere	*to go down*
sentirsi bene/male	*to feel well/ill*
stare bene/male	*to be well/ill*

Il corpo	***The body***
il dito (*f pl* le dita)	*finger*
il ginocchio (*f pl* le ginocchia)	*knee*
la gola	*throat*
il gomito	*elbow*
la mano (*f pl* le mani)	*hand*
la pancia	*stomach/belly*
il petto	*chest*
lo stomaco	*stomach*

Non mi sento bene	***I don't feel well***
la bruciatura	*burn*
la compressa	*tablet*
la febbre	*temperature*
le gocce	*drops*
l'influenza	*influenza*
la pastiglia	*lozenge*
la pomata	*cream*
il raffreddore	*a cold*
lo sciroppo	*cough mixture*
la scottatura	*sunburn*
la tosse	*cough*

L'Italia in cifre	***Italy in figures***
il benessere	*prosperity, well-being*
la salute	*health*
le cifre	*figures*
la durata della vita	*life expectancy*
longevo/a	*long lived*
medio/a	*average*
colto/a	*educated*
non . . . più	*no longer*

Camminare	***Walking***
il bosco	*wood*
la cagna	*bitch*
le colline	*hills*
il diavoletto	*little devil*
insieme	*together*
perdere tempo	*to waste time*
il prato	*field*
il ronzio	*buzz*
il rumore	*noise*
salutare (*adj*)	*healthy*
il sentiero	*path*
gli uccelli	*birds*

Espressioni utili	***Useful expressions***
Cosa mi consiglia?	*What do you advise?*
Come ti senti/si sente?	*How do you feel?*
Che (cosa) hai/ha?	*What's wrong with you?*
Cosa posso fare per . . . ?	*What can I do to . . . ?*
Invece di... perché non...?	*Instead of...,why not...?*
A che serve?	*What's it for?*
Serve/Servono per . . .	*It is/They are for . . .*

12 Muoversi

- Understanding announcements
- Making timetable enquiries
- Checking offers online
- Buying train tickets
- Talking about cars
- Buying petrol and getting directions
- Weather and forecasts (future)

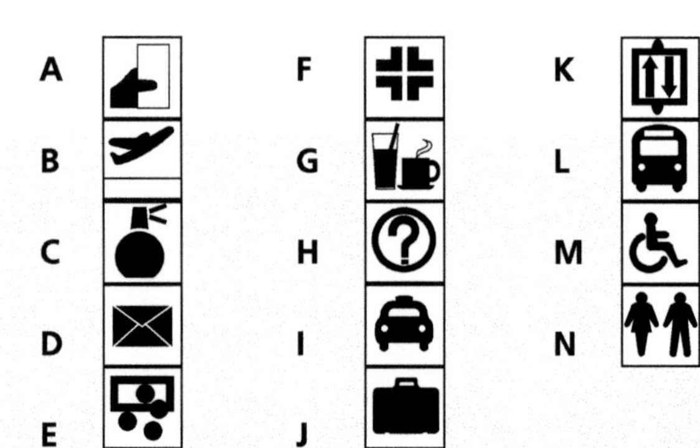

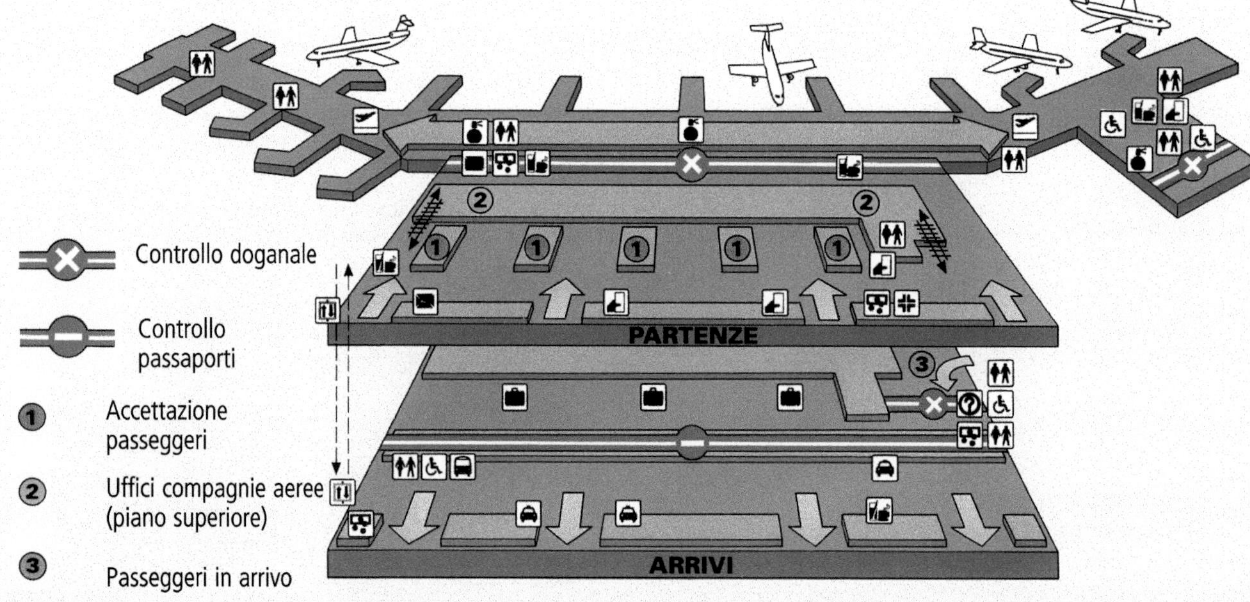

- Unisci le indicazioni e i simboli.

1 Duty free
2 Biglietti e prenotazioni
3 Uscite
4 Posta
5 Cambio
6 Ritiro bagagli
7 Informazioni turistiche
8 Autonoleggio
9 Ascensori
10 Biglietteria autobus per Roma
11 Tolette
12 Farmacia
13 Bar
14 Tolette disabili

- Guarda la piantina e trova quattro posti per dare un appuntamento a un amico.

es: A Allora ci vediamo davanti alla farmacia.
B Dov'è esattamente?
A Al primo piano, vicino al cambio.

Continuate.

A | In aereo

1 All'aeroporto

Ufficio Informazioni

Studente A: Sei appena arrivato a Fiumicino da New York. Hai solo dollari e sterline. Vuoi un tassì o una macchina a noleggio per andare a Roma subito, e una cartina della città.
Prepara quattro domande e vai all'Ufficio Informazioni.

Studente B: Usa la piantina dell'aeroporto (pagina 178) per rispondere.

Verbi

controllare	*to check*
consegnare	*to check in (luggage)*
salire	*to get on*
passare	*to go through*
ritirare	*to pick up*
scendere	*to get off*

Per il **si impersonale** vedi pagina 96 e G251.

2

a Cosa si fa quando si parte? Metti in ordine con un compagno.

Si controllano i passaporti.
Si va all'uscita per l'imbarco.
Si passa il controllo di sicurezza.
Si consegna il bagaglio.
Si sale a bordo.

b Cosa si fa quando si arriva? Metti in ordine.

Si passa la dogana.
Si fa il controllo del passaporto.
Si scende dall'aereo.
Si ritirano le valige.

c Parole utili. Trova in **a** e **b** come si dice in italiano:

boarding
on board
customs
luggage
gate
security check

d Ieri il signor Boselli è partito per Parigi alle 17,25. Ecco che cosa ha fatto prima di partire. È arrivato all'aeroporto alle 16. Prima di tutto ha consegnato il bagaglio . . .

Continua tu. Usa:

- prima di tutto
- poi
- subito dopo
- dopo un po'
- e infine

3 Cruciverba aereo

ritiro volo atterra bagaglio decolla passaporto pilota posto passeggeri a mano carrello imbarco

che	*that, which, who, whom*

Attenzione: si devono usare solo nove parole.

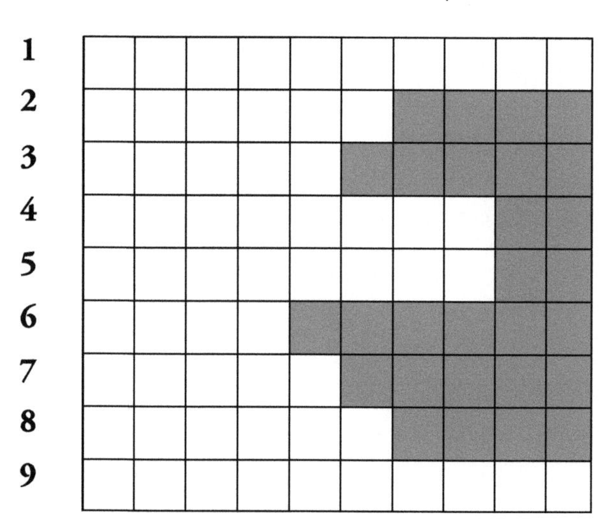

1. Documento di identità
2. La persona che guida l'aereo
3. Dove sta seduto il passeggero
4. Le valigie dei passeggeri
5. Serve per portare le valige
6. Quello per Londra è il BY 582
7. Una borsa da viaggio si può portare . . .
8. Il . . . dei bagagli richiede poco tempo.
9. Le persone che viaggiano

4 Partenze

a Leggete velocemente la tabella delle partenze in senso orizzontale e verticale. A turno, fatevi le domande.

il volo **per** Mosca	*the flight for Moscow*
il volo **delle** 14,50	*the 14,50 flight*
il **prossimo** volo	*the next flight*

1. In quali paesi vanno questi voli?
2. Dove va il volo della BA?
3. A che ora parte l'aereo per Genova?
4. Di che compagnia è il volo delle 14,50?
5. Quanti voli dell'Alitalia ci sono?
6. Sono le 15,40: qual è il prossimo volo?
7. Qual è l'uscita del volo per Mosca?

PARTENZE				
COMPAGNIA/VOLO	**DESTINAZIONE**	**ORARIO**	**USCITA**	**AVVISO**
BA	Birmingham	14,26	imbarco	
LUFTHANSA	Bonn	14,50	23	
KLM	Amsterdam			
AEROFLOT	Mosca		20	
ALITALIA	Parigi	16,03	7	
EASYJET	Genova	16,40		

 **b** A che ora parte?

Studente A: Chiedi al compagno gli orari che mancano e il numero dell'uscita.

es: Qual è l'uscita del volo della BA per Birmingham delle 14 e 26?

Studente B: pagina 234.

5 Arrivi

2.24

 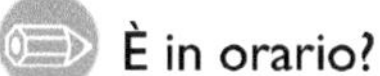 È in orario?

Lavori per un'agenzia di viaggi e devi controllare alcuni orari d'arrivo. Ci sono molti ritardi. Ascolta gli annunci e correggi la tua lista se necessario.

è in orario	*it's on time*
è in ritardo	*it's late*
è in ritardo di cinque minuti ha un ritardo di cinque minuti ha cinque minuti di ritardo	*it's five minutes late*
il maltempo	*bad weather*
lo sciopero	*strike*
a causa di	*because of*

Volo	*Arrivo previsto*
AZ 567	*14,02*
LH 5488	*14,20*
BA 284	*15,05*
AF 479	*16,08 in orario*
KL OP54	*15,23*
TW 050	*16,00*

6 Viaggi online

Ecco una breve guida ai siti più cliccati in Italia per prenotare un viaggio online. Se non trovate l'offerta che fa per voi, continuate a navigare. La Rete è uno spazio inesauribile!

www.extraviaggi.com
Su questo sito si possono prenotare viaggi organizzati per gruppi per qualsiasi destinazione anche all'ultimo momento. Facilissimo da consultare.

www.telephone-travel.it
Sei il tipo che decide la partenza solo il giorno prima? Allora iscriviti a Telephone Travel che ti informa prontamente sulle ultime offerte con messaggi SMS sul tuo telefonino.

www.viaggiatorionline.it
La banca dati è fornitissima. Particolarmente intriganti sono i viaggi culturali e le offerte del mese. Grazie a un efficiente motore di ricerca, potete programmare e prenotare in pochi minuti.

www.mondotours.it
Se cercate un biglietto all'ultimo minuto per una località normalmente proibitiva, e non volete o non potete spendere molto, con Mondo Tours è facile: basta cliccare il continente di destinazione e le offerte più convenienti appaiono sul vostro schermo in meno di un minuto

a Quale scegli se . . . ?

1 Hai fretta e non hai soldi, e devi essere in Brasile tra tre giorni.
2 Sei un insegnante con una settimana di vacanza e non sai niente delle offerte su Internet.
3 Hai il computer solo da poche settimane. Non lo sai usare bene.
4 Non ti piace viaggiare da solo.
5 Sei un patito del telefonino e usi raramente il computer.

b Vocabolario Internet

Trova nel testo le parole di Internet e scrivile con la traduzione. Ora confronta con il vocabolario a pagina 197.

c Si può o si possono?

es: Si può partire subito.
Si possono comprare i biglietti.

1 ________ fare tutto da casa
2 ________ ottenere le informazioni
3 ________ selezionare le destinazioni
4 ________ prenotare i posti
5 ________ pagare con la carta di credito

B | In treno

7 All'Ufficio Informazioni

2.25

  a Alla Stazione Termini, Roma

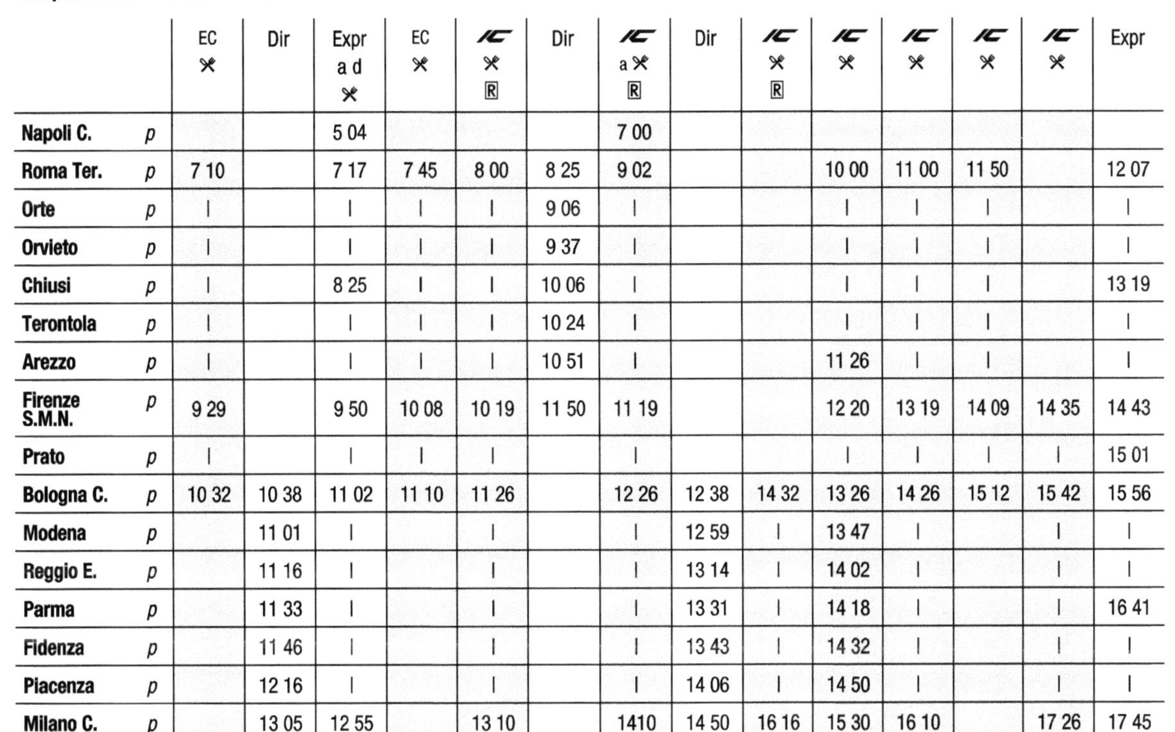

1 Napoli-Roma-Firenze-Milano

		EC ✕	Dir	Expr a d ✕	EC ✕	IC ✕ R	Dir	IC a ✕ R	Dir	IC ✕ R	IC ✕	IC ✕	IC ✕	IC ✕	Expr
Napoli C.	p			5 04				7 00							
Roma Ter.	p	7 10		7 17	7 45	8 00	8 25	9 02			10 00	11 00	11 50		12 07
Orte	p	|		|	|	|	9 06	|			|	|	|		|
Orvieto	p	|		|	|	|	9 37	|			|	|	|		|
Chiusi	p	|		8 25	|	|	10 06	|			|	|	|		13 19
Terontola	p	|		|	|	|	10 24	|			|	|	|		|
Arezzo	p	|		|	|	|	10 51	|			11 26	|	|		|
Firenze S.M.N.	p	9 29		9 50	10 08	10 19	11 50	11 19			12 20	13 19	14 09	14 35	14 43
Prato	p	|		|	|	|		|			|	|	|	|	15 01
Bologna C.	p	10 32	10 38	11 02	11 10	11 26		12 26	12 38	14 32	13 26	14 26	15 12	15 42	15 56
Modena	p		11 01	|		|		|	12 59	|	13 47	|		|	|
Reggio E.	p		11 16	|		|		|	13 14	|	14 02	|		|	|
Parma	p		11 33	|		|		|	13 31	|	14 18	|		|	16 41
Fidenza	p		11 46	|		|		|	13 43	|	14 32	|		|	|
Piacenza	p		12 16	|		|		|	14 06	|	14 50	|		|	|
Milano C.	p		13 05	12 55		13 10		1410	14 50	16 16	15 30	16 10		17 26	17 45

Impiegato Buongiorno. Dica.

Signora Buongiorno. Vorrei sapere a che ora c'è un treno per Bologna domani mattina. Non troppo presto, per favore.

Impiegato Dunque, la mattina ce n'è uno alle 7,45 poi . . . c'è un rapido alle 8,00 e alle 9,02. Poi c'è un treno alle 10,00 e alle 11,00 . . .

Signora Quello dello 10,00 va benissimo. A che ora arriva a Bologna?

Impiegato Dunque, il treno delle 10,00 . . . arriva a Bologna alle 13,26.

Signora E da che binario parte?

Impiegato Mi dispiace signora, non lo so. Deve guardare sulla tabella o chiedere.

il rapido	*high-speed train*
il binario	*platform*
la tabella	*board*

  b Trova le frasi nel dialogo e completa.

Vorrei sapere . . .
Ce n'è uno . . .
A che ora arriva . . .
Mi dispiace . . .
Da che . . .

 c Siete a Roma. Usando l'orario, fate altri dialoghi per Chiusi, Orvieto, Firenze o Milano.

8 All' Ufficio Informazioni

Scusi, a che ora è il prossimo treno per Milano?

Da che binario parte?

Studente A: Chiedi l'orario e il binario dei seguenti treni da Roma.

- Sono le 13,45. Vuoi partire immediatamente per Firenze.
- Devi essere a Bologna per le 18,30.
- Devi arrivare a Milano prima di mezzanotte, questa sera.
- Hai una riunione di affari a Milano domani mattina alle 9,30. Vuoi un treno con carrozze letto.
- La tua amica arriva da Napoli alle 13,00 e deve andare a Bologna.

Studente B: pagina 234.

la riunione d'affari	*business meeting*
la carrozza letto	*sleeper*

9 In biglietteria

un biglietto di andata	*a single ticket*
un biglietto di andata e ritorno	*a return ticket*

2.26

 a Ascolta e leggi.

Signore	Tre biglietti per Chiusi, per favore. Due adulti e un bambino.
Bigliettaio	Solo andata o andata e ritorno?
Signore	Andata e ritorno.
Bigliettaio	Prima o seconda classe?
Signore	Seconda. Ci sono riduzioni per i bambini?
Bigliettaio	Quanti anni ha il bambino?
Signore	Dieci anni.
Bigliettaio	Eh . . . Sì . . . Dunque sono €32 per un adulto, metà prezzo per il bambino. Sono €48 in tutto.
Signore	Ecco €50.
Bigliettaio	Ecco a lei il resto.
Signore	Scusi, si deve cambiare?
Bigliettaio	No, signore.
Signore	Grazie. Buongiorno.

b Fate un dialogo per ogni biglietto.

Studente A: Passeggero.
Studente B: Bigliettaio.

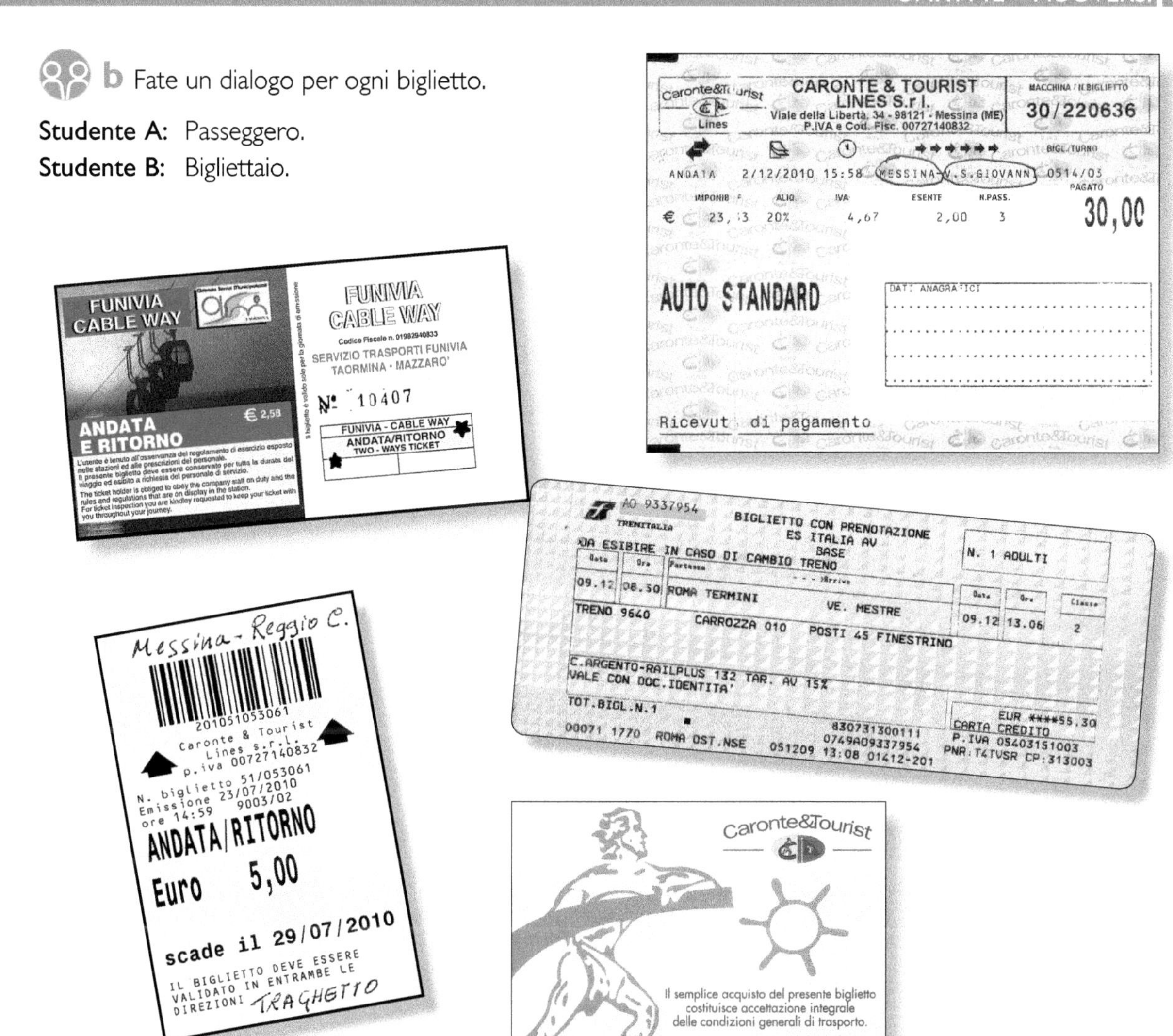

10 Alla stazione di Grosseto

2.27

Ascolta gli annunci e scrivi le informazioni.

Tipo di treno	Provenienza	Destinazione	Binario	Ritardo

in arrivo	*arriving*	il direttissimo	*through train*
in partenza	*leaving*	il rapido	*high-speed train*
il diretto	*stopping train*	il locale	*local train*
l'espresso	*fast train*	l'inter-city	*inter-city train*

11 Londra-Roma: un viaggio scomodo

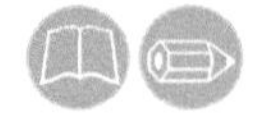

a Aggiungi i verbi che mancano. Attenzione: sono tutti al passato. (Vedi pagina 147, G248)

essere (stato*) andare fermarsi
rimanere (rimasto*) lasciare arrivare
prendere (preso*) partire durare viaggiare
russare riuscire trovare

* participio passato irregolare

Il nostro viaggio in Italia quest'anno ______ un disastro. Come sempre noi ______ in treno. ______ in macchina alla Stazione Vittoria, ma a metà strada ______ bloccati nel traffico. Allora ______ la macchina e ______ la metropolitana. Ma il treno ______ fermo in una galleria per più di 15 minuti. ______ alla Stazione Vittoria, correndo disperatamente, alle 10,29. Il treno ______ alle 10,30! Dopo due ore ______ a Dover e ______ il battello; la traversata ______ circa un'ora. A Boulogne ______ il treno e dopo circa tre ore e mezzo, ______ a Parigi. Ma il treno era affollato e ______ in piedi per tutto il tempo. A Parigi ______ due ore e mezzo, poi ______ il Palatino, e siamo arrivati a Roma la mattina dopo alle 9,30. Il viaggio però non ______ troppo comodo. Avevamo le cuccette, ma una persona ______ tutta la notte e nessuno ______ a dormire. Perciò ______ a Roma stanchissimi. ______ subito ______ un albergo e ______ a dormire!

fermarsi	*to stop, stay*
russare	*to snore*
a metà strada	*half way*
la galleria	*tunnel*
la traversata	*crossing*
affollato/a	*crowded*
in piedi	*standing*
ma, però	*but*
perciò	*therefore*

b Completa l'itinerario, segnando le ore.

Stazione Vittoria	Parigi arr.
Dover	Parigi part.
Boulogne	Roma

c Rispondi alle domande.

1 Quanti mezzi hanno usato in tutto il viaggio?
2 Quanto tempo si sono fermati a Parigi?
3 Perché è stato scomodo il viaggio da Parigi a Roma?
4 Quanto è durata la traversata?
5 Cosa hanno fatto appena arrivati a Roma?

d Racconta un viaggio che hai fatto di recente.

Per casa.
Scrivilo.

C | In macchina

12

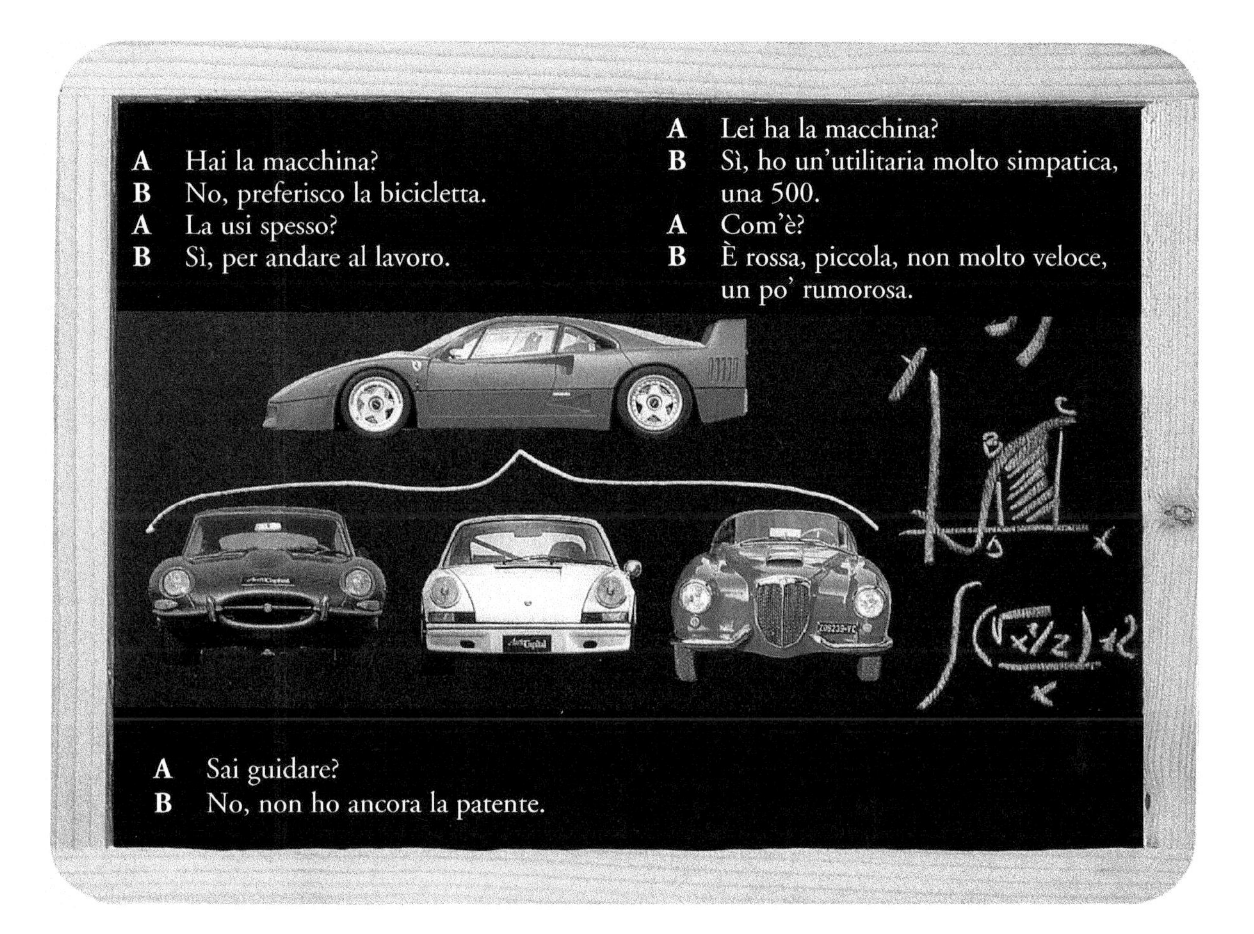

guidare:	portare la macchina
la patente:	licenza per guidare
l'utilitaria:	macchina piccola molto economica

 **a** Leggi i dialoghi con un compagno.

 **b** Dividi in lati **positivi** e **negativi.**

è comoda
è veloce
in città è più lenta del bus
inquina l'aria
rovina le città
permette di fare tante cose
ti rende indipendente
è asociale
è costosa
è economica
ti fa diventare pigro
è utile

Segna (✓) le frasi con cui sei d'accordo.

  **c** Prepara sei domande sulla macchina come in **b** e fai un sondaggio *(survey)* in classe.

- macchina
- da quanto tempo
- tipo e colore
- uso
- descrizione
- opinione

Che ne pensi?	*What do you think (of it)?*
Secondo me . . .	*In my opinion . . .*

13 Alla stazione di servizio

2.28

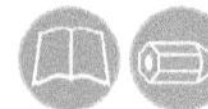   **a** Guarda le figure e completa il dialogo.
Poi ascolta e controlla.

la benzina	*petrol*
il gasolio	*diesel*
senza piombo/verde	*unleaded*
le gomme	*tyres*
il pieno	*full tank*
ecco fatto	*there you are*
ce l'ha?	*have you got one?*

Automobilista	Buongiorno. €20 per favore.
Garagista	Benzina. ______?
Automobilista	Benzina.
Garagista	Ecco fatto. Altro?
Automobilista	Sì, mi potrebbe controllare ______?
Garagista	Sì, certo. Un attimo.
Automobilista	E anche ______ per cortesia.
Garagista	Va bene!
Automobilista	E una cartina della zona ce l'ha?

€20 **di** benzina
€30 **di** gasolio
€40 **di** verde
il **pieno** per favore

Bar ristorante

TOLETTE

VIAGGIO LUNGO?
FATE IL PIENO!

Controllate l'olio
e le gomme!

 **b** Fate i dialoghi sul modello di Attitità 13a scambiandovi i ruoli.

Studente A: Automobilista
Studente B: Benzinaio

Ha solo €20,00
Vuole sapere se la benzina è tutta senza piombo.
Vuole sapere il prezzo dell'olio (lattina).

Vuole il pieno di verde.
Deve controllare le gomme.
Ha voglia di un caffè.

Vuole €30 di gasolio.
Ha bisogna di una cartina.
Vuole mangiare qualcosa.

14 In autostrada. Indicazioni stradali

PARCO DI PINOCCHIO E PAESE DEI BALOCCHI
ITALIA – 51014 COLLODI (PT) – TEL. 0572–42.93.42
APERTO TUTTI I GIORNI DELL'ANNO
ORARIO CONTINUATO DALLE ORE 8,30 AL TRAMONTO

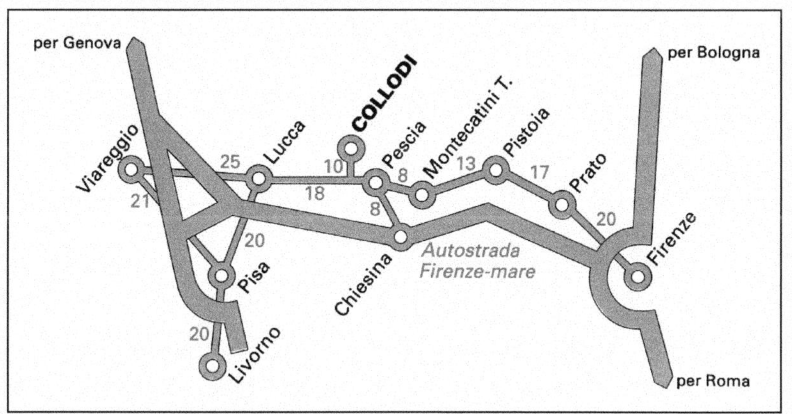

2.29

 **a** Ascolta. Tre automobilisti chiedono la strada per Collodi. Guarda la cartina e indovina da quali città vengono.

b Con la stessa cartina, dai le indicazioni per Collodi a altri tre automobilisti che vengono da altre città.

una ventina di . . .	*about 20 . . .*
il bivio	*fork, turn-off*
l'autostrada	*motorway*
il tramonto	*sunset*

Grammatica

Per chiedere la strada (*To ask the way*)

Scusi, per andare a . . .?
Scusi, mi sa dire la strada per . . .?

15

Torinese dimentica la moglie in un'area di servizio

Roma – Lunghe code in autostrada, lunghe code alle stazioni di servizio per fare benzina e prendere un caffè. Sono molti gli automobilisti stanchi. E forse è proprio per stanchezza che un automobilista torinese ha semplicemente 'dimenticato' la moglie a una stazione di servizio. Infatti, dopo una breve pausa per fare benzina, l'automobilista è risalito in macchina ed è ripartito con i figli per andare in vacanza – non si è accorto di aver perso un passeggero. Solo dopo una sessantina di chilometri ha notato l'assenza e si è rivolto alla polizia stradale per chiedere aiuto. La polizia in un batter d'occhio ha restituito la signora alla sua famiglia.

 **a** Sottolinea nel testo le espressioni qui sotto:

la coda
dimenticare
la stazione di servizio
stanco/a
la stanchezza
si è accorto (accorgersi)
perso (perdere)
si è rivolto a (rivolgersi)
chiedere aiuto
in un batter d'occhio

- Che significano queste parole? Traduci poi controlla con il vocabolario a pagina 197.

per + infinito	*(in order) to . . .*

 **b** **Perché?** Chiedi all'automobilista torinese.

1 Perché ci sono le code alla stazione di servizio?
2 Perché ha dimenticato sua moglie?
3 Perché ha fatto una pausa?
4 Perché è ripartito?
5 Perché si è rivolto alla polizia stradale?

D | Che tempo fa?

16 Fa caldo o fa freddo?

2.30

a Ascolta e scrivi la temperatura accanto alle città che vedi sulla cartina.

b Fatevi le domande.

1. Qual è la città più fredda oggi? Si trova nel nord o nel sud?
2. Qual è la città più calda? Si trova nell'Italia settentrionale (nord), meridionale (sud) o centrale?
3. Quanti gradi ci sono a Venezia?
4. Fa più caldo a Roma o a Cagliari?
5. Fa più freddo a Milano o a Bari?

la città più calda	*the warmest town*	settentrionale	*northern*
il paese più freddo	*the coldest country*	meridionale	*southern*

A Palermo ci sono 25 gradi: **fa caldo.**

All'Aquila ci sono 8 gradi: **fa freddo.**

Che caldo!

Che freddo!

17 Fa bel tempo, fa brutto tempo

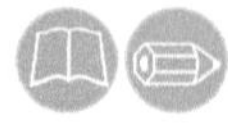

Per ogni foto, scrivi che tempo fa.

Piove 

Nevica 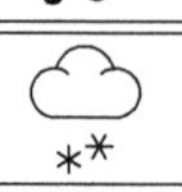

C'è il sole/È sereno 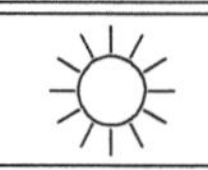

C'è nebbia 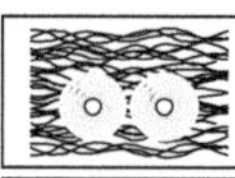

C'è vento 

Cielo nuvoloso/coperto 

1

2

3

4

5

6

18 Sulle coste del Mediterraneo

 Studia la cartina del Mediterraneo e i simboli del tempo.

 a

Studente A: Devi completare il quadro delle località con i simboli del tempo e le temperature. Fai le domande.

es: Com'è il tempo oggi sulla Costa del Sol? Quanti gradi ci sono?

Studente B: Vai a pagina 235.

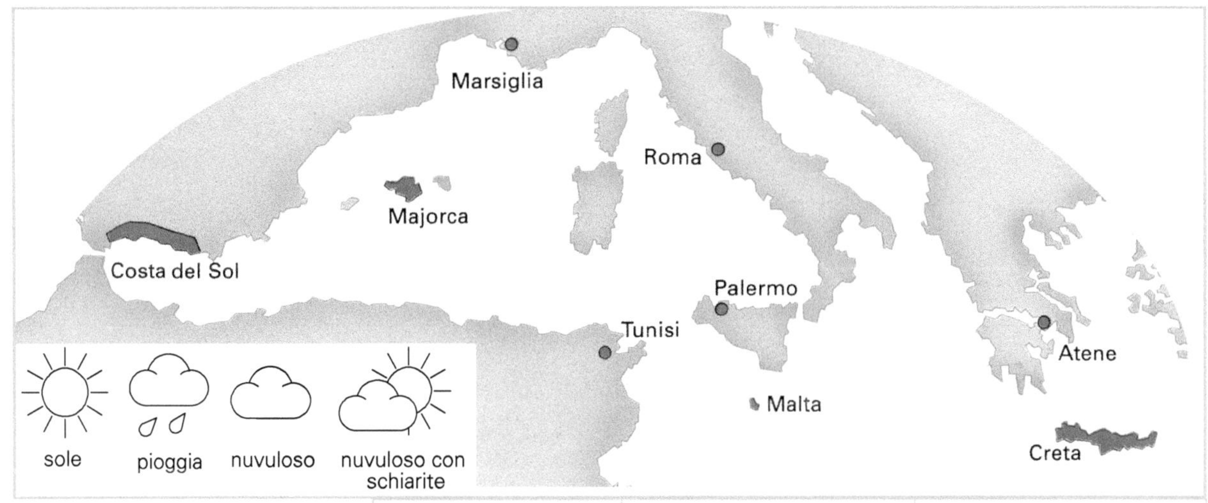

Atene	Majorca	Palermo
Costa del Sol	Malta	Roma
Creta	Marsiglia	Tunisi

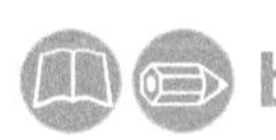 **b** Scrivi che tempo fa in queste città.

es: Atene. C'è il sole e fa abbastanza caldo, ci sono 22 gradi.

Tunisi
Marsiglia
Roma
Palermo
Palma di Majorca

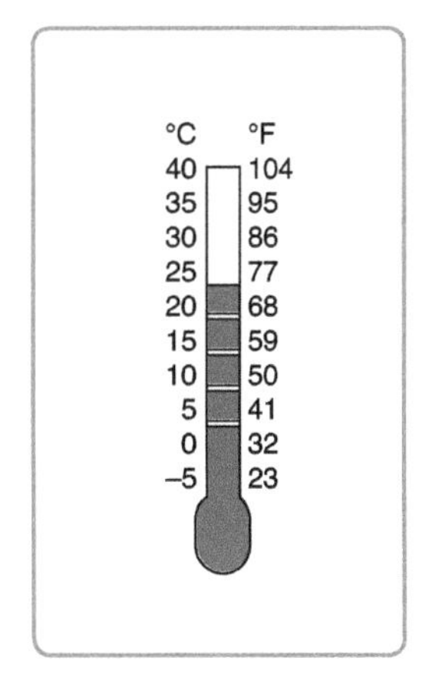

19

a Da quali località sul Mediterraneo vengono queste due cartoline?

Pioggia, pioggia e ancora pioggia. Piove da 3 giorni, fa piuttosto freddo e abbiamo tutti il mal di gola.

Che vacanza! Non vedo l'ora di tornare in Italia.

Ciao

Giulio

Non è un paradiso?
I colori sono straordinari, il cielo senza una nuvola, il mare calmo come l'olio...
Ieri abbiamo fatto il bagno qui e vi abbiamo pensato.
Partiamo domani
Pina e Mimmo

Per casa

Scrivi due cartoline a due amici da due diverse località sul Mediterraneo.

20 Che tempo farà?

2.31

a Ascolta le previsioni per il weekend e decidi: la cartina del tempo è per sabato o per domenica?

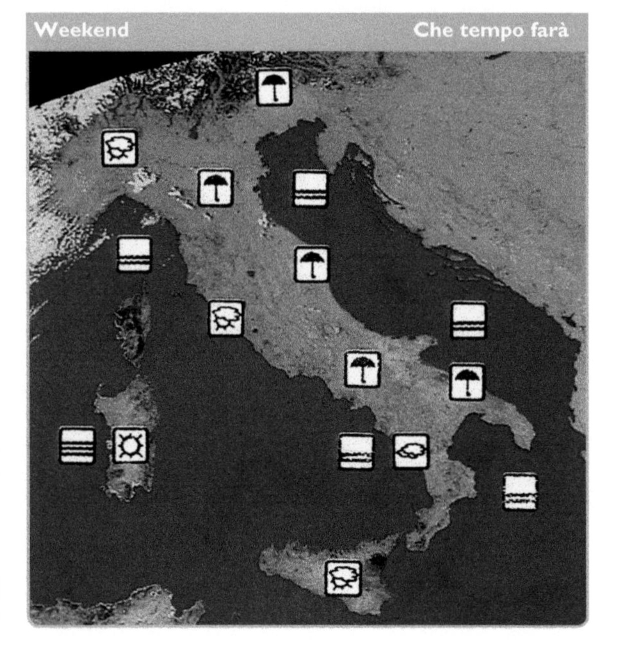

MARE 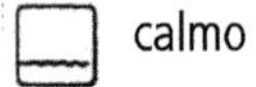 calmo  mosso 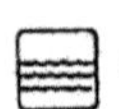 agitato

cielo molto nuvoloso 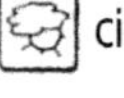 cielo nuvoloso con schiarite

 nebbia  sole pioggia  neve

Avete notato?

Il futuro:

ci **sarà** sole	(*singolare*)
ci **saranno** schiarite	(*plurale*)

farà caldo
il tempo **cambierà**

sarà	farà	cambierà
saranno	faranno	cambieranno
(essere)	(fare)	(cambiare)

Per il futuro vedi G249.

2.31

  **b** Riascolta e completa: **sì** o **no**?

	Nuvoloso	Pioggia	Sereno/Sole	Schiarite	Nebbia	Neve
Sabato						
Domenica						

21 Per casa

- Che tempo farà al weekend?

Scrivi le tue previsioni sul modello del giornale romano.
Alla prossima lezione, confronta con i compagni.

Bello ancora per molti giorni sull'Italia, ma ci saranno temporali nel pomeriggio e nella notte sulle Alpi. Venerdì e sabato piogge e temporali scenderanno anche in pianura, su Piemonte, Lombardia e Veneto. Tuttavia, farà ancora caldo: tra oggi e domenica vedremo temperature massime di oltre 34 gradi su quasi il 50% delle città.

- Traduci queste previsioni nella tua lingua.

Grammatica

1 Pronome relativo **che** (*that, which, who, whom*)

la persona **che** viaggia
the person who is travelling

i passeggeri **che** aspettiamo
the passengers whom we are waiting for

il carrello **che** porta le valige
the trolley that carries the suitcases

il bagaglio **che** porto
the luggage (that) I'm carrying

2 per . . . (*in order to . . .*)

per + infinito

per chiedere aiuto *to ask for help*

3 Il futuro

sar**à**	far**à**	cambier**à**	(*3rd sing.*)
sar**anno**	far**anno**	cambier**anno**	(*3rd plu.*)

ci sarà *there will be (singular)*
ci saranno *there will be (plural)*
Vedi anche G249.

4 Il passato prossimo con **essere** o **avere**

Vedi pagina 147.

*NB *Verbs with an asterisk are irregular.*

Verbi con **avere**:	Verbi con **essere**:
	andare
lasciare	arrivare
prendere (*preso)	durare
russare	essere (*stato/a)
trovare	fermarsi
viaggiare	partire
	rimanere (*rimasto/a)
	riuscire

es: Abbiamo preso l'aereo.
Il viaggio è durato due ore.
Mi sono divertito.

5

Si può / si deve
Si possono / si devono + infinito

es: Si può andare in treno. (*no object*)
Si devono comprare i biglietti. (*plural object*)

Espressioni utili

cambierà	*it will change*
che ne pensi?	*what do you think (about it)?*
che caldo (fa)!	*it's so hot!*
che tempo fa?	*what's the weather like?*
che tempo farà?	*what will the weather be like?*
è sereno	*it's clear/it's sunny*
il sole splende	*the sun is shining*
mare mosso	*choppy sea*
muoversi	*getting around*
è in ritardo di dieci minuti	*it's ten minutes late*
a causa di	*because of*
invece di/che	*instead of*
è in orario	*it's on time*
secondo me	*in my opinion*
ma	*but*
perciò	*therefore, and so*
però	*however*
non . . . ancora	*not . . . yet*

Vocabolario

All'aeroporto	***At the airport***
l'autonoleggio	*car rental*
la borsa da viaggio	*travel bag*
il carrello	*trolley*
il controllo di sicurezza	*security check*
la dogana	*customs*
l'imbarco	*boarding*
il ritiro bagagli	*baggage claim*
l'uscita	*gate*
la valigia	*suitcase*
il volo	*flight*
a bordo	*on board*
consegnare	*to check in (luggage)*
ritirare	*to collect, pick up*

Alla stazione	***At the station***
un biglietto di andata/ di andata e ritorno	*single/return ticket*
il binario	*platform*
l'orario	*timetable*
la riduzione	*reduction*
cambiare	*to change*
durare	*to last*
fermarsi	*to stop*
partire	*to leave*
riuscire a	*to manage to*
russare	*to snore*
viaggiare	*to travel*

La macchina	***The car***
l'automobilista (*m or f*)	*motorist*
la benzina	*petrol*
la gomma	*tyre*
la patente	*driving licence*
l'utilitaria	*economy car*
comodo/a	*comfortable, convenient*
economico/a	*cheap*
rumoroso/a	*noisy*
senza piombo/verde	*unleaded*
gasolio	*diesel*
utile	*useful*
chiedere la strada	*to ask the way*
diventare/pigro a	*to become lazy*
fare benzina	*to get petrol*
fare il pieno	*to fill the tank*
guidare	*to drive*
inquinare	*to pollute*
rovinare	*to ruin*

Articolo: *Torinese dimentica*	***Article: Man from Turin forgets***
accorgersi (accorto)	*to realise*
l'area/la stazione di servizio	*service area*
dimenticare	*to forget*
(fare) la coda	*(to) queue*
in un batter d'occhio	*in a split second*
perdere (perso)	*to lose*
rivolgersi (rivolto) a	*to turn to*
la stanchezza	*tiredness*
stanco/a	*tired*

Il tempo	***The weather***
fa bel tempo	*the weather is fine*
fa brutto tempo	*the weather is bad*
fa caldo	*it's hot*
fa freddo	*it's cold*
nevica	*it's snowing*
minimo/a	*lowest*
nuvoloso/a	*cloudy*
previsto/a	*expected, forecast*
meridionale	*southern*
occidentale	*western*
orientale	*eastern*
settentrionale	*northern*
la nebbia	*fog, mist*
la pioggia	*rain*
le previsioni	*forecast*
la temperatura	*temperature*
il temporale	*storm*
la schiarita	*sunny spell*
il vento	*wind*

L'Internet	***The Internet***
un sito internet	*internet site*
un sito web	*internet site*
animazioni virtuali	*virtual animations*
video giochi	*video games*
un' email	*an email*
il Web/la Rete	*the Web/ the Net*
on-line	*online*
sito	*site*
cliccare	*to click*
navigare	*to surf*
motore di ricerca	*search engine*
i dati	*data*
banca dati	*data bank*
schermo	*screen*
la connessione	*Internet connection*
il blog (inv)	*blog*

13 In vacanza

- Talking about holidays (present and past)
- Comparing, choosing and explaining
- Negative statements
- Describing situations in the past
- Making plans for the future

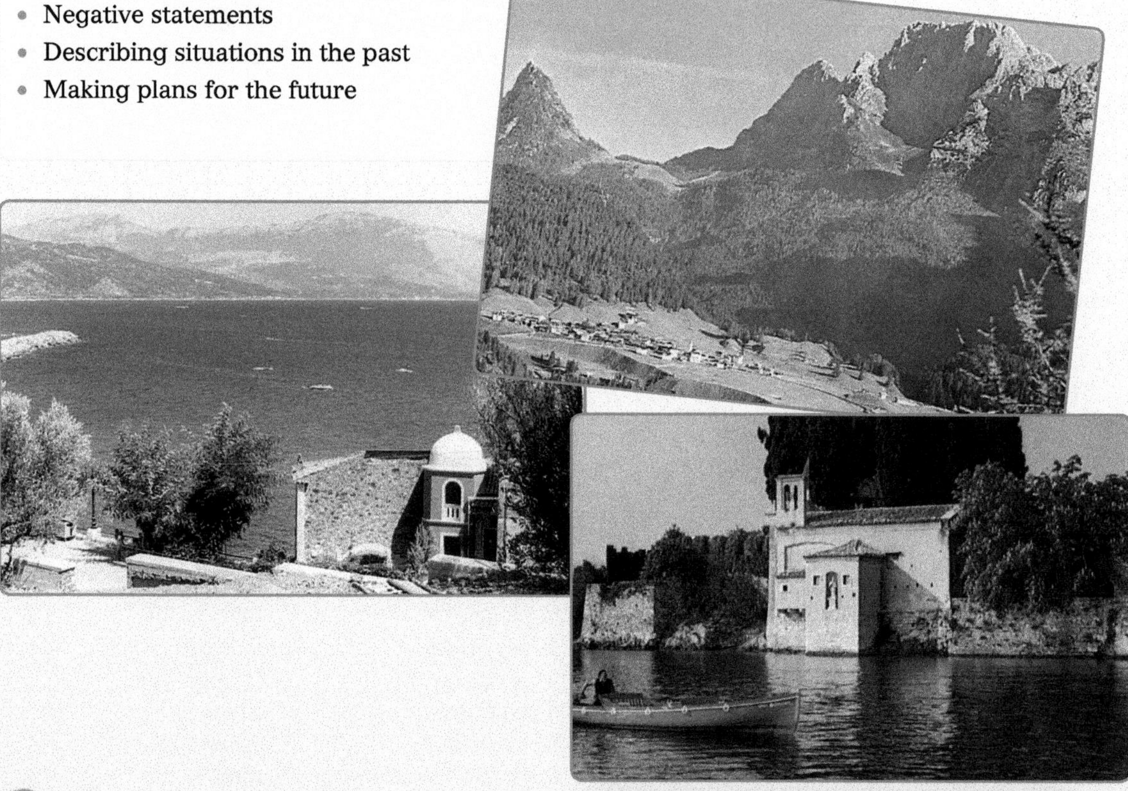

- Dove ti piacerebbe andare in vacanza? Al mare, ai laghi, in montagna o in campagna?
- Perché?

es: Perché c'è sempre il sole, è un posto tranquillo.

scenario stupendo   pace   allegria
gente simpatica   posto tranquillo   molto sport
posto pieno di vita   molto verde
sempre il sole   natura ancora intatta
molti club e discoteche   cibo buono

le/ti piacerebbe . . . ?
would you like . . . ?

- Chiedi agli altri.

A | Cosa si fa in vacanza?

1

In vacanza si fanno molte cose

es: Si pesca . . . Si nuota.

Scrivi una frase per ogni foto. Attenzione: nella lista ci sono tre attività in più.

1 pescare
2 nuotare/fare il bagno
3 fare windsurf o vela
4 andare a ballare
5 andare a cavallo
6 leggere
7 giocare con gli amici
8 prendere il sole/abbronzarsi
9 mangiare cose nuove
10 fare passeggiate
11 visitare musei

A

B

C

D

E

F

G

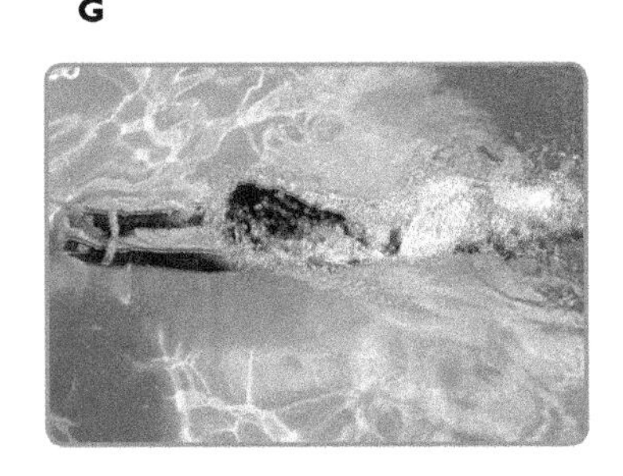

H

2 Armando

2.32

  **a** Armando racconta cosa **fa di solito** in vacanza. Ascolta e rispondi.

1 A che ora si alza Armando?
2 Cosa beve la mattina?
3 Cosa fa la sera?
4 Quali sono le sue attività preferite?

un po di . . .	*a bit of*
la spiaggia	*the beach*
la lettura	*reading*
uno spuntino	*a snack*
molto da fare	*a lot to do*

 **b** E tu, cosa fai di solito in vacanza? Chiedi agli altri.

Avete notato?

Flavia dice
delle cose **da** fare
dei libri **da** leggere
delle cose **da** ricercare
To indicate things to be done: **da** + infinito.

3 Flavia

2.33

  **a** Flavia racconta che cosa **ha fatto questa estate** in vacanza. Ascolta e completa la scheda.

Dove
Quando
Per quanto tempo
Con chi
Attività
Aspetti positivi

 **b** E tu, cos' hai fatto di bello questa estate? Chiedi a un compagno.

Per casa
Scrivi tre differenze tra la vacanza di Armando e quella di Flavia. Usa **mentre** e **invece**.

es: Armando è andato al mare mentre Flavia è andata a Londra.

4 Molte cose da fare

Riascolta Armando e Flavia.

Scrivi quattro cose che hai fatto la settimana scorsa e quattro cose ancora da fare questo weekend.

Per raccontare al passato:

l'anno
il mese
l'estate
la settimana
} **scorso/a** *last*

Per indicare differenze:

mentre	*while*
invece	*instead, on the other hand*

B | Sette giorni in crociera

5 Dove vuoi andare?

Pensa a un viaggio che ti piacerebbe fare in Italia. Scrivi un' email a un amico italiano spiegando:

dove, **quando**, **e con chi** ti piacerebbe andare e in che tipo di **alloggio** (albergo, pensione, casa in affitto).

Parlane con un compagno.

6 In crociera

2.34

a Il depliant

Guarda il depliant a pagina 202. Ascolta la pubblicità e decidi se si riferisce a Crociera 1 o a Crociera 2.
Riascolta e scrivi tre vantaggi delle Crociere Primavera.

es: cabine confortevoli

b Il programma

Studente A: Crociera 1.
Studente B: Crociera 2.

Studiate le rotte (*routes*) a pagina 202 e le escursioni offerte dalle due crociere e fatevi le domande.

1 Da dove si parte?
2 Quanti giorni dura la crociera?
3 Quando si arriva a ______?
4 Quanto tempo si passa a ______?
5 Che giorno della settimana si arriva a ______?
6 Cosa si fa a ______?

c Leggete *Tutto Compreso!*

(Studente A pagina 202, Studente B pagina 235) e spiegate che cos' altro offre di bello la vostra crociera. Insieme decidete qual è la crociera migliore.

Per spiegare

Prima di tutto . . .	*first of all*
E poi . . .	*and then*
Non solo . . . ma anche	*not only, but also*
Per di più . . .	*moreover*
Tutto compreso . . .	*all included*

1

SPAGNA MAJORCA TUNISIA SICILIA CAPRI

7 giorni

Giorno	Visita	Arr.	Par.
Sabato	GENOVA	9,00	16,30
Domenica	BARCELLONA	15,30	22,00
Lunedì	PALMA DI MAJORCA	07,00	13,00
Martedì	TUNISI (Cartagine)	14,30	19,00
Mercoledì	MALTA	10,30	24,00
Giovedì	CATANIA (Taormina)	8,00	17,00
Venerdì	CAPRI o NAPOLI	7,00	12,30
Sabato	GENOVA	9,00	–

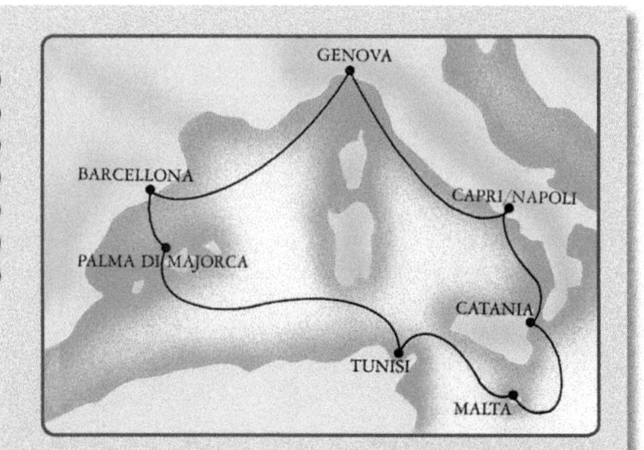

Crociera 1 – Escursioni
Barcellona: visita della città
Palma di Majorca: città e Grotte del Drago
Tunisi: Rovine di Cartagine e Casbah
Malta: Itinerario preistorico
Napoli: Visita a Pompei (mezza giornata)

2

CORSICA CAPRI NAPOLI 3 giorni

Giorno	Visita	Arr.	Par.
Lunedì	GENOVA	11,00	16,30
Martedì	AJACCIO (Corsica)	7,00	12,00
Mercoledì	CAPRI/NAPOLI	7,00	12,30
Giovedì	GENOVA	9,00	–

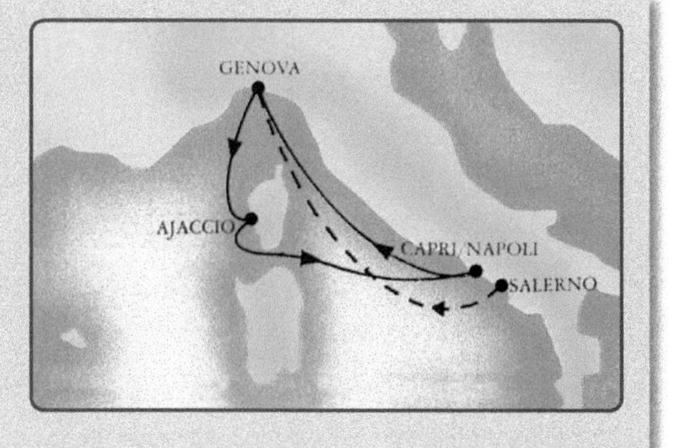

Crociera 2 – Escursioni
Ajaccio: visita della città e Golfo
Capri: giro dell'isola e Grotta Azzurra
Napoli: visita della città (mattinata)
visita guidata a Pompei

TUTTO COMPRESO!

Crociera 1

- Prima colazione
- Pranzo con menù alla carta
- Tè pomeridiano con pasticcini
- Vino in caraffa durante i pasti
- Cocktail di benvenuto del comandante
- Due pranzi di gala durante la crociera
- Spettacolo tutte le sere

7 Com'è andata?

a Nella lettera, trova i contrari.

es: tutto . . . niente

tutti ______
dappertutto ______
sempre ______
un mondo ______

b Povera Claudia, suo marito è così noioso! Completa le frasi.

Per tutta la crociera non ha voluto ______
Non ha parlato ______
Non è ______
Non è ______
Insomma, non si è ______
mentre Claudia si è ______

Carissima Anna Maria,
siamo partiti sabato da Genova e la crociera va benissimo. Il tempo è una meraviglia e ci sono sempre mille cose da fare. Io infatti mi sto divertendo un mondo. Mio marito invece non si diverte per niente! Io voglio fare tutto, lui non vuole fare niente. Io parlo con tutti, lui non parla con nessuno. Io vado dappertutto – lui non va da nessuna parte. Io esco sempre la sera, lui non esce mai, resta in cabina. Pensa, a Cartagine tutti sono scesi a vedere le rovine e lui è rimasto a bordo! Insomma, che noia! La prossima volta vengo da sola. Anzi, vieni tu con me. Intanto scrivimi e raccontami com'è andata la vostra crociera. Noi domani siamo di nuovo a Genova.

Ciao a presto!
Claudia

8 La gelosia

Rispondi negando tutto. (*Deny everything.*)

A Ieri sei andata al cinema, vero?
B *Non è vero! Non sono andata da nessuna parte.*
A Ma non mi hai detto un minuto fa che hai visto 'Il Gattopardo'?
B ______
A Ti ho visto con Mario al bar alle cinque.
B ______
A E gli hai dato anche un bacio.
B ______
A Sei una bugiarda! Non dici mai la verità.
B ______

Avete notato?

In una frase negativa ci sono in genere due negazioni:

non vuole fare **niente**	(*nothing*)
non parla con **nessuno**	(*no one*)
non va **da nessuna parte**	(*nowhere*)
non esce **mai**	(*never*)

Vedi pagina 210, G244

9  

Sei Anna Maria. La tua crociera è finita. Rispondi alla lettera di Claudia raccontando com'è andata. Dai tre esempi di quello che tu e tuo marito avete fatto: tu sei molto pigra e tuo marito molto dinamico.

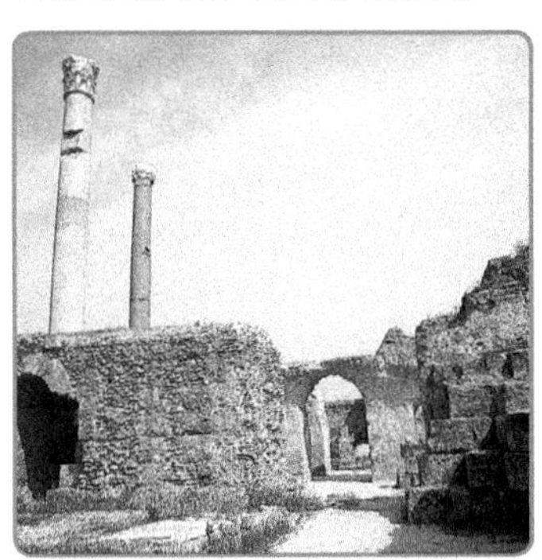

C | Al campeggio

10

Leggi le informazioni sull'opuscolo

CAMPEGGIO COSTA D'ARGENTO

Nel cuore della maremma toscana.
A 1km dal mare. Aperto tutto l'anno.

Nel campeggio
- ★ tende
- ★ roulotte
- ★ camper
- ★ bungalows

I servizi igienici
- ★ docce con acqua calda
- ★ lavabi per stoviglie e biancheria

Per bambini
- ★ piscina
- ★ giochi elettronici
- ★ equitazione
- ★ ping pong
- ★ lezioni di tennis

La sera
- ★ discoteca
- ★ proiezione film
- ★ sala tv
- ★ servizio babysitter fino alle 24,30

Per mangiare
- ★ Bar/Caffè (dalle 6,00 alle 24,00)
- ★ Pizzeria (dalle 11,00 alle 24,00)
- ★ Supermercato (dalle 9,30 alle 13,00)
  (dalle 16,00 alle 20,00)

Prezzi Alta stagione
- ★ tenda €10,50
- ★ roulotte €13,50
- ★ a persona €8,00
- ★ bambini: fino a 6 anni gratis; da 6 anni a 15, la metà

Lo sport
- ★ tennis
- ★ bocce
- ★ escursioni a cavallo
- ★ piscina
- ★ ping pong

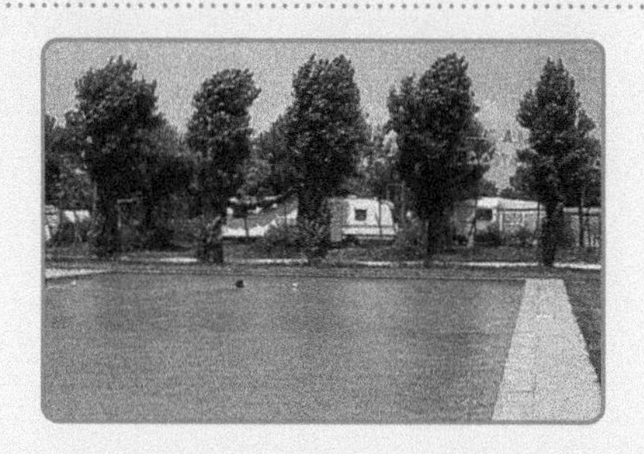

11 Una vacanza sotto la tenda

Leggi il modulo con le richieste dei tre gruppi di persone.

Signora Marini **Barbara 5 anni**	**Luciano e Anna Maria Rossi**	**Marisa e Guido Giusti** **Pina 4 anni, Marco 10 anni**
1 settimana 1–7 luglio	3 settimane dal 1° agosto	1 mese agosto
tenda per due	roulotte	tenda per 4
ristorante	negozio ristorante (la sera)	negozio ristorante (a pranzo)
piscina (bambini) lezioni tennis (bambini)	piscina tennis escursioni a cavallo	piscina (bambini) tennis (bambini) ping pong (bambini)
discoteca babysitter	discoteca	discoteca film babysitter

Usando le informazioni sul campeggio a pagina 204 e sulla signora Marini nel modulo, completa il dialogo.

Direttore Buongiorno. Dica signora.

Signora Marini Buongiorno. Vorrei una tenda. ________, per favore.

Direttore Per quanti giorni?

Signora ________. C'è un ristorante nel campeggio?

Direttore No, signora, mi dispiace. C'è un bar sempre aperto e c'è una pizzeria aperta ________.

Signora C'è un negozio, un mercato?

Direttore C'è un piccolo ________ aperto ________

Signora E per i bambini cosa c'è?

Direttore ________

Signora Ah bene. Per gli adulti la sera c'è qualche attività?

Direttore Sì, ________

Signora C'è un servizio di babysitter?

Direttore Sì, ________

Signora I bambini hanno riduzioni?

Direttore ________

Per casa

Scrivi i dialoghi per Luciano e Anna Maria e per la famiglia Giusti.

12 La vacanza di Laura

2.35

  **a** Ascolta e leggi.

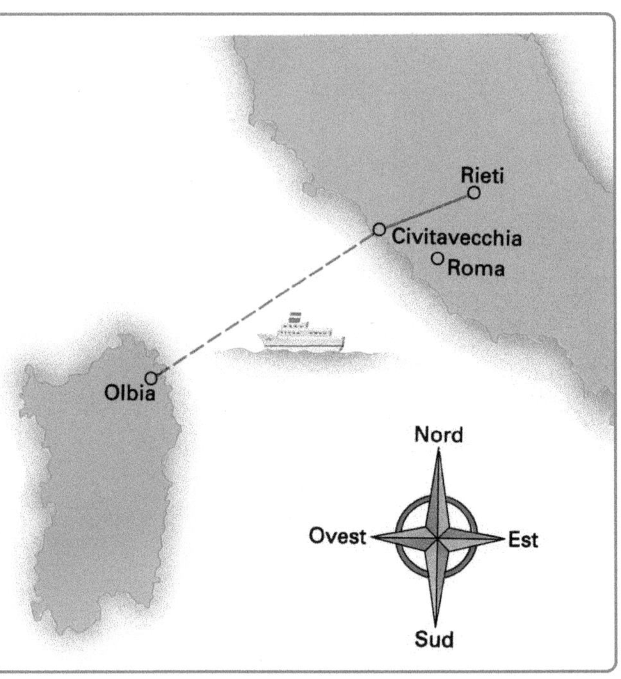

Giuliana Mi puoi descrivere questa lunga vacanza ... dove sei andata, con chi, come ...?

Laura Siamo andate in Sardegna, eravamo sei ragazze, io e altre cinque amiche, e sette ragazzi, tutti amici. Siamo partiti insieme da Rieti; abbiamo preso il treno fino a Civitavecchia e poi il traghetto. Siamo arrivati a Olbia e siamo andati in campeggio. Abbiamo piantato le tende e siamo rimasti una quindicina di giorni.

Giuliana Il posto com'era?

Laura Il posto era bello, come mare era molto bello ...

Giuliana E il campeggio?

Laura Il campeggio era abbastanza carino, ... era proprio sul mare, quindi era comodo.

Giuliana C'erano tutti i servizi, cioè i negozi di alimentari ...?

Laura No, quello no, anche perché il campeggio stava a 1km dal paese, quindi ... e potevamo andare direttamente a comprare.

Giuliana Ma che c'era in questo campeggio di utile?

Laura C'era il ristorante ...

Giuliana Una piscina?

Laura Be' no, perché appunto c'era il mare proprio ... e poi ovviamente le docce, i bagni per lavare ... le stoviglie.

Giuliana Ma il tempo com'era? Era caldo?

Laura Sì, era caldo, però tirava abbastanza vento, quindi si stava bene anche in spiaggia, perché era ventilato.

una quindicina	*about 15*
il paese	*village*
ventilato	*breezy*

b Completa.

Cosa hanno fatto?

1 ______ in Sardegna.
2 ______ da Rieti.
3 ______ prima il treno, poi il traghetto.
4 ______ a Olbia.
5 ______ in campeggio.
6 ______ circa 15 giorni.

Com'era?

7 Il posto ______ bello.
8 Il mare ______ bello.
9 Il campeggio ______ carino.
______ sul mare.
______ comodo.
______ a 1km dal paese.
10 Il tempo com' ______?
______ caldo.
______ ventilato.

Avete notato?

Per descrivere al passato si usa l'imperfetto.

era bello	*it was beautiful*
c'erano	*there were*
stava a 1km da	*it was 1km from*
potevamo andare	*we could go*
tirava vento	*it was windy*

Per l'imperfetto vedi pagine G248–49.

c Scrivi le domande sulla vacanza di Laura e chiedi a un compagno.

es: Dove sono andati?
Sono andati in Sardegna.
Com'era il posto?

Per casa
Descrivi questa vacanza in una lettera.

D | Che farà l'estate prossima?

13

2.36

 Ascolta il dialogo e leggi.

Giuliana L'anno prossimo che programma ha per le vacanze?

Emilia Penso che prima andrò, anzi tornerò in Inghilterra con mia figlia e starò una diecina di giorni. Da Londra mi spingerò penso a Edimburgo, se sarà possibile, in Scozia, perché la parte meridionale dell'Inghilterra la conosco bene, quindi andremo penso verso il nord, verso la Scozia.

Giuliana E poi il mare . . .

Emilia Poi al mare penso che andremo in Spagna, facendo una visita prima ad alcune città, Granada, Toledo . . . e poi fermandoci sulla costa meridionale. Penso che sarà una vacanza piuttosto divertente, piacevole e un po' diversa.

Avete notato?

andrò	*I shall go*
andremo	*we shall go*
tornerò	*I shall go back*
mi spingerò (fino) a	*I shall go as far as*
sarà	*it will be*

Per il futuro vedi pagine 194, G249.

- Con chi farà il viaggio Emilia?
- Quanti giorni starà in Inghilterra?
- Perché andrà a Edimburgo?
- Dove andrà al mare?

14

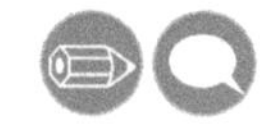 'L'anno scorso sono andata al sud, l'anno prossimo andrò al nord.'

Continua con:

campeggio	–	albergo
Grecia	–	Spagna
treno	–	aereo
da sola	–	amici

15

quindi = perciò = *therefore*

 Finisci le frasi con l'espressione giusta.

Quest'anno vogliamo vedere un paese nuovo,	quindi andremo in montagna.
Quest'anno vogliamo riposarci,	quindi andremo al mare.
Quest'anno vogliamo prendere tanto sole,	quindi andremo in campagna.
Quest'anno vogliamo fare lunghe passeggiate,	quindi andremo in Spagna.

Grammatica

Per dire cosa si farà nel futuro:

	arriv**are**	prend**ere**	part**ire**
(io)	arriv**erò**	prend**erò**	part**irò**
(noi)	arriv**eremo**	prend**eremo**	part**iremo**

ma andare: andrò, andremo (irregolare). Per il futuro vedi G249.

Continua a fare programmi per il futuro in prima persona.

Per casa

Cosa farai tu questa estate?

Questa estate farò	una vacanza un giro un viaggio	di	qualche giorno due settimane dieci giorni un mese	in Italia. al mare. in montagna. in campagna.

Partirò	il 15 luglio fra un mese fra due settimane i primi di agosto	e andrò	in treno. in aereo. in macchina.

Mi fermerò	due giorni qualche giorno un giorno	a	Parigi Roma ecc.	e starò	in una pensione. in un albergo. a casa di amici. in un campeggio.

Poi andrò	nel sud in Toscana sulla costa al mare in campagna	dove	prenderò il sole. mi riposerò. studierò. incontrerò amici.	Tornerò	a metà settembre. alla fine di luglio. ai primi di . . .

Grammatica

1 da + infinito (*to indicate things to be done*)

qualcosa **da** leggere	*something to read*
lettere **da** scrivere	*letters to write/to be written*
molto **da** dire	*a lot to say*

2 Frasi negative

Attenzione: ci sono due negazioni.

non capisco **niente**	(*nothing*)
non ho visto **nessuno**	(*nobody, no one*)
non sta da **nessuna** parte	(*nowhere*)

Nessuno è anche aggettivo.

3 Il futuro

arriv**are**	prend**ere**	part**ire**
arriv**erò**	prend**erò**	part**irò**
arriv**erai**	prend**erai**	part**irai**
arriv**erà**	prend**erà**	part**irà**
arriv**eremo**	prend**eremo**	part**iremo**
arriv**erete**	prend**erete**	part**irete**
arriv**eranno**	prend**eranno**	part**iranno**

essere (irregolare)	**andare** (irregolare)
sarò	andrò
sarai	andrai
sarà	andrà
saremo	andremo
sarete	andrete
saranno	andranno

4 L'imperfetto

Si usa per descrivere al passato. Vedi G248–9.

essere (irregolare)

er**o**		
er**i**		
er**a**	c'era	(*there was*)
er**avamo**	c'erano	(*there were*)
er**avate**		
er**ano**		

Vocabolario

Le vacanze	***Holidays***
la crociera	*cruise*
il pacchetto-vacanze	*package holiday*
la spiaggia	*beach*
soleggiato/a	*sunny*
ventilato/a	*breezy*
andare/essere in vacanza	*to go/be on holiday*
prenotare	*to book*
spingersi fino a	*to go as far as*
ai laghi	*to/at the lakes*
al mare	*to/at the seaside*
in campagna	*to/in the countryside*
in montagna	*to/in the mountains*
abbronzarsi	*to get tanned*
andare a ballare	*to go dancing*
andare a cavallo	*to go riding*
fare il bagno (al mare)	*to go for a swim (in the sea)*
pescare	*to fish*
prendere il sole	*to sunbathe*
le bocce	*bowls*
l'equitazione	*horse-riding*
i giochi	*games*

Avverbi	***Adverbs***
dappertutto	*everywhere*
di solito	*usually*
invece	*instead*

Al campeggio	***At the campsite***
la biancheria	*linen*
il lavabo	*washbasin*
la roulotte	*caravan*
i servizi	*facilities*
le stoviglie	*dishes*
la tenda	*tent*
il traghetto	*ferry, boat*

Espressioni utili	Useful expressions
com'è andata?	*how did it go?*
mentre	*while*
quindi	*therefore*
sei un/una bugiardo/a	*you're a liar*
tutto compreso	*everything included*
una quindicina (di)	*about fifteen*
l'anno scorso	*last year*
l'estate prossima	*next summer*

14 Ripasso 2: Secondo me…

- Revision test
- Word games
- Reading practice
- Discussing pros and cons
- Expressing opinions

- A turno, fate una domanda per ogni frase (1–16):

es: Che taglia prende?
Prendo la taglia 46.

- Ecco le cose che abbiamo imparato nelle lezioni 8–13.
Per ogni azione a sinistra, trova la frase giusta a destra.

A Comprare vestiti
B Fare le ordinazioni al ristorante
C Proporre un'attività
D Parlare di quello che si è fatto in passato
E Parlare del tempo e fare le previsioni
F Fare programmi per il futuro
G Dare istruzioni (tu e lei)
H Spiegare che cosa fa male
I Dare consigli
J Fare paragoni
K Comprare biglietti di andata e ritorno
L Capire informazioni di viaggio
M Fissare un appuntamento
N Spiegare cosa si sta facendo
O Scegliere e prenotare una vacanza
P Esprimere un giudizio

1 A giugno andrò in Sicilia.
2 31 euro al giorno inclusa la benzina.
3 Sabato siamo andati in campagna.
4 Domani il cielo sarà coperto.
5 Secondo me è un bel film.
6 Prendo la taglia 46.
7 Per me cotolette e patatine.
8 Alza le braccia sopra la testa.
9 Prenda queste aspirine.
10 Ho un brutto mal di testa.
11 Il tennis è più faticoso dello sci.
12 Vorrei due biglietti di andata e ritorno.
13 L'aereo delle 9,05 è in orario.
14 Allora ci vediamo all'Uscita 8.
15 Sta telefonando.
16 Andiamo al cinema.

A Parole e suoni

1 Con che fa rima?

 *(What does it rhyme with?)*

- Sta sopra il collo e le spalle e fa rima con festa.
- È bianca, viene d'inverno e fa rima con beve.
- Ci arrivano i treni e fa rima con nazione.
- Chiude la stanza e fa rima con torta.
- È l'amico dell'uomo e fa rima con pane.

Ora controlla con il CD.

2   Coppie

(Find the match)

a Forchetta e coltello

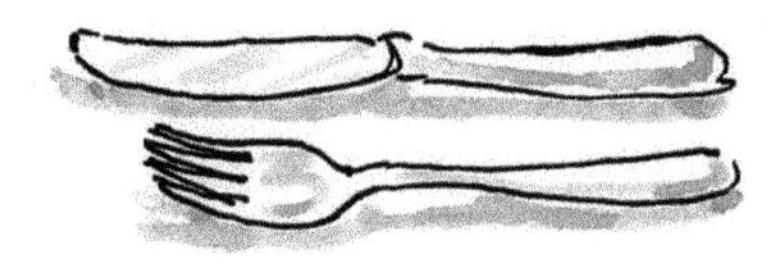

es: forchetta e coltello

partire		vendere
gonna		tornare
estate	e	inverno
forchetta		camicetta
comprare		coltello

b Tavolo e legno

bicchiere		legno
carta di credito		ferro
sciarpa	e	vetro
orecchini		plastica
padella		lana
tavolo		oro

c Buon natale e Buon Anno

Buon Natale		buon riposo
buon viaggio		buon appetito
buona notte	e	buon divertimento
buon pranzo		Buon Anno
buona serata		buone vacanze

3 Suoni italiani

2.38

Ascolta e scegli la frase che descrive il suono.

A Campane
B Campanella della Messa
C L'ora esatta alla radio
D Nel bar
E Sul pullman
F Gente in piazza
G Cicale e uccelli a Villa Adriana
H Una pizzeria
I Traffico a Roma
J Telefono libero e occupato

la campana	*bell*
la cicala	*cicada*
l'uccello	*bird*

B Leggere

4 Di che parlano gli articoli?

a Prima di leggere, guarda i titoli *(headlines)*.

- Leggi velocemente e decidi quale articolo non ha a che fare con gli altri (*which is the odd one out*).
- Hai tre minuti per trovare il titolo di ogni articolo.

A

SALVATA UNA TARTARUGA MARINA FINITA IN LAGUNA

Il Gazzettino, 5 agosto

B

HANNO RAPITO IL PITONE GIOVANNI!

Oggi, 12 settembre

C

GOLOSI SACCHEGGIANO UNA PASTICCERIA

Il Messaggero, 17 agosto

D

TRENO BLOCCATO DA UN FAGIANO

La Repubblica, 6 settembre

la tartaruga marina	*turtle*
il pitone	*python*
il/la goloso/a	*glutton*
il fagiano	*pheasant*

fermare	*to stop*
il parabrezza	*windscreen*
rompere	*to break*
ferire	*to wound*
il macchinista	*driver*
ferito	*wounded*
il locomotore	*locomotive*
guaribile	*curable*

1 **San Giovanni Valdarno.** Un fagiano ha fatto fermare il diretto numero 3311 Firenze–Roma rompendo il parabrezza e ferendo il macchinista. È successo ieri mattina vicino a San Giovanni. Il macchinista, Nicola Verde, di 29 anni, residente a Prato, è rimasto ferito alla testa e ha dovuto fermare il treno alla prima stazione, dove è stato cambiato il locomotore. L'uomo è stato medicato all'ospedale dove è stato dichiarato guaribile in pochi giorni.

2

VENEZIA. Insolita scoperta in un canale. Mentre navigava nella laguna domenica mattina, un pescatore ha notato che una tartaruga di grandi dimensioni era impigliata tra le alghe e stava morendo. Senza perdere un attimo di tempo, l'uomo ha liberato l'animale, l'ha caricato a bordo e l'ha consegnato alla Capitaneria di porto. La tartaruga è stata curata e in serata stava già meglio.

il pescatore	*fisherman*
impigliato/a	*trapped, entangled*
liberare	*to free*
meglio	*better*

3

RIETI. Per fare una scorpacciata di dolci e gelati cinque ragazzi hanno saccheggiato ieri notte una pasticceria a Poggio Mirteto, in provincia di Rieti, a un centinaio di metri dalla caserma dei carabinieri: I carabinieri di guardia, vedendo il negozio aperto di notte, sono andati a dare un'occhiata e hanno sorpreso la banda dei golosi mentre portava via due scatole di paste e di torte gelate.

fare una scorpacciata di	*to stuff oneself with*
saccheggiare	*to rob/to loot*
i carabinieri	*police*
dare un'occhiata	*to have a look*

4

Chissà dov'è Giovanni? È sparito all'improvviso da casa sua la settimana scorsa. L'hanno chiamato, l'hanno cercato dappertutto, hanno anche chiamato la polizia, ma senza risultato. Forse l'hanno rapito. Giovanni è un pitone di due metri e più, può fare paura ma è buonissimo. «Da quando l'ho portato a casa tre anni fa – dice Basilio Gaspari, padre di due bambine di sei e dodici anni – ha sempre girato libero per casa e non è mai uscito dal giardino. Passava il tempo sul balcone a prendere il sole e a giocare con le bambine. Non ha mai fatto male a nessuno.»

avere paura	*to be afraid*
fare paura a qualcuno	*to scare someone*
fare male a qualcuno	*to hurt someone*

b Com'è andata a finire?

Scegli la conclusione di ogni storiella.

A

Dopo 24 ore di riposo, sarà rimessa in libertà in alto mare.

B

È stato trovato addormentato sul sedile posteriore della macchina del padrone.

C

I circa 150 passeggeri sono stati fatti salire su un altro treno diretto a Roma.

D

Li hanno arrestati ma li hanno rimessi in libertà subito dopo: uno di loro era il figlio del padrone.

Per casa

Scrivi una storiella di animali che conosci e preparati a raccontarla in classe.

5 La strana vacanza di D.H. Lawrence a Picinisco

a Leggi.

D. H. Lawrence è nato l'11 settembre 1885 a Eastwood, Nottingham. Ha viaggiato a lungo in Italia, Messico e America. È morto nel 1930. È diventato famoso per lo scandalo seguito alla pubblicazione del romanzo *L'amante di Lady Chatterley* (1928).

Gli ultimi tre capitoli di un romanzo del grande scrittore inglese (*The Lost Girl*, La Ragazza Perduta) sono ambientati in questo paese che si chiama in realtà Picinisco e dove Lawrence ha soggiornato nel 1919.

Picinisco si trova ai margini del Parco Nazionale d'Abruzzo, immerso in una natura ancora incontaminata proprio come ai tempi di Lawrence. Ancora oggi qui si possono fare interessanti passeggiate e escursioni sulle montagne.

Il villino di Orazio Cervi dove Lawrence è rimasto per circa due settimane è in piena campagna, a un paio di chilometri dal paese. Lawrence aveva conosciuto Orazio Cervi in Inghilterra, in casa di uno scultore dove Orazio faceva il modello: infatti a quei tempi quasi tutti i modelli che lavoravano a Londra venivano da quella zona, la Ciociaria.

b Rispondi alle domande.

1 Chi era Orazio Cervi?
2 Come mai Lawrence lo conosceva?
3 Dove si trova Picinisco?
4 In che anno ci è andato Lawrence?
5 In quali altri paesi è stato?

C Lawrence scrive così a un'amica

16 dicembre 1919

Cara Rosalind,
il clima di Roma è così brutto che siamo venuti quassù. Sono posti straordinariamente primitivi. Per arrivare si deve attraversare il letto di un grande fiume . . .

La casa è composta al pianterreno da una cucina . . . al piano di sopra ci sono tre stanze da letto e un pavimento nudo. C'è solo un cucchiaino, un piattino, due tazze, un piatto, due bicchieri e tutte le pentole di terracotta. Ogni cosa dev'essere cucinata sul fuoco di legna nel camino. I polli girano per casa . . . il paese dista due miglia e non c'è strada. Il mercato si trova a Atina, che dista cinque miglia: è davvero meraviglioso, pieno di costumi e di colori, e si può fare una buona spesa. Ci siamo andati ieri. In casa c'è sempre il latte, la carne e il vino si trovano facilmente e il pane lo devi fare . . .

Il sole splende caldo e piacevole ma le notti sono fredde e le montagne intorno sono coperte di neve, bellissime. Ma se il tempo diventerà brutto, dovremo andarcene. In questo momento un'emozione incredibile: ci sono le zampogne sotto la finestra e si sente un canto selvaggio, una specie di ballata, del tutto incomprensibile: una serenata di Natale. Ci sarà ogni giorno adesso, fino a Natale.

. . . Frieda ti saluta con affetto.

quassù	*up here*
il fuoco di legna	*open fire*
le zampogne	*bagpipes*

 **d** Cosa direbbe Lawrence? (*What would Lawrence say?*)

Che bel posto!
Che bella giornata!
Che cucina comoda!
Che freddo!
Che traffico caotico!
Che bei pomodori!
Che mare incantevole!
Che gente elegante!
Che musica straordinaria!

 **e** Forma le frasi giuste.

Per arrivare a Picinisco ______
Per andare al mercato ______
Per mangiare pane ______
Per andare al paese ______
Per dormire ______

si va al piano di sopra.
si fanno cinque miglia.
si cammina per due miglia.
si deve farlo in casa.
si attraversa il fiume.

 **f Una telefonata immaginaria**

Rileggete la lettera di Lawrence.

Studente A: Sei un amico italiano dei Lawrence. Vuoi andare a trovarli sabato o domenica. Telefona e informati su: salute, tempo, attività a Picinisco, programmi per il weekend.

Studente B: Immagina di essere Frieda o D.H. Lawrence. Rispondi al telefono e fissa con l'amico il giorno della visita.

 **g** Sei ospite (*guest*) dei Lawrence a Picinisco per qualche giorno prima di Natale. Scrivi una lettera a casa, parlando

1 del paesaggio
2 di una visita al mercato
3 della musica di Natale.

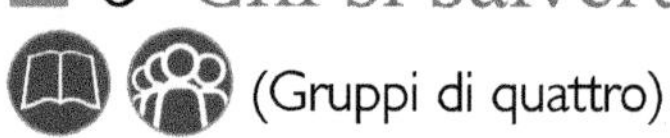

C | Discutere

6 Chi si salverà?

(Gruppi di quattro)

LA SITUAZIONE

Il vostro aereo è caduto nella foresta Amazzonica. Volete raggiungere un centro abitato. La vostra salvezza dipende da quali di questi oggetti sceglierete di portare con voi.

1 Una bottiglia di whisky

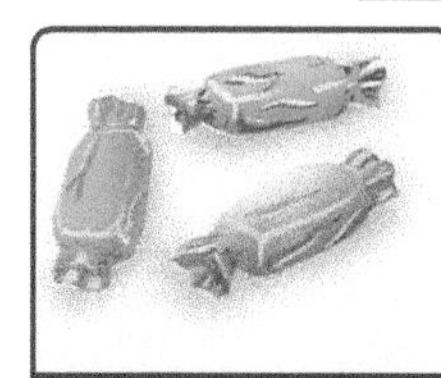

2 Trenta pacchetti di caramelle

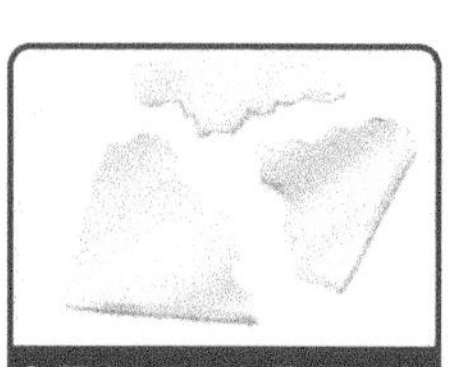

3 Tre pezzi di specchio

4 Quattro scatole di sale

5 Due scatole di fiammiferi

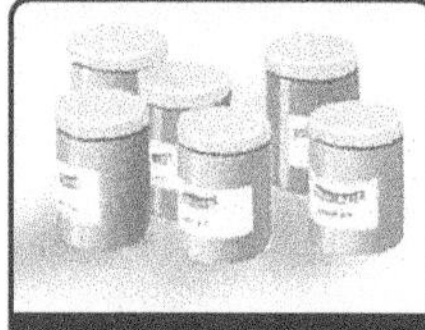

6 Trenta razioni di cibo per bambini

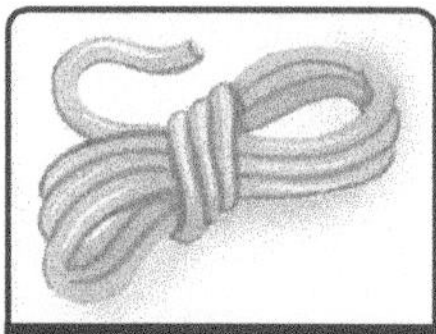

7 Trenta metri di corda di nylon

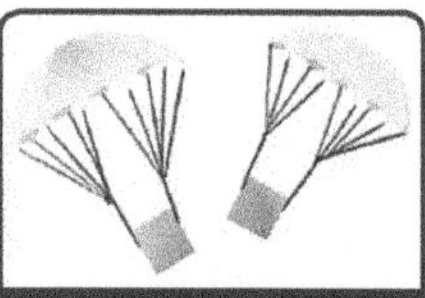

8 Due paracaduti

9 Un sedile

10 Dieci buste di latte a lunga conservazione

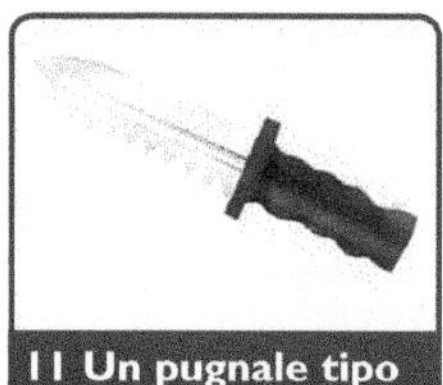

11 Un pugnale tipo Rambo

12 Una mappa stellare

15 Venti litri d'acqua

16 Razzi da segnalazione

17 Cassetta per il pronto soccorso

18 Radio ricetrasmittente a energia solare

INFORMAZIONI

Clima: tropicale, molto caldo, molto umido

Località: foresta tropicale, vegetazione fittissima *(extremly dense):* il cielo non si vede. La città più vicina si trova a almeno cento chilometri di distanza, ma non sapete in che direzione.

19 Tre fucili

20 Un pezzo d'elica

LE REGOLE DEL GIOCO

- Dovete decidere che cosa portare con voi. Potete portare dieci oggetti al massimo. Uno di voi è **Studente B** (pagina 236)
- Guardate gli oggetti e le informazioni a pagina 218. Fate paragoni (att. a e b) e discutete l'utilità dei vari oggetti (att. c e d). Scegliete dieci oggetti.
- Quanto vale? Quanto valgono? Perché? Controllate con **Studente B** il punteggio e l'utilità degli oggetti che avete scelto.
- Il vostro gruppo si salverà? Il Risultato è a pagina 236. Vince il gruppo con più punti.

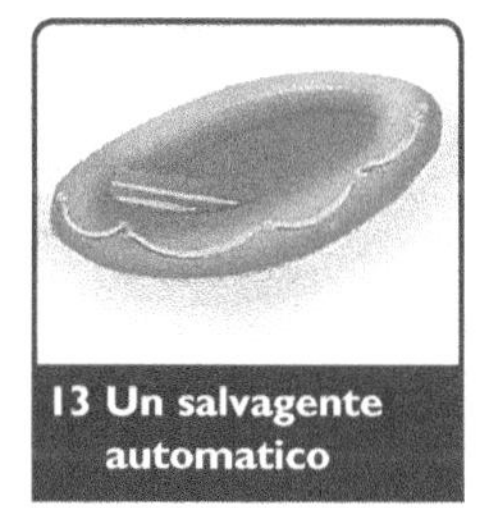

13 Un salvagente automatico

14 Una bussola

È UTILE PER

tagliare	*to cut*
disinfettare	*to disinfect*
legare	*to tie*
dare energia	*to give energy*
preparare un letto	*to make a bed*
combattere la disidratazione	*to stop dehydration*
difendersi	*to defend oneself*
orientarsi	*to find one's position*
mettersi in contatto con	*to get in touch with*
segnalare la posizione	*to signal one's position*

a Prima di cominciare.
Trova i contrari.

utile leggero/a inutile
senza valore nutritivo scomodo/a comodo/a
pesante nutriente

b Paragoni. Guardate bene gli oggetti e fate sei paragoni usando gli aggettivi sopra.

es: Il latte è **più** nutriente **del** whisky.
Il sedile è **meno** utile **della** radio.

c A che serve? Prepara dieci frasi sugli oggetti nella giungla:

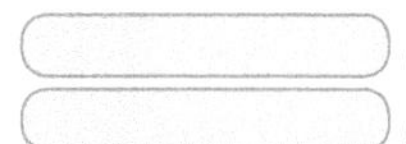

è utile/sono utili per + infinito
serve/servono per + infinito

d Discussione. Con l'aiuto dei verbi a sinistra il gruppo discute l'utilità degli oggetti e ne sceglie dieci.

Espressioni utili

Opinione

Guarda/Guardate	*Look*
Secondo me ...	*In my opinion* ...
Direi che ...	*I would say that* ...
È meglio (+ infinito)	*It is better to* ...

Priorità

prima di tutto	*First of all*
e poi	*then*

e Il Punteggio. Rileggete le regole del gioco e controllate il punteggio dei vostri oggetti con Studente B (pagina 236).

7 Trasporti. Fatti e opinioni

a Studia il quadro dei mezzi di trasporto. Sei d'accordo? Scrivi **sì** o **no** sulla tabella e confronta con un compagno.

economico/a	*cheap*
lavori in corso	*road works*
l'incidente *(m)*	*accident*
il carrello	*trolley*
la paura	*anxiety, worry*

	Treno	**Aereo**	**Macchina**	**Bicicletta**
COSTO	molto caro	meno caro del treno	economica per più di due persone	
COMODITÀ	viaggio comodo	sedili scomodi e spazio ristretto	il mezzo più comodo, porta a porta	
RAPIDITÀ	oggi treni veloci quasi come gli aerei	il mezzo più rapido in assoluto	velocità pericolosa	
PUNTUALITÀ	ritardi: lavori in corso	ritardi: scioperi maltempo	ritardi: traffico, incidenti	
RISTORO	carrozza-ristorante carrello-bar	si mangia poco e male	bisogna fermarsi per mangiare	
STRESS	rilassante	paura di volare	guidare è stressante	
SICUREZZA	media	buona	pessima	
AMBIENTE	molto ecologico	inquina molto	inquina molto	

  **b La bici**

Leggi e completa la colonna vuota nella tabella a pagina 220.

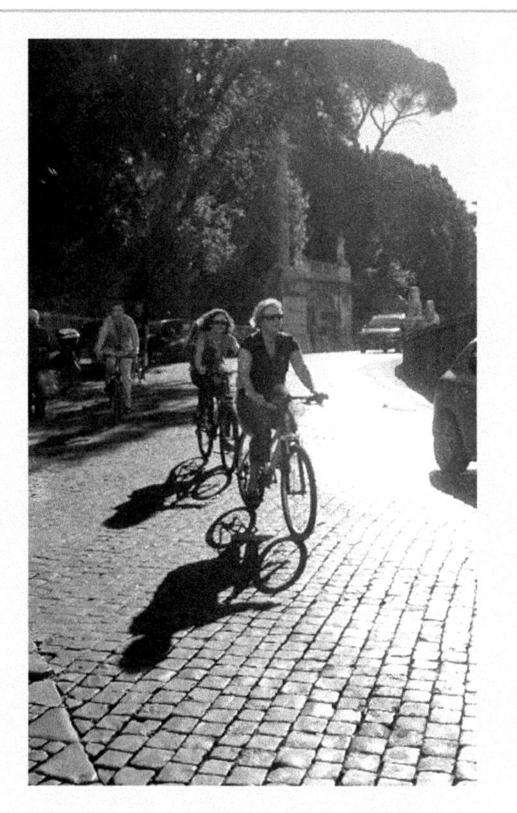

VIVA LA BICICLETTA!

Forse davvero la bicicletta deve essere usata molto di più! Pensateci un po'. Non inquina. Non crea problemi di traffico o ingorghi. Non presenta problemi di parcheggio. Permette di muoversi con facilità e offre un buon esercizio fisico adatto a tutti, vecchi e giovanni. Usate dunque la bicicletta ogni volta che potete, in campagna e in città. Attenzione, però: anche il ciclista ha dei doveri stradali!

inquinare	*to pollute*
l'ingorgo	*traffic jam*
il dovere	*duty*
doveri stradali	*duties of road users*

 **c** Fai sei paragoni.

. . . è	più	sicuro/a	del/ . . .
	meno	costoso/a	della . . .
		stressante	
		comodo/a	
		veloce	

es: Secondo me, l'aereo è più sicuro della macchina.

2.39

  **d** Ascolta e spiega quale mezzo di trasporto preferiscono queste due persone, e perché.

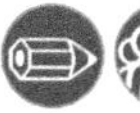  **e Il trasporto del futuro**

Siete quattro tipi: un tipo dinamico, uno sedentario, uno sportivo e uno 'verde'.
Ognuno sceglie il suo mezzo di trasporto ideale senza dirlo agli altri, e scrive tre vantaggi.
Uno studente apre la discussione: 'Secondo voi, qual è il mezzo di trasporto del futuro?'

Espressioni utili

Sono d'accordo con te..
Hai ragione. Infatti...

Secondo me non è vero.
Non sono d'accordo perché...

Non so.
Non sono sicuro.

8 Quanto ci vorrà nel futuro?

(How long will it take in the future?)

A turno, fatevi le domande.

oltre	*beyond*
sempre più	*more and more*
sempre meno	*less and less*

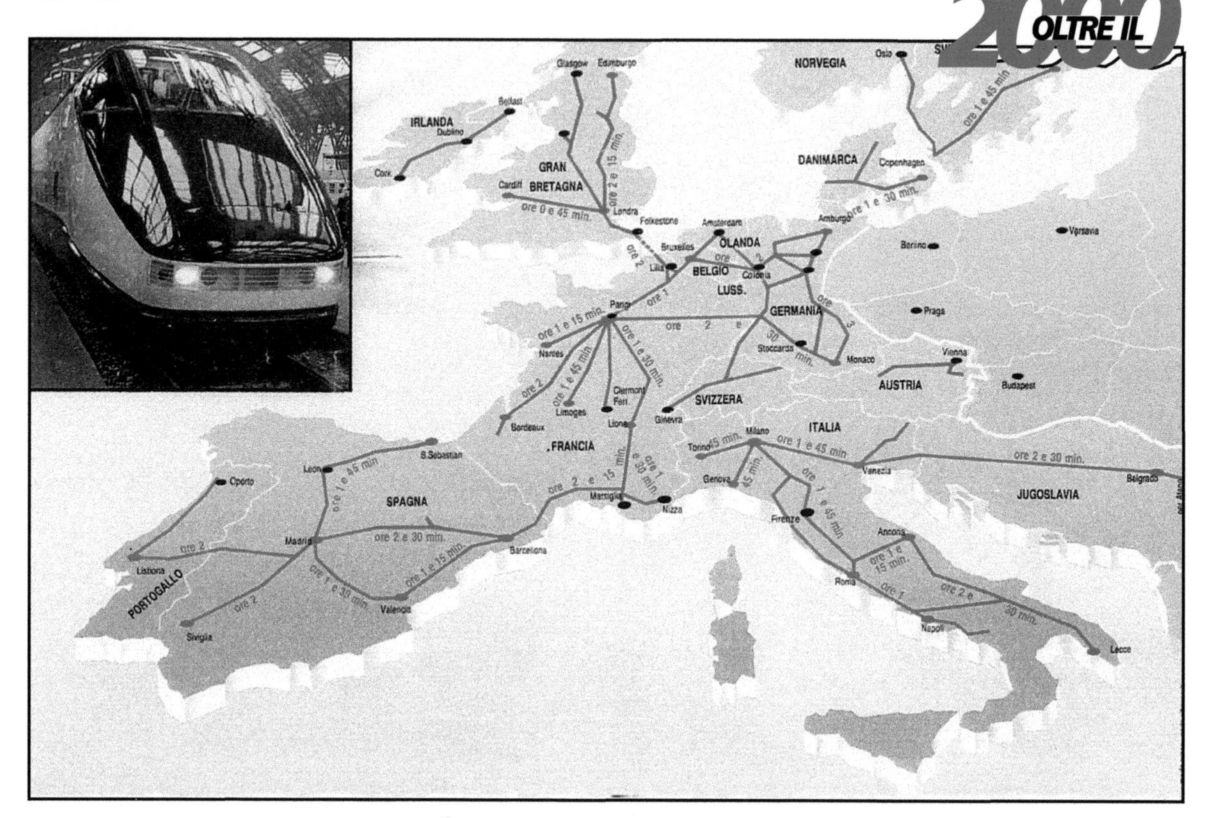

UN'EUROPA UNITA SEMPRE PIÙ UNITA Con la diffusione dei treni a grande velocità l'Europa diventerà sempre più unita, dato che a percorrerla in lungo e in largo con il treno occorrerà sempre meno tempo. La cartina dà alcuni esempi di quella che tra qualche anno dovrebbe essere la nuova realtà dei trasporti su rotaia. Per ogni tratta è indicato il tempo previsto di percorrenza. Per arrivare a questo risultato occorrerà che tutti gli Stati si adeguino a uno standard comune, a incominciare dallo scartamento delle rotaie. (Foto Grazia Neri).

Future of **volere*** *(irregular)*

Oggi ci vuole un'ora.
Domani **ci vorrà** mezz'ora.

Oggi ci vogliono due giorni.
Domani **ci vorranno** due ore.

1. Per andare da Roma a Milano in treno oggi ci vogliono cinque ore. E nel futuro?
2. Per andare da Londra a Edimburgo oggi ci vogliono quattro ore e mezzo. E nel futuro?
3. Quanto tempo ci vorrà in treno da Madrid a Parigi?
4. Partendo da Valencia, quanto tempo ci vorrà per arrivare a Bruxelles?
5. Quanto ci vorrà per attraversare tutta l'Italia da Torino a Lecce in treno?

Studente B

Unità 2

8

b Studente B

Scegli una personalità e rispondi a Studente A.

Choose one of these personalities and answer Student A's questions.

Scambiatevi i ruoli. (*Swap roles.*)

Federica Martelli
infermiera
7 mesi
Ospedale Santa Croce
piace: molto

Silvia Grandi
interprete
3 anni
Consolato
piace: moltissimo

Giorgio Ricci
impiegato
15 anni
Posta
piace: no

11

Studente B: Sei uno di questi famosi personaggi italiani. Leggi le informazioni e rispondi alle domande di Studente A. Poi scambiatevi i ruoli.

A Dolce e Gabbana

- I più famosi stilisti italiani oggi
- Dolce è siciliano, è nato nel 1958
- Gabbana è veneziano, è nato nel 1962
- Si incontrano nel 1980
- Aprono il primo studio di moda nel 1982
- Il loro stile? Millennium cool

B Federica Pellegrini

- Nata a Mirano (Venezia) nel 1988
- Sportiva, nuotatrice
- Nuota da sempre
- Ha cominciato da bambina in piscina con la mamma
- 2008: Oro alle Olimpiadi di Pechino (Bejing) nei 400 metri stile libero

C Antonio Pappano

- Nato a Epping (Londra) da famiglia italiana nel 1959
- Professione: Direttore d'Orchestra della Royal Opera House a Londra; anche pianista
- Inizio carriera: comincia a dirigere l'Opera Norvegese nel 1987
- Lavora anche a Roma con l'orchestra di Santa Cecilia

D Valentino Rossi

- Pilota motociclista
- Nato a Urbino, 1979
- 1990: debutto in minibike
- 1997 e 2000: vince il Campionato Mondiale

E Renzo Piano

- Architetto
- Nato nel 1937 vicino Genova
- Sposato, ha tre figli
- Costruisce in tutto il mondo (Parigi, Houston, Berlino)
- Lavora nello Studio di Punta Nave (Genova)

20

Studente B: Studia gli orari di apertura e chiusura in Italia e rispondi a Studente A.
(Study Italian opening and closing times and answer Student A.)

Ora fai le stesse domande per l'Inghilterra e completa la tabella.
(Now ask similar questions about England and complete the table.)

	ITALIA		INGHILTERRA	
	Apertura	**Chiusura**	**Apertura**	**Chiusura**
le banche	8,30 14,45	13,30 16		
i supermercati	8	13,22		
i negozi	9 16	13 20		
le scuole	8,30	13,30		
i bar/i pub	7,30	24		
gli uffici	8,30	14		
i musei	9	20		
i cinema	16	24		

Unità 4

11

Studente B: Guarda bene gli oggetti nella stanza di Susanna a pagina 225. Rispondi a Studente A e di' le cose che piacciono a Susanna.

es: **A:** A Stefano piace il calcio e gli piacciono i libri gialli. E a Susanna?

B: A Susanna piace il tennis ma non le piacciono i cioccolatini.

Scambiatevi i ruoli.

il sassofono la chitarra i libri gialli *(detective stories)*
le riviste il tennis il calcio *(football)* lo sci la tv
il computer portatile i cioccolatini le patatine il verde
il blu i poster i CD i DVD la Coca-Cola il caffè
l'impianto stereo il lettore CD/DVD

12

b Studente B: Guarda la figura e rispondi a Studente A.

es: **A:** Il cuscino va sul divano, vero?
B: Sì, va sul divano.

18

Studente B: Guarda l'opuscolo dell'albergo e rispondi alle domande di Studente A.

es: **A:** Scusi, c'è la TV in camera?
B: Sì, ce n'è una in ogni camera.

Camere
50 camere, 80 posti letto. In ogni camera c'è telefono, televisione a colori, minibar, aria condizionata.
Tutte le camere al primo piano danno sul giardino. Quattro camere al terzo piano danno sul mare e sono particolarmente tranquille.

Bagni e docce
In tutte le camere.

Tolette
Su ogni piano.

Ristorante e bar
Ristorante al pianterreno e bar al secondo piano con terrazza sul mare. Minibar in ogni camera.

Parcheggio privato
Davanti all'albergo.

Unità 5

6

Studente B

a Ascolta e segna i nomi. (*Listen and write in the names of the places.*) Controlla con Studente A.

b Rispondi a Studente A e di' dove sono il Bar Paradiso, la stazione, la farmacia e l'agenzia di viaggi (*in relation to the places already on the map*).

c Chiedi a Studente A dove sono l'edicola, la posta, il museo, il supermercato e la chiesa.

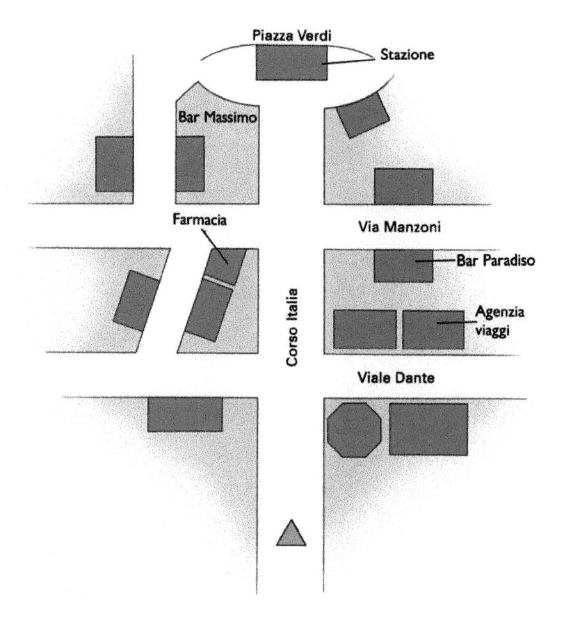

17

b Studente B

Dai le indicazioni a Studente A.
Poi chiedi se c'è un autobus per…

1 Piazza Navona
2 la Stazione Termini.

Pantheon:
fermata autobus 81
di fronte al cinema
200 metri

Fontana di Trevi:
fermata autobus 36
davanti alla chiesa
due passi

Unità 6

3

Studente B: Completa le domande con le parole a destra. Poi chiedi a Studente A:

1 ________ paesi ci sono oggi nella Comunità Europea?
2 In ________ paesi d'Europa si usa la stessa moneta?
3 ________ è in circolazione l'euro?
4 Vado in Italia: ________ comprare qualcosa con le mie vecchie lire?
5 ________ tagli di banconote euro ci sono? Le banconote sono diverse o uguali nei vari paesi dell'Unione?
6 ________ diverse monete ci sono?
7 ________ centesimi ci sono in un euro?
8 ________ usare l'euro 'italiano' in altri paesi d'Europa?
9 ________ cambiare l'euro quando vado negli Stati Uniti?

quante   posso (×2)   devo   quanti (×3)
da quanto tempo   quali

Unità 7

14

Studente B: Sei Michele. Invita Serena alla tua festa. Comincia così: 'Ciao Serena. Domenica dò una festa. Puoi venire?'

Chiedi dove abita. Dai le indicazioni per arrivare a casa tua. Usa il **tu**, scegliendo i verbi a destra.

attraversa continua gira prendi vai esci

Espressioni utili

Dò una festa	*I am giving a party*
Allora ci vediamo alle . . .	*I'll see you at . . . then*

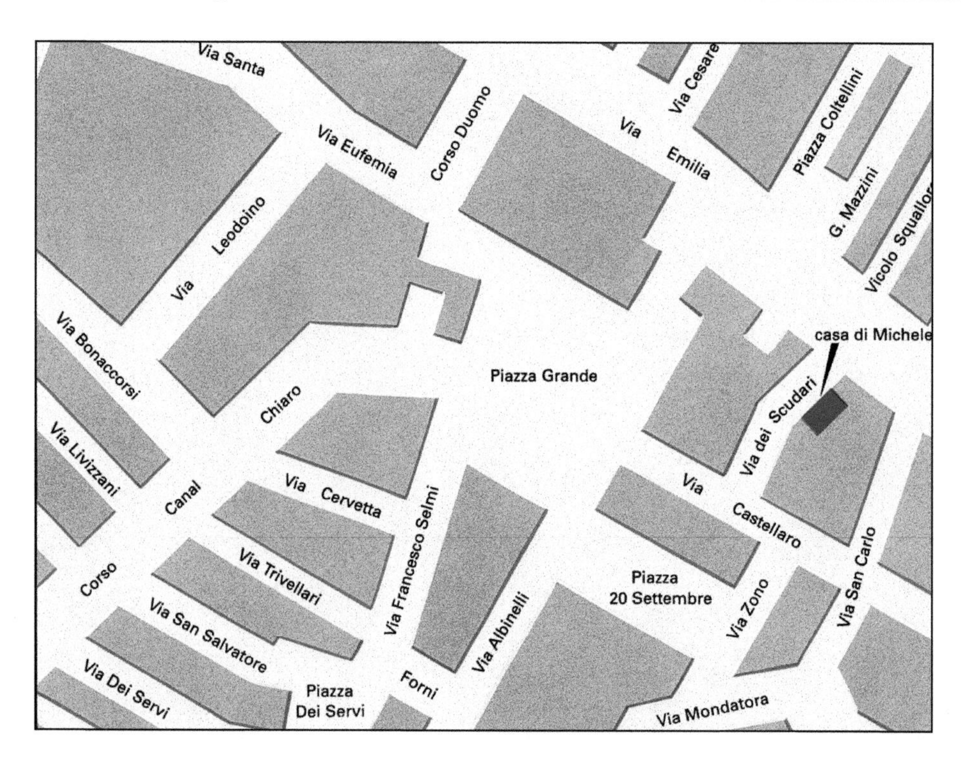

21

Studente B: Leggi la ricetta della pizza (pagina 229) e rispondi a Studente A con:

- **la quantità degli ingredienti per fare la pasta.**
- **il tempo che ci vuole.**
- **gli ingredienti che vanno sulla pizza.**

Comincia Studente A.

La ricetta per la pizza

Ingredienti:

Farina	750gr.
Lievito (in polvere)	1 bustina
Acqua	$\frac{1}{2}$ litro (circa 2 tazze)
Olio	1 cucchiaio 2 cucchiaini
Pomodori (a pezzi)	1 scatola
Mozzarella (a dadini)	150gr.
Funghi coltivati (a fettine)	150gr.

Sale, pepe, olio, origano, olive nere, capperi, acciughe a piacere

In una terrina si mettono 750 gr. di farina, con un cucchiaio d'olio e due cucchiaini di sale. Si aggiunge una bustina di lievito in polvere e circa mezzo litro di acqua tiepida (due tazze). Si impasta bene per 5–10 minuti e poi si lascia lievitare la pasta per circa un'ora. Poi si spiana e si mette in una teglia. Deve essere molto sottile.

Infine si mettono sulla pasta i pomodori a pezzi, la mozzarella a dadini, e poi i funghi a fettine, le olive nere o altre cose a piacere. Si aggiunge sale, pepe, un pizzico di origano e un po' d'olio e si cuoce la pizza nel forno caldissimo per circa 20 minuti.

Unità 8

Focus: **Risultato**

Nelle risposte hai scelto in maggioranza

1. PACCHETTO ROSSO: Ami le tradizioni e la tranquillità.
2. PACCHETTO BLU: Per te tutto è gioco e divertimento.
3. PACCHETTO VERDE: Sei un tipo organizzato e razionale.

3

Studente B: Dica a Studente A il prezzo in euro di ogni regalo.

es: **A:** Quanto costa/costano...?

B: Costa...euro. Giusto?

orologi	€40,52
borsone da viaggio	€90
spumante	€9
tappeto	€137
guanti	€15
profumi	€38
giacchetto	€140
orecchini	€25
poltrona	€212
libro	€14
occhiali da sole	€200
scarpe	€75
cellulare	€60
monopattino	€90
vespa	€2.500

10

a **Studente B:** Risponda a Studente A con la corrispondente taglia italiana. Poi chieda a Studente A le taglie inglesi che mancano.

DONNE *vestiti*	GB	8	10		14		18
	ITALIA	40	42	44	46	48	50
UOMO *camicie golf*	GB	36	38	40	42		
	ITALIA	46	48	50	52	54	56
DONNE *scarpe*	GB		4	5		7	8
	ITALIA	36	37	38	39	40	41
UOMO *scarpe*	GB	7	8		10		12
	ITALIA	40	41	42	43	44	

15

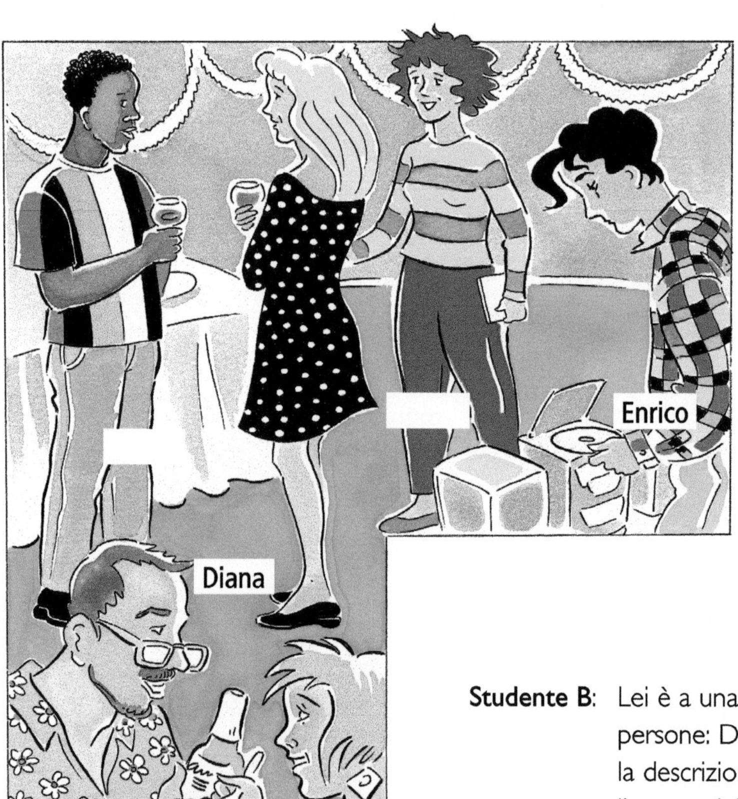

Studente B: Lei è a una festa e conosce solo tre persone: Diana, Enrico e Nina. Ascolti la descrizione di Studente A e gli dica il nome della persona.
Ora si informi sugli altri. Cominci così: 'Scusa, come si chiama…?'

Unità 9

20

Studente B: Leggi la vita di Rita Levi Montalcini e rispondi alle domande di Studente A.

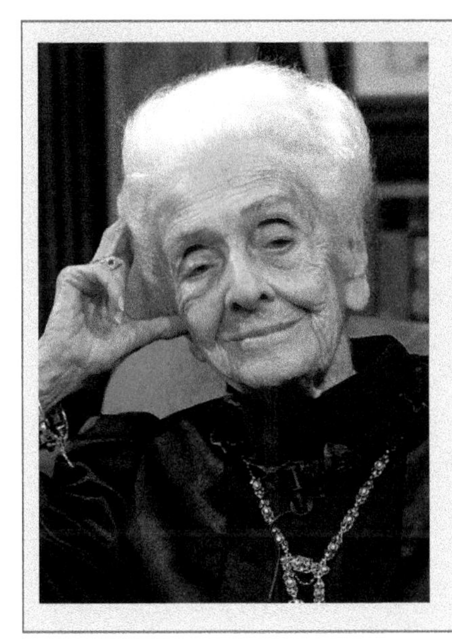

Rita Levi Montalcini, scienziata, è nata a Torino il 22 Aprile 1909, da padre ingegnere e madre pittrice. Nel 1936 si è laureata in medicina all'università di Torino, dove ha studiato con il famoso istologo Giuseppe Levi. Dopo la laurea ha continuato le sue ricerche per due anni e nel 1938 è andata in Belgio. Per 26 anni, dal 1947 al 1973, Levi Montalcini ha vissuto e lavorato negli Stati Uniti, dedicandosi alla ricerca sulle cellule nervose. Nel 1973 è rientrata definitivamente in Italia. Nel 1986 ha ricevuto il Premio Nobel per la medicina. Nel 2001, a 92 anni, è stata nominata senatrice a vita. Malgrado l'età, Levi Montalcini continua attivamente la sua ricerca sulle cellule staminali.

22

b **Studente B**: Controlla le risposte di Studente A: giusto o sbagliato (*right or wrong*)?

1 La scoperta dell'America (Colombo): 1492
2 La Dolce Vita (Fellini): 1960
3 La Cappella Sistina (Michelangelo): finita circa nel 1500
4 L'elettricità (Alessandro Volta): 1800
5 L'unità d'Italia: 1860
6 La seconda guerra mondiale: 1945
7 Il Mercato Comune: fondato nel 1957
8 La Coppa del Mondo: Italia 2006

Unità 10

3

a **Studente B**: Rispondi alle domande di Studente A con il nome del regista.

Giudizio	Film	Regista	Genere
	La Dolce Vita	Fellini	Drammatico
	La Sposa di Frankenstein	Whale	Dell'orrore
	Il conformista	Bertolucci	Storico
	Le Avventure di Sherlock Holmes	Werker	Poliziesco
	Camera con Vista	Ivory	Romantico
	007 Dalla Russia con Amore	Young	Di spionaggio
	Per un Pugno di Dollari	Leone	Di cowboy
	Il Padrino	Coppola	Drammatico
	Un Pesce chiamato Wanda	Crichton	Comico
	Indiana Jones e l'Ultima Crociata	Spielberg	D'avventura

6

a **Studente B**: Rispondi alle domande di Studente A sul film *Camera con Vista*.

Camera con Vista (1986) di James Ivory.
Con Helena Bonham-Carter e Julian Sands.
È ambientato a Firenze.
Romantico a colori.

Scambiatevi i ruoli. Studente A è stato al cinema e ha visto *Cinema Paradiso*. Fai le domande sul film e completa la scheda, come in Attività 5b.

b Descrivi *Camera con Vista* come in Attività 5.

8 A teatro

b **Studente B:** Fai la conversazione come in Attività 8a e di' a Studente A se ci sono posti liberi, dove sono e quanto costano.

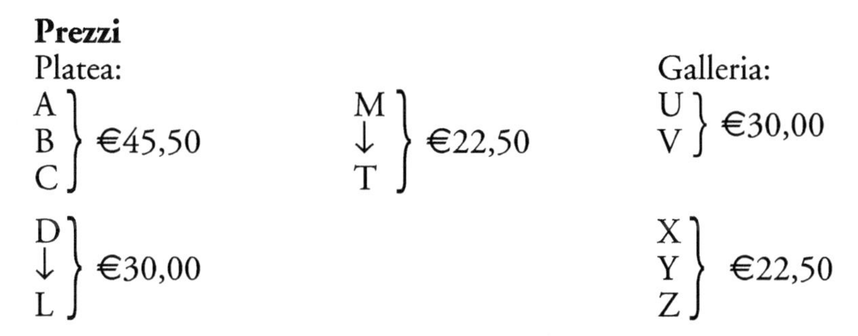

Gruppi di 20 persone: prezzo ridotto

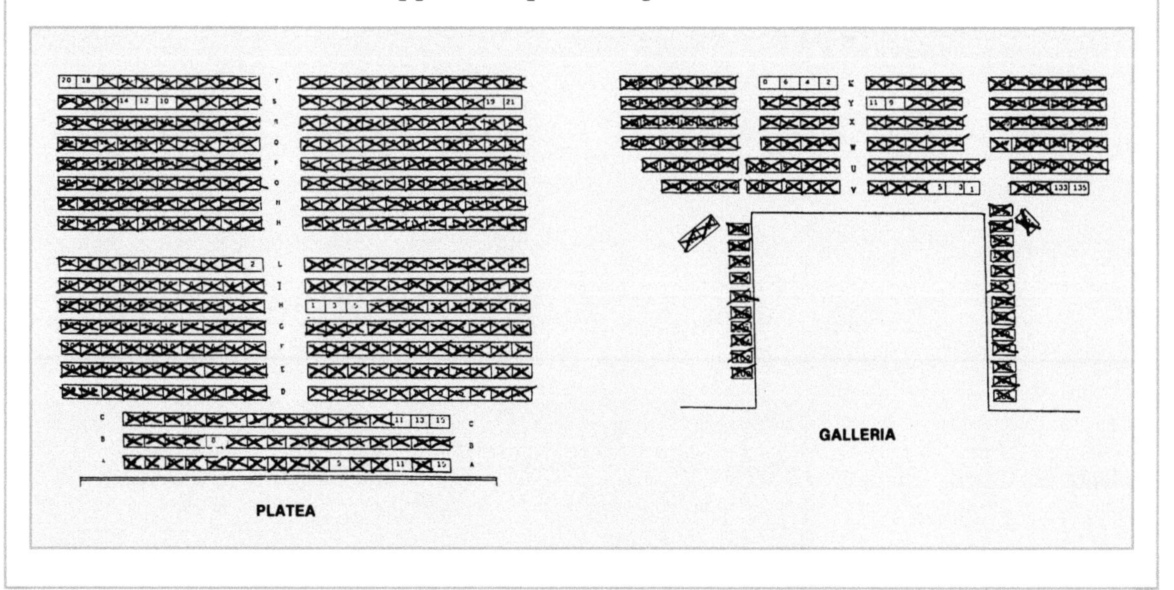

Unità 11

15

c **Studente B:** Studente A è lo scrittore. Fai un'intervista usando queste domande. Prendi appunti: scrivi solo le parole più importanti.

- Signor Rigoni Stern, cosa fa lei per tenersi in forma?
- E dove?
- Da solo o in compagnia?
- Ogni quanto?
- Anche quando piove?
- Quali sono gli aspetti piacevoli di questa attività?
- Lo trova faticoso?
- Da quanto tempo lo fa?

Unità 12

4

b **Studente B:** Guarda l'orario e rispondi a Studente A.

PARTENZE				
COMPAGNIA/VOLO	DESTINAZIONE	ORARIO	USCITA	AVVISO
BA	Birmingham	14,26	6	imbarco
LUFTHANSA	Bonn	14,50	23	
KLM	Amsterdam	15,05	18	
AEROFLOT	Mosca	15,40	20	
ALITALIA	Parigi	16,03	7	
EASYJET	Genova	16,40	12	

8

Studente B: Guarda la tabella e rispondi a Studente A.

PARTENZE	BINARIO	DESTINAZIONE	ARRIVO
14.00	13	FIRENZE	16.19
14.10	11	BOLOGNA	17.32
17.25	7	MILANO	22.58
19.05	15	FIRENZE	21.42
23.15	19	MILANO	06.03

18

a **Studente B**: Guarda la cartina e rispondi a Studente A con le informazioni meteorologiche.

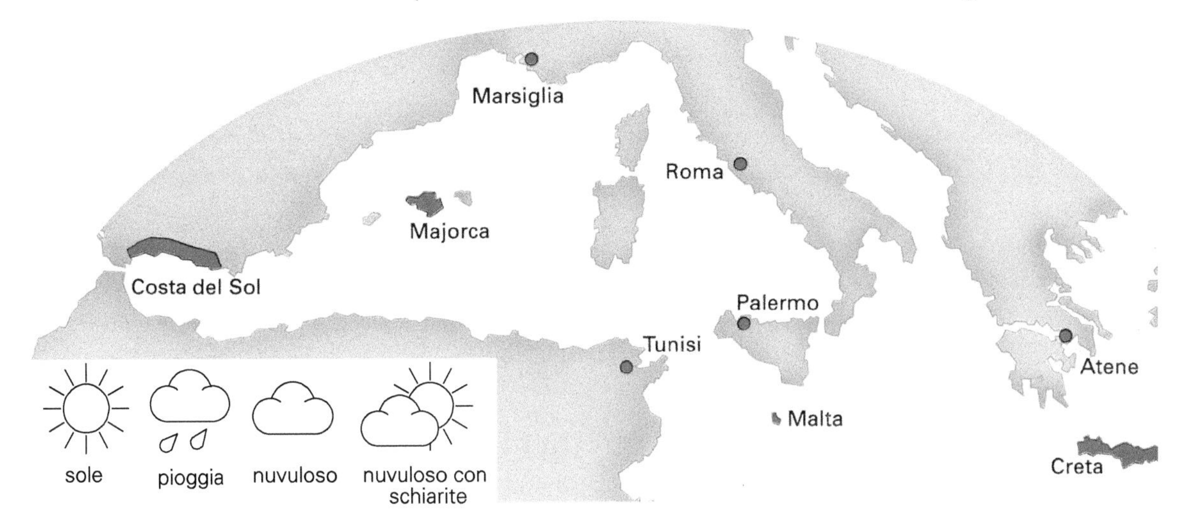

Atene 22 (sole)	Majorca 17 (nuvuloso con schiarite)	Palermo 22 (nuvuloso con schiarite)
Costa del Sol 18 (nuvuloso con schiarite)	Malta 22 (nuvuloso con schiarite)	Roma 18 (nuvuloso)
Creta 26 (sole)	Marsiglia 16 (pioggia)	Tunisi 20 (nuvuloso con schiarite)

Unità 13

5

c **Studente B**: Leggi '*Tutto compreso!*' e spiega al compagno che cos'altro di bello offre la tua crociera. Insieme decidete qual'è la crociera migliore.

Per spiegare

Prima di tutto . . .	*first of all*
E poi . . .	*and then*
Non solo . . . ma anche	*not only, but also*
Per di più . . .	*moveover*
Tutto compreso	*all included*

TUTTO COMPRESO!

Crociera 2

- Prima colazione
- Caffè delle 11 in piscina
- Piscina, ping-pong
- Discoteca tutte le sere
- Piano-bar
- Due serate di gala durante la crociera

Unità 14

es: La bussola **vale** 6 punti.
Gli specchi **valgono** 3 punti.

6 REGOLE

Di' qual è il punteggio di ogni oggetto e perché.

PUNTEGGIO

1 **Una bottiglia di whisky: 8 punti**
Utile come disinfettante. Inutile come bibita in un clima caldo.

2 **Trenta pacchetti di caramelle: 10 punti**
Utili per dare energia.

3 **Tre pezzi di specchio: 3 punti**
Utili per segnalare la propria posizione, ma il sole non penetra nella foresta!

4 **Quattro scatole di sale: 15 punti**
Utilissimi per combattere la disidratazione.

5 **Due scatole di fiammiferi: 7 punti**
Poco utili in un clima molto umido.

6 **Trenta razioni di cibo per bambini: 20 punti**
Utilissimi: nutrienti e non deperibili.

7 **Trenta metri di corda di nylon: 13 punti**
Utili per legare.

8 **Due paracaduti: 11 punti**
Utili per fare un letto o una tenda. Utili anche le corde.

9 **Un sedile: 3 punti**
Quasi inutile.

10 **Dieci buste di latte a lunga conservazione: 10 punti**
Utilissime per nutrire e dare energia, ma pesanti.

11 **Un pugnale tipo Rambo: 16 punti**
Utilissimo per tagliare la vegetazione e per difendersi.

12 **Una mappa stellare: 5 punti**
Quasi inutile perché dalla foresta il cielo non si vede.

13 **Un salvagente automatico: 9 punti**
Utile per attraversare fiumi.

14 **Una bussola: 6 punti**
Inutile perché non sapete dove siete e dove volete andare.

15 **Venti litri d'acqua: 12 punti**
Pesante ma utilissma.

16 **Razzi da segnalazione: 18 punti**
Utilissimi per segnalare la propria posizione.

17 **Cassetta per il pronto soccorso: 19 punti**
Utilissima e forse vitale.

18 **Radio ricetrasmittente a energia solare: 4 punti**
Inutile perché questo tipo di radio non funziona nella foresta.

19 **Tre fucili: 17 punti**
Utilissimi in caso di emergenza.

20 **Un pezzo d'elica: 0 punti**
Assolutamente inutile.

RISULTATO

Da 126 a 151 punti: Avete uno spiccatissimo *(very acute)* istinto di sopravvivenza e vi salverete certamente.

Da 101 a 125 punti: Sapete valutare i pro e i contro e troverete la via giusta anche se con qualche difficoltà.

Da 76 a 100 punti: Avete bisogno di lezioni tattiche: rischiate di commettere grossi errori.

Da 55 a 75 punti: Siete quasi privi *(devoid)* di spirito di sopravvivenza e rischiate seriamente di rimanere nella giungla.

Grammatica

Nomi *nouns*
Genere *Gender* (Unità 1, 2, 3)

Nouns in Italian are either masculine or feminine.

In general:
nouns ending in -o are masculine
nouns ending in -a are feminine
nouns ending in -e are either masculine or feminine.

Maschile	**-o**	il cappuccino
Femminile	**-a**	la birra
Maschile/ Femminile	**-e**	il caffè *(m)* la neve *(f)*

Some nouns are irregular:

la mano *(fem) hand*
la radio *(fem, inv) radio*
il cinema *(masc, inv) cinema*

Nouns ending in **-ista** *can be either masculine or feminine:*

il/la dentista, il/la giornalista

A number of nouns ending in **-ma** *are masculine:*

il problema, il programma, il drama

Plurale *Plural* (Unità 1, 3)

The plural is formed by changing the endings of the nouns in the following way:

m s	**-o**	→	**-i**	*m pl*
f s	**-a**	→	**-e**	*f pl*
m/f	**-e**	→	**-i**	*m/f pl*

	Singolare	**Plurale**
m	gelato	gelati
f	birra	birre
m	bicchiere	bicchieri
f	nave	navi

Nouns ending in an accent do not change in the plural: un caffè, due caffè; la città, le città

Here are some irregular plurals:

il braccio *(m)*	le braccia *(f, arms)*
la mano *(f)*	le mani *(hands)*
l'uomo *(m)*	gli uomini *(men)*

Note that a number of nouns ending in **-ma** *have their plural in* **-i**:

il problema, i problemi; il programma, i programmi; il sistema, i sistemi

Some nouns are invariable:

la radio	le radio *(inv)*
il cinema	i cinema *(inv)*
la crisi	le crisi *(inv)*

Articolo indeterminativo *Indefinite article* (Unità 1)

Depending on the sound with which the following word begins, the indefinite article (in English, 'a' or 'an') is:

m	**un** treno/amico/caffè	*before a consonant or a vowel*
m	**uno** zoo/studente	*before z or s + consonant*
f	**una** banana/ nazione	*before a consonant*
f	**un'**aranciata/isola	*before a vowel*

Articolo determinativo *Definite article* (Unità 2)

The form of the definite article (in English, 'the') depends on the sound at the beginning of the word following it.

	Singolare	Plurale
m	**il** bambino	**i** bambini *before a consonant*
m	**lo** zio/studente	**gli** zii/studenti *before z or s + consonant*
m	l'avvocato	**gli** avvocati *before a vowel*
f	**la** dottoressa	**le** dottoresse *before a consonant*
f	l'amica	**le** amiche *before a vowel*

With names of countries you need the definite article: l'Italia, l'Inghilterra, la Grecia

You don't need the definite article with nouns in a list: Compro mele, pere, pane, insalata e formaggio.

Aggettivi *Adjectives* (Unità 1, 3, 5)

Adjectives in Italian tend to go after the noun they refer to: una casa bianca.

Accordo *Agreement*

An adjective must agree with the noun it accompanies, both in gender (masculine/feminine) and number (singular/plural).

	Singolare	Plurale
m	un ragazz**o** italian**o**	due ragazz**i** italian**i**
f	una ragazz**a** spagnol**a**	due ragazz**e** spagnol**e**
m	un libr**o** interessant**e**	due libr**i** interessant**i**
f	una cas**a** grand**e**	due cas**e** grand**i**

Bello, buono

Bello *(nice, beautiful) and* buono *(good) usually go in front of the noun they refer to.*

The endings of bello *are the same as the definite article:*

un be**l** giardino	dei be**i** giardini
un bel**lo** spettacolo	dei be**gli** spettacoli
un bel**l'**appartamento	dei be**gli** appartamenti
una bel**la** ragazza	delle bel**le** ragazze
una bell'attrice	delle bel**le** attrici

In the singular, the endings of buono *are similar to the indefinite article:*

Buon giorno	due buon**i** amici
un **buono** studente	due buon**i** studenti
Buona sera	Che buon**e** mele!
una **buon'** amica	Che buon**e** amiche!

But when bello *and* buono *follow the noun they describe, they keep the normal forms:*
bello/bella/belli/belle *and* buono/buona
una casa bella, un film molto buono

Comparativo *Comparative* (Unità 11)

To compare one thing with another, più *(more) or* meno *(less) is used, followed by* di *(than):*

Ugo è **più** forte **di** Mario.
Il tennis è **più** faticoso **del** pallone.
Lo sci è **meno** interessante **del** nuoto.

Superlativo *Superlative*

The superlative is formed by

a *using* molto *(invariable) before the adjective:*
Questo vino è **molto** buono.

b *adding* -issimo/a *to the adjective, after dropping the final vowel:*
bello → bell**issimo**
Roma è una città bell**issima**.

c *using the definite article in front of* più *(most) or* meno *(least), followed by* di, del, dello . . . (superlativo relativo):

È **la** ragazza **più** simpatica **del** mondo.
She's the most charming girl in the world.
È **il** ragazzo **meno** timido **di** tutti.
He's the least shy boy of all.

Dimostrativi *Demonstrative adjectives and pronouns* (Unità 3, 8)

The adjectives questo *(this) and* quello *(that) always go before the noun.*

Questa macchina è di Carlo, **quella** bicicletta è di Paolo.
Prendo **questi** guanti. Mi piacciono **quelle** scarpe.

The endings of quel, quello *are similar to the definite article:*

Singolare	**Plurale**
Mi dà que**l** giornale per favore?	Mi dà que**i** giornali per favore?
È arrivato quell**'**amico inglese.	Sono arrivati que**gli** amici inglesi.
Conosci quel**lo** studente?	Conosci que**gli** studenti?
Mi piace quel**la** commedia.	Mi piacciono quel**le** commedie.
Quell**'**attrice è molto brava.	Quel**le** attrici sono molto brave.

Note: When quello *is used as a pronoun, it has normal endings* (o/a, i/e):

Questo è mio figlio e quella è mia sorella.
Che belle borse! Prendo quella.

Numerali *Numbers*

Cardinali *Cardinal numbers* (Unità 1, 2, 4, 8)

- *For numbers 0–10* *see page 16**. Numbers are invariable except for* **uno**, *which has endings like the indefinite article when used in front of a noun (see above):*

  Per lei un caffè, per voi una limonata e un'aranciata. Per noi, due aperitivi e uno spumante.

- *From* venti *(twenty) to* novanta *(ninety), numbers formed with* uno *and* otto *contract as follows* *(see page 36)*:

  ventuno ventotto
  trentuno trentotto
  quarantuno quarantotto etc.

- **Cento** *(one hundred) is invariable. Hundreds are formed by adding* -cento *to the cardinal number* *(see page 69)*:

  200: duecento 700: settecento etc.

- **Mille** *1000 is invariable. Thousands are formed by adding* -mila *(invariable) to the cardinal number:*

  mille euro, cinquemila euro
  a thousand euros, five thousand euros
  duecentocinquantamila abitanti
  two hundred and fifty thousand inhabitants

- *When talking about euros and cents, the comma is used instead of the decimal point:*

  Un caffè costa €0,80 (zero **virgola** ottanta, i.e. 80 centesimi)

- **Milione** *(one million) is a noun and is followed by* **di** *when used with another noun:*

  un milione di sterline, tre milioni di yen
  one million pounds, three million yen

- *To express hundreds and thousands:*

  centinaia di persone *hundreds of people*
  migliaia di turisti *thousands of tourists*

  Centinaia *and* migliaia *are irregular feminine plurals of* centinaio *and* migliaio.

- *Dates are indicated by the cardinal number preceded by the article:*

  Che giorno è oggi? **È il cinque luglio 2011.**
  Quand'è il tuo compleanno? **L'otto marzo.**

Exception: il **primo** gennaio/febbraio etc.

Years too require the definite article/preposition + article: **il** 1995, **nel** 1998; **dal** 2000 **al** 2012

Ordinali *Ordinal numbers* (Unità 4)

Primo, secondo, terzo etc. *are adjectives and therefore agree in gender and in number with the noun they describe. They usually go in front of the noun:*

Abito al quinto piano.
Prenda la seconda strada a sinistra.

1° primo/a	6° sesto/a
2° secondo/a	7° settimo/a
3° terzo/a	8° ottavo/a
4° quarto/a	9° nono/a
5° quintо/a	10° decimo/a

Aggettivi possessivi *Possessive adjectives* (Unità 3)

A possessive adjective agrees in gender and in number with the noun which follows it and not with the 'owner' as in English. It is usually preceded by the definite article.

Singolare	**Plurale**
il mio libro	i miei nonni
il tuo indirizzo	i tuoi amici
il suo cane	i suoi fiori
il nostro albergo	i nostri viaggi
il vostro gatto	i vostri interessi
il loro giardino	i loro amici
la mia penna	le mie zie
la tua sigaretta	le tue amiche
la sua borsa	le sue scarpe
la nostra vacanza	le nostre vacanze
la vostra macchina	le vostre cartoline
la loro valigia	le loro fotografie

Note: The article must not be used when speaking about members of the family in the singular:

	mio fratello	**mia** sorella
but	i **miei** fratelli	le **mie** sorelle

Congiunzioni *Conjunctions*

e — *(and)*
Franco e Flavia
pioggia e nebbia

o — *(or)*
Prima o seconda classe?
Caffè o tè, per me è lo stesso.

oppure — *(or else)*
La sera leggo oppure guardo la TV.

che — *(that)*
So che arriva domani.
Note that **che** *cannot be omitted.*

anche — *(also, too, as well)*
Ci sono patate e anche spinaci.
Note: Personal pronouns follow anche:
Vieni al cinema anche tu?
Sì, vengo anch'io.
(you too, me too, etc.)

ma — *(but)*
Ho telefonato ma non c'è nessuno.

però — *(however)*
Non è bello, però mi piace.

né . . . né . . . — *(neither . . . nor . . .)*
Non fa né caldo né freddo.
Note: When né . . . né . . . *is used in a sentence, the verb is usually preceded by* non *(**see* Negativo, *page 244**).*

Avverbi *Adverbs* (Unità 3, 10)

Adverbs are invariable. They generally go in front of an adjective but after a verb.

Modo *Manner*

Adverbs of manner are mostly formed from the feminine form of the adjective plus -mente:

vero → vera + mente = veramente (*truly*)
lento → lenta + mente = lentamente (*slowly*)

Note:

bene (*well*)	Sto bene (*I am well*)
male (*unwell/badly*)	Ti senti male? (*Are you unwell?*)
meglio (*better*)	Mi sento meglio (*I feel better*)
peggio (*worse*)	Mi sento peggio (*I feel worse*)

But note:
adverbs ending in **-re** *and* **-le** *drop the* e *before* **-mente:**

regolare → regolarmente
normale → normalmemte

Quantità *Quantity*

poco	*a little*
abbastanza	*quite*
molto	*very*
troppo	*too/too much*

Note: Stefano parla molto (*after verb*)
ma è molto simpatico. (*before adjective*)

Tempo *Time*

sempre	*always*	mai	*never*
spesso	*often*	già	*already*
qualche volta	*sometimes*		

Vai **spesso** al mare? (*adverb follows verb*)
È **già** partito (*adverb follows auxiliary*)

Luogo *Place*

qui	*here*	dove	*where*
lì	*there*	dappertutto	*everywhere*

Formal and informal address (Unità 1, 2, 4, 7)

Tu e lei

Tu *(informal): requires the verb in the second person singular. It is used to address a member of the family, a friend or a contemporary.*

Lei *(formal): requires the verb in the third person singular. It is used to address someone with whom you are not on familiar terms.*

Tu	**Lei**
Come st**ai**?	Come st**a**?
Quando vien**i** a Londra?	Quando vien**e** a Londra?
Ti piace il jazz?	**Le** piace il jazz?
A che ora **ti** alzi?	A che ora **si** alza?
Ecco **il tuo** libro.	Ecco **il suo** libro.

Signore, signor, signora, signorina *Sir/Mr, Madam/Mrs, young lady/Miss*

When speaking to people, no article is required:

Buona sera, signore/signora/signorina.
Buongiorno, Signora Marini.
Come sta, Signor Allegri?*
Quando viene a Londra, Signorina Pace?

When speaking about people, the article is required:

La signora Benassi è arrivata adesso.
Ti presento **il** signor Neri.*
Ecco **la** signorina Parenti.

*Note: *When followed by a surname,* signore *abbreviates to* signor.

Pronomi personali *Personal pronouns*

Soggetto *Subject*

io	*I*	noi	*we*
tu	*you (informal sing)*	voi	*you (pl)*
lui	*he*	loro	*they*
lei	*she, you (formal sing)*		

Since verb endings are normally sufficient to indicate who is doing the action, io, tu, lei, lui *etc. are generally only used for emphasis and to avoid confusion:*

Io sono italiano e **lui** è giapponese.
Loro stanno a casa, ma **noi** usciamo.

Oggetto *Object*

a Oggetto diretto *Direct object* (Unità 4, 10)

mi	*me*	ci	*us*
ti	*you (informal sing)*	vi	*you (pl)*
lo	*it/him*	li	*them (m)*
la	*it/her/you (formal sing)*	le	*them (f)*

These always go before the verb, except with the infinitive, the imperative and the gerund.

Mario **mi** ama. *Mario loves me.*
Ti ho visto. *I saw you.*
Dov'è l'ombrello? Non **lo** trovo.
Where is the umbrella? I can't find it.
Guardi molto la televisione? Non **la** guardo mai.
Do you watch television a lot? I never watch it.
Qualcuno **ci** guarda. *Someone is watching us.*
Vi aspetto all'una. *I'll expect you at one o'clock.*
Ecco i fiori. **Li** metto nel vaso.
Here are the flowers. I'll put them in the vase.
Che belle scarpe! **Le** compro.
What beautiful shoes! I'll buy them.

The same pronouns mi, ti, lo, la, ci, vi, li, le *are used with* ecco *as follows:*

eccomi, eccoti, eccolo, eccola, eccoci, eccovi, eccoli, eccole

Dove sei? **Eccomi**. *Where are you? Here I am.*
Dov'è l'ombrello? **Eccolo**.
Where is the umbrella? Here it is.

b Oggetto indiretto *Indirect object* (Unità 8)

mi	*(to) me*	ci	*(to) us*
ti	*(to) you (inf. sing)*	vi	*(to) you (pl)*
gli	*(to) him*	loro	*(to) them*
le	*(to) her/you (form. sing)*		

Mi, ti, gli, le, ci *and* vi *always go in front of the verb, except with the infinitive, the imperative and the gerund.*

Mi può dare un'informazione?
Can you give me some information?
Ti scrivo una lettera.
I'll write you a letter.
Gli regalo un disco.
I'll give him a record.
Le regalo un profumo francese.
I'll give her a French perfume.
Ci mandano sempre una cartolina.
They always send us a postcard.
Vi offro un caffè.
I'll buy you a coffee.

Loro *(to them) follows the verb, but today in spoken Italian* gli *is used instead of* loro.

Ho dato **loro** il mio indirizzo/
Gli ho dato il mio indirizzo.
I've given them my address.

c Dopo una preposizione *After a preposition*

Per **me** un panino, e per **te** Luigi?
Per **lui** un caffè, e per **lei** signora?
Vieni con **noi!**
C'è Antonio da **voi**?
A **loro** piace la pizza.

me	*me*	noi	*us*
te	*you*	voi	*you*
lui/lei	*him/her*	loro	*them*

Pronomi doppi *Combined personal pronouns* (Unità 10)

When direct and indirect object pronouns are used together, the order is:

indirect + direct – verb

glielo dò *I give it to him.*

Both gli *(to him) and* le *(to her/you) change to* glie *in front of a direct object pronoun and combine with it to form one word:*

glielo *it to him/her/you*
gliela *it to him/her/you*
glieli *them to him/her/you*
gliele *them to him/her/you*

Anna vuole quel libro: **glielo** porto.
Anna wants that book; I'll take it to her.
Giovanni aspetta una lettera: **gliela** mando.
Giovanni is waiting for a letter; I'll send it to him.
Le piacciono quei fiori? **Glieli** compro.
Does she/Do you like those flowers? I'll buy them for her/for you (formal).
Scusi, che ora è? **Glielo** dico subito.
Excuse me, what is the time? I'll tell you straight away (formal).

Pronomi riflessivi *Reflexive pronouns* (Unità 2)

(io)	**mi** sveglio
(tu)	**ti** vesti
(lui/lei)	**si** chiama
(noi)	**ci** alziamo
(voi)	**vi** lavate
(loro)	**si** riposano

Like other personal pronouns, these go in front of the verb, except with the infinitive, the imperative and the gerund:

Devo alzar**mi** presto.
Svegliat**i**, è tardi.
Sveglianda**mi** ho visto il sole.

Ci *there* (Unità 4)

Ci vado domani. *I'm going there tomorrow.*
C'è un tavolo. *There is a table.* (singolare)
Ci sono tre sedie. *There are three chairs.* (plurale)

Ne *Of it, of them* (Unità 4)

Ne *is often accompanied by an expression of quantity (numerals, weight,* molto/poco/quanto)*. It goes before the verb, except when used with the infinitive, the imperative and the gerund.*

Quanto burro vuole, signora?
How much butter would you like, Madam?
Ne prendo un etto, grazie.
I'll have 100 grams, please.

Note: when combined with ne*,* c'è *becomes* ce n'è *and* ci sono *becomes* ce ne sono*:*

Scusi, c'è un telefono?
Sì, **ce n'è** uno a destra.
Excuse me, is there a phone?
Yes, there's one on the right.

Scusi, c'è un bar qui vicino?
Ce ne sono due a Piazza Cavour.
Excuse me, is there a bar nearby?
There are two in Piazza Cavour.

Pronomi relativi: che *Relative pronouns* (Unità 12)

Che *(that, which, who, whom) can be used both as subject and as direct object, for both people and things.*
Note: Che *cannot be omitted and cannot be used with prepositions.*

Il treno **che** arriva alle 10
The train which arrives at 10
I vestiti **che** ho comprato
The clothes (that) I bought

Aggettivi e pronomi interrogativi *Interrogative adjectives and pronouns* (Unità 2, 5, 6, 7)

Forma interrogativa *Question form*

There is no special structure for questions in Italian. The intonation and the special words listed below tell you that the sentence is a question.

Aggettivi e pronomi interrogativi *Interrogative adjectives and pronouns*

Chi? Che cosa? *(pron)*	*Who? what?*
Chi è? Con chi parlo?	*Who is it? Who am I speaking to?*
Che cosa prendi?	*What are you having?*
Che fai?	*What are you doing?*

Che? *(adj)*

Che ora è? Che ore sono?	*What time is it?*
Che posti prendiamo?	*Which seats shall we have?*

Quanto? Quanti? *How much? How many?*
Quanto zucchero vuoi?
Quanta verdura desidera?
Quanti biglietti vuole?
Quante volte sei andato in Italia?
Note:
Quanto viene l'uva? *How much is/are . . . ?*
Quanto vengono i pomodori?
Quant'è in tutto?

Quale? Quali? *Which? Which ones?*
Quale film guardiamo?
Di queste scarpe, quali preferisci?
Note:

Qual è l'indirizzo di Ada?	*What is . . . ?*
Qual è la tua casa?	*Which is . . . ?*

Quale *becomes* **qual** *before* è *or* era.

Avverbi interrogativi *Interrogative adverbs* (Unità 7)

Dove? *Where?*
Dove abitate? Di dove siete?
Where do you live? Where are you from?

Come? *How?*
Come si dice? *How do you say it?*

Quando? *When?*
Quando parte Marco?

Perché? *Why?*
Perché non vieni con noi?

Esclamazioni *Exclamations* (Unità 5)

Che freddo!	*How cold it is!*
Che caldo fa!	*How hot it is!*
Che concerto magnifico!	*What a wonderful concert!*
Che bella chiesa!	*What a nice church!*
Che bello!	*How wonderful!*
Come sono contento!	*How happy I am!*

Pronomi e aggettivi indefiniti *Indefinite quantity*

Aggettivi indefiniti *Indefinite adjectives* (Unità 6, 11)

Ogni *(every) and* qualche *(some/any) are invariable and are always followed by a singular noun.*

Vado in Italia **ogni anno.**
I go to Italy every year.
Fai ginnastica **ogni mattina?**
Do you exercise every morning?
Metti **qualche foglia** di basilico.
Put in a few/some basil leaves.
Hai **qualche giornale** italiano?
Have you got any Italian papers?

Note: *In questions,* qualche *translates 'any'.*

Pronomi indefiniti *Indefinite pronouns* (Unità 9)

qualcuno *somebody/someone, anybody/anyone*
qualcosa *something, anything*

C'è **qualcuno** a casa?
Is there anyone at home?
Ha telefonato **qualcuno** per te.
Someone phoned for you.
Prendiamo **qualcosa** da bere?
Shall we have something to drink?
Hai fatto **qualcosa** di bello a Natale?
Did you do anything nice at Christmas?

Note:			
qualcosa di	bello	*something*	*nice*
	nuovo		*new*

Negativo *The negative* (Unità 13)

Forma negativa *Negative form*

To make a negative sentence, you simply place non *before the verb:*

Parlo francese.
Non parlo francese.
C'è il sole.
Non c'è il sole.

Aggettivi e pronomi negativi *Negative adjectives and pronouns*

When using the pronouns niente *(nothing) and* nessuno *(nobody), and the adverb* mai *(never),* non *is placed in front of the verb (double negative):*

Non capisco **niente.**
I don't understand anything.
Non c'è **nessuno.**
There is no one there.
Non andiamo **mai** a teatro.
We never go to the theatre.

Note: *When* nessuno *or another negative begins the sentence,* non *is not needed:*
Nessuno ci vede. *No one can see us.*

Nessuno *is also an adjective. It is always singular and has endings like the indefinite article:*

Non ha **nessun** amico.
He has no friends.
Non vedo **nessuna** penna sul tavolo.
I see no pen on the table.

Preposizioni *Prepositions*

The common prepositions

The following are the most common prepositions:

a	*to, at*
con	*with*
da	*from, by*
di	*of*
in	*in, at*
per	*for*
senza	*without*
su	*on*
tra/fra	*between, among*

A (Unità 1, 2, 4, 5, 6, 10) *is used to indicate:*

- *an indirect object:*
  Telefono **a** Lisa.
  A Sandro piace il tè.
- *location:*
  San Pietro è **a** Roma.
  La porta è **a** destra. (*on the right*)
- *direction:*
  Vada **a** sinistra. (*to the left*)
  Andiamo **al** cinema. (a + il)
  (see Preposizioni articolate, *page 246*)
  Vado **a** fare una passeggiata.
  (see Special structures, page 250)
- *time:*
  a mezzogiorno
  Ci vediamo **alle** cinque. (a + le)
- *price per . . .*
  1,20 euro **al** chilo (a + il)
- *style:*
  tagliatelle **alla** bolognese (a + la)

Con/Senza (Unità 1)

Un caffè **con** zucchero e **senza** latte, per favore.

Da (Unità 2, 5, 8) *is used to indicate:*

- *starting point (place):*
  L'aereo parte **da** Torino alle 6.
  The plane leaves (from) Turin at 6.
- *starting point (time):*
  Orario di apertura: **dalle** 5 alle 7
  Opening times: from 5 to 7
  Lavoro qui **da** due anni.
  I have been working here for 2 years.
  (see Special structures, page 250)
- *place: at somebody's/at a shop:*
  Vieni **da** noi stasera?
  Vado **dal** fruttivendolo a comprare le mele.
- *use:*
  scarpe **da** donna
  camera **da** letto

  Note: **da** + infinito
  molte cose **da** fare
  many things to do/to be done

Di (Unità 1, 6, 8, 10) *is used to indicate:*

- *belonging, property:*
  Di chi è questa penna? *Whose pen is this?*
  È **di** Gianni. *It is Gianni's.*
- *origin:*
  Di dove sei? *Where are you from?*
  Sono italiano. *I am from Italy*
  Sono **di** Milano. *I am from Milan.*

Note: **di** *is never used with country of origin.*

- *quantity:*
  un chilo **di** patate, due litri **di** latte
  un po' **di** soldi, un milione **di** yen
- *material:*
  un orologio **d'**oro, una borsa **di** pelle
  a gold watch, a leather bag
- *authorship:*
  un film **di** Fellini, una statua **di** Michelangelo
  a film by Fellini, a statue by Michelangelo

In (Unità 1, 4, 5) *is used to indicate:*

- *location/direction:*
  Ho molti amici a Perugia, **in** Umbria.
  Andiamo **in** Italia, a Siena.
  Vado **in** centro.

Note: **in** *is used with names of countries and regions,* **a** *with names of towns and cities.*

- *means of transport:*
  Vado **in** treno, non **in** macchina.
  Mi piace andare **in** aereo.

Per (Unità 1, 8, 10, 12)

Un regalo **per** te e uno **per** lei.
Note: **per** + infinito (*in order to*):
Scusi, c'è un autobus **per** andare al Colosseo?

Su (Unità 4)

Il gatto dorme **sul** divano.

Tra/Fra *are used to indicate:*

- *place:*
  tra Piazza Navona e il Corso
  between Piazza Navona and the Corso
- *time:*
  Partiamo **tra** due giorni.
  We shall leave in two days.

Altre preposizioni di luogo *Other prepositions of location* (Unità 4, 5)

Davanti a (*in front of, outside*)

È **davanti a** te.
It's in front of you.
Ci vediamo **davanti al** cinema.
Let's meet outside the cinema.

Di fronte a (*opposite*)

il ristorante **di fronte al** Teatro Manzoni
the restaurant opposite the Teatro Manzoni

Sopra/Sotto (*over/under*)

Sopra il caminetto c'è un bel quadro.
Sotto la pianta c'è il tappeto.

Preposizioni articolate *Prepositions combined with definite article* (Unità 4, 6)

The most common prepositions – a, da, di, in, su – *combine with the definite article to form* preposizioni articolate, *both in the singular and the plural:*

Sul divano vicino **alla** finestra **nel** soggiorno **del** signor Rossi c'è un cuscino che viene **dalla** Persia.

Singolare	Plurale
a + il = al	a + i = ai
a + lo = allo	a + gli = agli
a + la = alla	a + le = alle
a + l' = all'	
da + il = dal	da + i = dai
da + lo = dallo	da + gli = dagli
da + la = dalla	da + le = dalle
da + l' = dall'	
di + il = del	di + i = dei
di + lo = dello	di + gli = degli
di + la = della	di + le = delle
di + l' = dell'	
in + il = nel	in + i = nei
in + lo = nello	in + gli = negli
in + la = nella	in + le = nelle
in + l' = nell'	
su + il = sul	su + i = sui
su + lo = sullo	su + gli = sugli
su + la = sulla	su + le = sulle
su + l' = sull'	

Articolo partitivo *Some* (Unità 6)

The preposizione articolata del, dello, della, dell', dei, degli, delle (di + *definite article*) *is used to indicate indefinite quantity:*

Nel frigo c'è **del** vino, **della** mozzarella, e **dell**'acqua.
In the fridge there is some wine, some mozzarella and some water.
Vado a Napoli, dove ho **dei** cari amici.
I'm going to Naples, where I have some close friends.

To translate 'some' you can also use qualche *with countable nouns* *(page 244)* *and* un po' di:

Vorrei un **po' di** formaggio e un po' d'acqua.

Verbi *Verbs*

Verbi regolari *Regular verbs* (Unità 1, 2, 4, 11)

The three main groups of Italian verbs end in **-are**, **-ere** *or* **-ire**.

lavor**are** prend**ere** dorm**ire**/cap**ire**

Different tenses are formed by adding different endings to the stem of the verb. For example:

lavor- (*stem*) + -o (*ending*) = lavoro (*I work*)

Presente *Present*

a Verbi regolari *Regular verbs*

	-are	**-ere**
(io)	lavor**o**	prend**o**
(tu)	lavor**i**	prend**i**
(lui/lei)	lavor**a**	prend**e**
(noi)	lavor**iamo**	prend**iamo**
(voi)	lavor**ate**	prend**ete**
(loro)	lavor**ano**	prend**ono**

	-ire	**-ire** (-isc)*
(io)	dorm**o**	cap**isco**
(tu)	dorm**i**	cap**isci**
(lui/lei)	dorm**e**	cap**isce**
(noi)	dorm**iamo**	cap**iamo**
(voi)	dorm**ite**	cap**ite**
(loro)	dorm**ono**	cap**iscono**

* *Some common -ire verbs, like* capire, *add* -isc *before the endings of the present tense, apart from the 1st and 2nd persons plural:* preferire, pulire, finire.

b Ausiliari *Auxiliary verbs*

	essere *(to be)*	**avere** *(to have)*
(io)	sono	ho
(tu)	sei	hai
(lui/lei)	è	ha
(noi)	siamo	abbiamo
(voi)	siete	avete
(loro)	sono	hanno

c Verbi riflessivi *Reflexive verbs* (Unità 2)

-si *at the end of an infinitive indicates that the verb is a reflexive:*

alzar**si**, vestir**si**, lavar**si**, riposar**si**, chiamar**si**

Reflexive verbs form the present tense in the same way as other regular verbs, but with the reflexive pronoun in front of the verb:

(io)	**mi** chiamo
(tu)	**ti** chiami
(lui/lei)	**si** chiama
(noi)	**ci** chiamiamo
(voi)	**vi** chiamate
(loro)	**si** chiamano

d Alcuni verbi irregolari *Some irregular verbs*

fare *(to do, make)*	**andare** *(to go)*
faccio	vado
fai	vai
fa	va
facciamo	andiamo
fate	andate
fanno	vanno

stare *(to be, stand)*	**dare** *(to give)*
sto	do
stai	dai
sta	dà
stiamo	diamo
state	date
stanno	danno

venire *(to come)*	**uscire** *(to go out)*
vengo	esco
vieni	esci
viene	esce
veniamo	usciamo
venite	uscite
vengono	escono

e Potere, dovere, volere

Potere, dovere, volere *are usually followed by the infinitive:*

Non posso uscire. *I can't go out.*
Devo rimanere a casa. *I must stay at home.*

potere *(to be able to)*	**dovere** *(to have to)*	**volere** *(to want to)*
posso	devo	voglio
puoi	devi	vuoi
può	deve	vuole
possiamo	dobbiamo	vogliamo
potete	dovete	volete
possono	devono	vogliono

Note: In the passato prossimo, potere, dovere, volere *take the same auxiliary as the verb that follows:*

Rosa non è potuta venire.
Non ho potuto farlo.

Star facendo *Continuous tense* (Unità 8)

The present continuous tense is expressed by the present tense of stare + gerund.

The gerund is formed by adding -ando *(-are verbs) or* -endo *(-ere and -ire verbs) to the verb stem.*

sto	parl**ando** (-are)
stai	
sta	
stiamo	scriv**endo** (-ere)
state	usc**endo** (-ire)
stanno	

Che stai facendo? *What are you doing?*

In questo momento sto ascoltando la radio.
Just now I am listening to the radio.

Mi sto divertendo. *I'm having fun.*

Il passato *The past tenses*

There are two main tenses in Italian for talking about the past.

To say what you did or have done, what happened or has happened, you use the **passato prossimo** *(perfect tense).*

To describe the way things were in the past, you use the **imperfetto** *(imperfect).*

Siamo andati a Roma. Il tempo **era** stupendo.
We went to Rome. The weather was wonderful.
(event) *(description)*

Passato prossimo *Perfect tense* (Unità 9, 12)

Sono andato a una bella festa.
I went to/I have been to a nice party.

Ho bevuto champagne.
I drank champagne.

To form the passato prossimo *you need the appropriate person of the auxiliary* (sono/ho etc. *from* essere *or* avere) *and the past participle* (andato, ballato etc.).

ho	mangi**ato**	sono	and**ato/a**
hai		sei	ven**uto/a**
ha		è	
abbiamo	bev**uto**	siamo	
avete	dorm**ito**	siete	usc**iti/e**
hanno		sono	

Most verbs of motion and change, essere itself and all reflexive verbs take **essere**. *All other verbs take* **avere**.

When using essere, the past participle must agree in gender (masculine/feminine) and number (singular/plural) with the subject:

Massimo: Sono partit**o** il 2 gennaio.
Mi sono divertit**o** moltissimo.

Mirella: Sono partit**a** il 2 gennaio.
Mi sono divertit**a** moltissimo.

Participio passato *Past participle*

Regular verbs have ***regular past participles*** *ending in:*

-ato (-are *verbs*)	amato (amare)
-uto (-ere *verbs*)	temuto (temere)
-ito (-ire *verbs*)	dormito (dormire)

Here are some common ***irregular past participles:***

bevuto (bere)	nato (nascere)
detto (dire)	preso (prendere)
stato (essere)	risposto (rispondere)
fatto (fare)	scritto (scrivere)
letto (leggere)	speso (spendere)
messo (mettere)	successo (succedere)
morto (morire)	visto (vedere)

L'imperfetto *Imperfect* (Unità 13)

In regular verbs, the imperfect is formed by dropping the final -are/-ere/-ire of the infinitive and adding the imperfect endings:

torn**are**	ved**ere**	part**ire**
torn**avo**	ved**evo**	part**ivo**
torn**avi**	ved**evi**	part**ivi**
torn**ava**	ved**eva**	part**iva**
torn**avamo**	ved**evamo**	part**ivamo**
torn**avate**	ved**evate**	part**ivate**
torn**avano**	ved**evano**	part**ivano**

The following are irregular in the imperfect:

essere	**fare**	**dire**
ero	facevo	dicevo
eri	facevi	dicevi
era	faceva	diceva
eravamo	facevamo	dicevamo
eravate	facevate	dicevate
erano	facevano	dicevano

Futuro *Future* (Unità 12, 13)

The future is formed by dropping the final -e of the infinitive and adding the future endings. Note that **-are** *verbs change* **a** *into* **e**.

arriv**are**	prend**ere**	part**ire**
arriver**ò**	prender**ò**	partir**ò**
arriver**ai**	prender**ai**	partir**ai**
arriver**à**	prender**à**	partir**à**
arrive**remo**	prende**remo**	parti**remo**
arriver**ete**	prender**ete**	partir**ete**
arriver**anno**	prender**anno**	partir**anno**

The following verbs are irregular in the future:

essere	**avere**
sarò	avrò
sarai	avrai
sarà	avrà
saremo	avremo
sarete	avrete
saranno	avranno

Some other verbs with an irregular future are:

andrò (*from* andare), dovrò (dovere), potrò (potere), rimarrò (rimanere) verrò (venire) *and* vorrò (volere).

Imperativo *Imperative* (Unità 5, 11)

- **Tu/voi** *(informal)*

For most verbs, the tu and voi imperatives are the same as the present tense.
Note: Verbs in **-are** *take the ending* **a** *in the* tu *form.*

	tu	**voi**
(parl**are**)	parla	parl**ate**
(scriv**ere**)	scrivi	scriv**ete**
(un**ire**)	unisc**i**	un**ite**

The negative form for the 2nd person singular (tu) *is:*

non + infinito

Giacomo, non fumare in macchina.

For the 2nd person plural (voi), **non** *goes before the imperative:*

Non andate a Napoli. Non tornate tardi.

- **Lei** *(formal)*

The lei form of the imperative ends in **-i** *for* **-are** *verbs and in* **-a** *for all other verbs (including irregular verbs):*

giri	(girare)	*turn*
attraversi	(attraversare)	*cross*
prenda	(prendere)	*take*
vada	(andare)	*go*
scelga	(scegliere)	*choose*

The negative is formed by placing non *in front of the command:*

Non vada. *Don't go.*

- **Noi** *(Let's . . .)*

The noi *form of the imperative is like the present indicative:*

Andiamo al cinema. *Let's go to the cinema.*
Non usciamo stasera. *Let's not go out tonight.*

Non partiamo troppo presto
Let's not leave too early.

Strutture speciali *Special structures*

Andare + a + infinito (Unità 10)

Andiamo a ballare!	*Let's go dancing.*
Mario va a fare spese.	*Mario is going shopping.*

Avere

Ho freddo/caldo.	*I am cold/hot.*
Hai fame?	*Are you hungry?*
Ho sete.	*I am thirsty.*
Ho fretta.	*I am in a hurry.*

Fare (Unità 2, 12, 13)

Che tempo fa?	*What's the weather like?*
Fa freddo.	*It's cold.*
Fa caldo.	*It's hot.*
Facciamo colazione alle 8.	*We have breakfast at 8.*
Faccio una passeggiata.	*I am going for a walk.*
Fai la doccia o fai il bagno?	*Are you having a shower or a bath?*

Sapere e conoscere (Unità 9)

- *To know (a fact):* **sapere**

  Sa l'ora per favore?
  Do you know the time, please?

- *To know how to/have a skill:* **sapere** + infinito

  Non so sciare. *I can't ski.*
  Sai guidare? *Can you drive?*

- *To know a person or a place:* **conoscere**

  Conosci Firenze?
  Do you know Florence?
  Non conosco tuo fratello.
  I don't know your brother.

Piacere (Unità 2, 4, 7)

The verb piacere *(to like, to enjoy) agrees with the thing that is liked.*

Mi **piace** la pizza. *I like pizza.* (singolare)
Mi **piacciono** gli spaghetti. *I like spaghetti.* (plurale)

The person 'who likes' is expressed by the indirect object pronoun:

mi	piace/piacciono	*I like*
ti		*you like (informal sing.)*
gli		*he likes*
le		*she likes*
ci		*we like*
vi		*you like (pl)*
a loro		*they like*

Ti piace l'opera?
No, mi piace il jazz.

With a person's name or a noun, the preposition **a** *is needed:*

A Stefano piace il tennis. *Stefano likes tennis.*
(literally: Tennis is pleasing to Stefano.)
A mio figlio piacciono i cioccolatini.
My son likes chocolates.
(literally: Chocolates are pleasing to my son.)

When speaking formally to someone, use **le**:
Le piace il suo lavoro?
Do you like your job?
Le piacciono le canzoni napoletane?
Do you like Neapolitan songs?

Note the emphatic structure with personal pronouns:

A me piace Pavarotti, **a lei** piace Domingo.
I like Pavarotti, she likes Domingo.

Other verbs with the same structure as piacere *are:* interessare, mancare, bastare, servire

Mi interessa lo sport.
Ti servono le chiavi?

Da quanto tempo . . . ? *How long . . . ?* (Unità 2, 7)

To indicate the length of time that an action has been happening use:

Da + *length of time* + *present tense*

Da quanto tempo studi l'italiano?
Da tre mesi.
How long have you been studying Italian?
For three months.
Vive a Londra da molto tempo?
Have you been living in London for a long time?

Si impersonale *One/you/people* (Unità 6, 7, 12)

Si *is an impersonal subject pronoun, meaning 'one', 'you', 'people'. It always takes the third person of the verb.*

If the verb has a singular object or no object:
si + ***3rd person singular***

Si arriva in 5 minuti.
You get/One gets there in 5 minutes.
Qui si vende vino buono.
Good wine is sold here.

If the verb has a plural object: **si** + ***3rd person plural***

Qui si parlano molte lingue.
Many languages are spoken here.
Dove si comprano i fiori?
Where can you buy flowers?

Note: In advertisements, **si** *is added to the end of the verb for brevity:*

Affittasi casa	*House to let*
Vendonsi appartamenti	*Flats for sale*

Espressioni impersonali con l'infinito *Impersonal expressions with the infinitive*

- **essere** + *adjective/adverb* + *infinitive*

È	bello	rivederti!
	importante	arrivare in orario.
	una buona idea	prendere un tassì.
	bene	fare ginnastica.
	meglio	camminare nei boschi.

It's lovely to see you again!
It's important to arrive on time.
It's a good idea to take a taxi.
It's good to exercise.
It's better to go walking in the woods.

- **bisogna** + *infinitive*

Bisogna *means 'it is necessary', 'you/one must'. It is followed by the infinitive:*

Per andare alla stazione bisogna prendere il 38.
To get to the station you must take the 38 (bus).
Bisogna fare la spesa, non c'è niente in casa.
We must do the shopping, there is no food at home.

Note: the verb bisognare *is never used in any other way. 'To need (something)' is expressed by* avere bisogno di:

Hai bisogno di qualcosa?
Do you need anything?
Fa freddo! Ho bisogno di un golf.
It's cold! I need a jumper.

- **ci vuole, ci vogliono** (*for* volere *see* *page 247*)

  The third person of the verb volere *is used with* ci *in the sense of 'it takes . . .':*

  Quanto ci vuole per arrivare a San Pietro?
  How long does it take to get to San Pietro?
  Ci vuole solo un quarto d'ora.
  It only takes a quarter of an hour.

  But note the plural:

  Ci vogli**ono** solo venti minut**i**.
  Ci vogli**ono** molt**i** sold**i** per comprare quella casa.
  You need a lot of money to buy that house.

Vocabolario inglese-italiano

English words:
vb *is indicated in all cases.*
n, adj *and* adv *are indicated only where necessary to distinguish these from a verb or other part of speech*

Italian words:
The definite article is given for every noun.
The gender (m *or* f) *is indicated only for nouns ending in* -e.
For nouns used in the plural only, mpl *or* fpl *is indicated.*
Both masculine and feminine endings are indicated for adjectives ending in -o/a.
inv *is indicated only where necessary to avoid confusion.*

A

abandon (vb) abbandonare
about circa
–fifteen, ten una quindicina, una decina
above sopra
–all soprattutto
abroad all'estero
accident l'incidente (m)
accommodation l'alloggio
according to me, us, etc. secondo me, noi, ecc.
activity l'attività (f)
actor, actress l'attore (m), l'attrice (f)
add (vb) aggiungere
address l'indirizzo
advantage il vantaggio
advertisement l'annuncio, la pubblicità
advice il consiglio
give — (vb) dare un consiglio (a), consigliare
affectionate affettuoso/a
afraid (of), be avere paura (di)
after dopo
afternoon il pomeriggio
good — ! buongiorno!, *(after 4pm)* buonasera
again ancora, di nuovo
age (n) l'età (f)
ago: two months — due mesi fa
agree (vb) essere d'accordo
air l'aria (f)
airport l'aeroporto
all tutto/a
— the best cari saluti
— right bene!, va bene!, d'accordo!
alone solo/a
also anche *always* sempre
among tra
animal l'animale (m)
anyone qualcuno
is – home? c'è qualcuno in casa?
anything qualcosa
not – non. . . niente
apartment l'appartamento
apple la mela
après-ski il dopo-sci (inv)
April aprile
architect l'architetto
area, district (in town) il quartiere (m)
arm, arms il braccio, le braccia (fpl)
armchair la poltrona
arrival l'arrivo
arrive (vb) arrivare
artist l'artista (m/f)
as come
ashtray il portacenere (m)
ask for (vb) chiedere
– directions chiedere la strada
aspirin l'aspirina
assistant (shop) il commesso, la commessa
at a
August agosto
autumn l'autunno
avenue il viale
average (adj) medio/a
away via
three miles – a tre miglia (di distanza)

B

back (n) la schiena
back (adv) indietro
get – (vb) tornare (indietro)
backwards a rovescio (inv), indietro (inv)
bacon la pancetta
bad cattivo/a
bag, handbag la borsa
baggage il bagaglio
– claim il ritiro bagagli
baker il fornaio
bakery la panetteria
balcony il balcone (m), il terrazzo
banana la banana
bank la banca
bargain l'occasione (f)
it's a – è un'occasione
basil il basilico
basketball la pallacanestro (f)
bath il bagno
have a – (vb) fare il bagno
bathroom il bagno
be (vb) essere
(place) stare, trovarsi
be well/ill stare bene/male
beach la spiaggia
beard la barba
beat (vb) (eggs, etc.) sbattere
beautiful bello/a, stupendo/a
because perché, *– of* a causa di
become (vb) diventare
bed il letto
bedroom la camera da letto
beer la birra
beer-house la birreria
before (time) prima, *(place)* davanti a
– going prima di andare
begin (vb) cominciare, iniziare
beginner il/la principiante
behind dietro
bell *la* campana
better (adv) meglio (inv)
between tra
bicycle, bike la bicicletta, la bici (f)
big grande, grosso/a
biologist il biologo, la biologa
bird l'uccello
birthday il compleanno

bit: a – of un po' di
bitch la cagna
black nero/a
block of flats il palazzo
blond biondo/a
blouse la camicetta
blue azzurro/a, blu
board (timetable) la tabella
full – (hotel) pensione completa
half – mezza pensione
on board (aeroplane) a bordo
boarding (n) l'imbarco
boat la barca, il battello
body il corpo
boil (vb) bollire
boiling hot bollente
book (n) il libro
– of tickets il blocchetto di biglietti
book (vb) prenotare
booking prenotazione (f)
bookshop la libreria
bored (adj) annoiato/a
get – (vb) annoiarsi
boring noioso/a
born nato/a
I was – in 1967 sono nato nel 1967
bottle la bottiglia
box la scatola, *(on page)* il riquadro
box office il botteghino
boy (small) il bambino, il ragazzino
(teenager) il ragazzo
brand name la marca
bread il pane (m)
– roll il panino, la rosetta
– stick lo sfilatino
break (vb) rompere
(work, school) intervallo
breakfast la colazione (f)
to have – fare colazione
bring (vb) portare
brochure l'opuscolo
brother il fratello
brother-in-law il cognato
brown (adj) marrone
brown (vb) (cooking) rosolare
building l'edificio
burn (n) la bruciatura
burn (vb) bruciare

bus l'autobus, il bus
business gli affari (mpl)
businessman/woman l'uomo/ la donna d'affari
busy occupato/a
butcher il macellaio
butcher's la macelleria
butter il burro
buy (vb) comprare
by da; *(author)* di
(close by) vicino a
bye bye arrivederci
– ! ciao!

C

cake la torta, il dolce (m)
cake shop la pasticceria
call (vb) chiamare, *(phone)* telefonare (a)
phone – (n) la telefonata
calm (adj) calmo/a
can (vb) (be able to) potere, *(know how to)* sapere
canary (bird) il canarino
canvas (n) la tela, *(adj)* di tela
captain il comandante
car la macchina
caravan la roulotte (f)
card (postcard) la cartolina
credit – la carta di credito
carpet il tappeto
carrot la carota
carry (vb) portare
carton (of) un cartone (di)
cartoons i cartoni animati
cat il gatto, la gatta
catch (vb) prendere
centre il centro
chair la sedia
change (vb) cambiare
chat (vb) chiacchierare
cheap economico/a, a buon prezzo
checked (adj) (material) a quadri (inv)
cheese il formaggio
chemist's la farmacia
cheque l'assegno
– book il libretto degli assegni
chest (body) il petto
chest of drawers il cassettone (m)
chestnut (colour) castano/a
chicken il pollo
children i figli (mpl), i bambini
china la porcellana
chocolate la cioccolata
choice la scelta
choose (vb) scegliere
chosen scelto/a
Christmas Natale (m)
– tree l'albero di Natale
church la chiesa
circle (theatre) la galleria
clasp (vb) stringere
clean (adj) pulito/a, *(vb)* pulire
clear limpido/a, *(weather)* sereno/a
close (vb) chiudere
clothes i vestiti (mpl)
– shop (il negozio di) abbigliamento
coat il cappotto
coffee il caffè (m)
cold (adj) freddo/a
I'm – ho freddo
it's – fa freddo
cold (n) il raffreddore (m)
collect (vb) ritirare
colour il colore (m)
come (vb) venire
– on! dai!, forza!
comfortable comodo/a
composed (of) composto/a (da)
concert il concerto
cook (n) il cuoco, la cuoca
cook (vb) cuocere
corner l'angolo
round the – all'angolo
corridor il corridoio
cotton (n) il cotone (m), *(adj)* di cotone
cough la tosse (f)
– mixture lo sciroppo
counter (shop) il banco
countryside la campagna
courgettes le zucchine (fpl)
cousin il cugino, la cugina
cream (hand etc.) la pomata, la crema, *(dairy)* la panna
crisps le patatine (fpl)
croissant il cornetto
crowd la folla
crowded affollato/a
cruise la crociera
cupboard l'armadio
curly riccio/a
currency la valuta
cushion il cuscino
customer il/la cliente (m/f)
customs la dogana
cut (vb) tagliare, *(n)* il taglio
cyclist il/la ciclista (m/f)

D

daily quotidiano/a
dance (vb) ballare
dangerous pericoloso/a
dark scuro/a
– haired bruno/a
date la data
– of birth la data di nascita
daughter la figlia
day il giorno, la giornata
December dicembre
decrease (vb) diminuire
delicatessen la salumeria
owner of – il salumiere (m)
demanding impegnativo/a
department store i grandi magazzini (mpl)
departure la partenza
depend (on) (vb) dipendere (da)
desk il banco
dessert il dolce (m)
detective novel il giallo
die (vb) morire
difficult difficile
dine (vb) pranzare
dining room la camera da pranzo
dinner (lunchtime) il pranzo, *(evening)* la cena
directions le indicazioni stradali (fpl)
dirty sporco/a
disadvantage lo svantaggio
discount, reduction lo sconto
dish il piatto
do the dishes (vb) fare/lavare i piatti
disinfect (vb) disinfettare
district (in town) il quartiere (m)
divorced divorziato/a
do (vb) fare
doctor la dottoressa (f), il dottore (m)
document il documento
documentary il documentario
dog il cane (m)
done fatto/a
door la porta
double (adj) doppio/a
dress (n) il vestito (da donna)
dress (vb) vestirsi
drink (n) la bibita
drink (vb) bere
drive (vb) guidare
driving licence la patente (f)
drops le gocce (fpl)
dry (adj) secco/a
dry (vb) asciugare
during durante (inv)

E

ear, ears l'orecchio, le orecchie (fpl)
early presto (inv)
earrings gli orecchini
East est
Easter Pasqua
eastern orientale
easy facile
eat (vb) mangiare
economy car l'utilitaria
elbow il gomito
electrical appliances gli elettrodomestici (mpl)
empty (adj) vuoto/a
end (n) la fine (f)
at the – of (time) alla fine di *(place)* in fondo a
– of season (adj) di fine stagione
end (vb) finire
energy l'energia, le forze (fpl)
engine (car) il motore (m)
England l'Inghilterra
English (language) l'inglese, *(adj)* inglese
enjoy oneself (vb) divertirsi
enjoyable divertente
enter (vb) entrare (in)
entrance hall l'ingresso
euro l'euro
2 euros 2 euro (inv)
evening la sera
good – buonasera
every ogni (inv)
everything tutto
– included tutto compreso
everywhere dappertutto
exchange (rate) (n) il cambio
excursion la gita
excuse me *(formal)* scusi, *(informal)* scusa
exercise (n) l'esercizio
exercise (vb) fare ginnastica
exhibition la mostra
expensive caro/a
experienced esperto/a
eye, eyes l'occhio, gli occhi

F

face la faccia, il viso
facilities le attrezzature (fpl) i servizi (mpl)
factory la fabbrica
– worker l'operaio (m), l'operaia (f)
fall (vb) cadere
far (away) lontano
fashion la moda
fast veloce
fat (adj) grasso/a
father il padre (m)
Father Christmas Babbo Natale
favourite preferito/a
February febbraio
fee (booking) la quota
feel (vb) sentire
– well/ill sentirsi bene/male
– like avere voglia di
do you – like . . . ? ti va di . . . ?
ferry il traghetto
fiancé, fiancée il fidanzato, la fidanzata
field il prato, il campo
fifteen quindici
fight (vb) combattere
figures le cifre (fpl)
fill (vb) riempire
can you – it up? (car) mi fa il pieno?
find (vb) trovare
– one's way orientarsi
finger, fingers il dito, le dita (fpl)
finish (vb) finire
first (adj) primo/a, *(adv)* per primo/a
– course il primo (piatto)
– of all prima di tutto
fish (n) il pesce (m)
fish (vb) pescare
go – ing andare a pesca
five cinque
flat (n) l'appartamento
flight il volo
floor il pavimento, *(storey)* il piano
floral a fiori (inv)
flower il fiore (m)
fog la nebbia
food il mangiare (m), il cibo
foot, feet il piede (m), i piedi
on – a piedi
football il calcio
for per
– heaven's sake! per carità!
forbidden vietato
forecast le previsioni (fpl)
foreign straniero/a
foreseen previsto/a
forget (vb) dimenticare
fork (n) la forchetta

four quattro
free (adj) libero/a
free (vb) liberare
French francese
– beans i fagiolini
fresh fresco/a
Friday venerdì
friend l'amico, l'amica
from da, *(origin)* di
where are you – ? di dov'è lei?
frozen food i surgelati (mpl)
fruit la frutta
– juice il succo di frutta
fry (vb) friggere
full pieno/a
furniture i mobili (mpl)
piece of – il mobile (m)

G

game il gioco
garage il garage
garden il giardino
gardening il giardinaggio
garlic l'aglio
gate (airport) l'uscita
generally generalmente
German tedesco/a
Germany la Germania
get (vb) prendere
– down/off (vb) scendere (da)
– dressed vestirsi
– tired stancarsi
– up (vb) alzarsi
gift il regalo
girl (small) bambina, *(teenager)* ragazza
give (vb) dare
– as a present (vb) regalare
glass (drinking) il bicchiere (m)
glasses (spectacles) gli occhiali (mpl)
gloves i guanti (mpl)
ski – i guantoni da sci (mpl)
go (vb) andare
– dancing (vb) andare a ballare
– go down (vb) scendere
– for a swim (vb) fare una nuotata
– out (vb) uscire
– riding (vb) andare a cavallo
– to bed (vb) andare a letto
– up (vb) (prices, figures) aumentare, salire
– up (stairs) (vb) salire (le scale)
goggles gli occhiali da sci (mpl)
gold (n) l'oro, *(adj)* d'oro
good (adj) buon, buono (m), buona (f)
– (at) bravo/a (in)
– day/morning buongiorno
– evening buonasera
– night buonanotte
– ! very – ! bene! benissimo!
gram un grammo
100 grams un etto, 100 grammi
grandchild il nipotino, la nipotina
grandfather il nonno
grandmother la nonna
grapes l'uva
green verde
greengrocer il fruttivendolo
greetings i saluti (mpl)
warm – cari saluti
grey grigio/a
grilled alla griglia
grocer's (il negozio di) alimentari
ground floor il pianterreno
group il gruppo
pop – la band
grows (vb) crescere
grow flowers (vb) coltivare fiori
gymnasium la palestra

H

hair i capelli (mpl)
hairdresser il parrucchiere, la parrucchiera
half mezzo/a
– past four le quattro e mezza
half board mezza pensione
hall (house) l'ingresso
hallo! (phone) pronto!
ham il prosciutto
hand, hands la mano (f), le mani (fpl)
handbag la borsa
handy comodo/a
happiness la felicità
happy contento/a, felice
– birthday buon compleanno
– Christmas Buon Natale
– New Year Buon Anno
have (vb) avere
– breakfast fare colazione
– a walk / bath fare una passeggiata/un bagno
he lui
head la testa
healthy sano/a, salutare
heating (n) il riscaldamento
heavy pesante
help (vb) aiutare
can I – you? desidera?
here qui
hill la collina
hire (vb) (car) prendere a noleggio
hobby il passatempo
holiday la vacanza
be/go on – (vb) essere/andare in vacanza
home la casa
at – a casa
hope (vb) sperare
hors d'oeuvre l'antipasto
hospital l'ospedale (m)
hot caldo/a
I'm – ho caldo,
it's – fa caldo
hotel l'albergo
hour l'ora
house la casa
housewife la casalinga
how come
– are you? come sta/stai?
– did it go? com'è andata?
– hot (it is)! che caldo (fa)!
– long? quanto (tempo)?
– much?, how many? quanto/a?, quanti/e?
– much is it/are they? quanto viene/vengono?
hug (vb) abbracciare
hundred cento
hurt (vb) fare male (a)
husband il marito

I

I io
ice il ghiaccio
– cold ghiacciato/a
ice cream il gelato
identification l'identità
in in, a
– France, – Paris in Francia, a Parigi
in front of di fronte a, davanti a
included compreso/a
increase (vb) aumentare
inhabitants gli abitanti (mpl)
instead (of) invece (di)
intelligent intelligente
interesting interessante
introduce (vb) presentare
invitation l'invito
Italian (language) l'italiano, *(adj)* italiano/a
Italy l'Italia

J

jacket la giacca, il giacchetto
January gennaio
jar il vasetto, il barattolo
jeweller's la gioielleria
jogging il footing, la corsa a piedi
journalist il/la giornalista (m/f)
journey il viaggio
juice il succo
fruit – succo di frutta
July luglio
jumper il golf, la maglia
June giugno
just (adv) appena

K

keen (on) appassionato/a (di)
keep (vb) tenere
– fit (vb) tenersi in forma
kilo chilo
kiss (vb) baciare
kitchen la cucina
kitten il gattino
knee il ginocchio, le ginocchia (irr. pl)
knife il coltello
knit (vb) lavorare a maglia
know (vb) (person, place) conoscere *(facts, time)* sapere
I don't – non lo so

L

lake il lago
lamb l'agnello
lamp il lume (m)
language la lingua
large grande
last (adj) ultimo/a
last (vb) durare
late tardi
ten minutes – in ritardo di dieci minuti
lawyer l'avvocato
lay the table (vb) apparecchiare
lazy pigro/a
lean (on) (vb) appoggiarsi (a)
learn (vb) imparare
leather (n) il cuoio, la pelle, *(adj)* di cuoio/pelle
– goods shop la pelletteria
leave (vb.) (thing) lasciare, *(depart)* partire
left (n) la sinistra, *(adj)* sinistro/a, *(adv)* a sinistra
leg la gamba
lemon il limone (m)
letter la lettera
lettuce la lattuga
life la vita
how's – ? come va (la vita)?
lift (n) l'ascensore (m)
lift (vb) alzare
light (adj) leggero/a
light (n) la luce (f)
like come
what's he – ? com'è? che tipo è?
like (vb)
I – tea mi piace il tè
I would – vorrei
listen to (vb) ascoltare
litre un litro
little piccolo/a
live (vb) vivere, *(place)* abitare
liver il fegato
living room il soggiorno
lobster l'aragosta (f)
long (adj) lungo/a
look (vb) guardare
– ! guarda!
look for (vb) cercare
lose (vb) perdere
lorry driver il/la camionista
lot: a – (adv) molto
a – of un sacco di, molto/a
love (n) amore (m), *(vb)* amare
– from . . . affettuosamente, . .
I – chocolate adoro la cioccolata
low basso/a
lower (vb) abbassare
lowest and highest (adj) minimo/a e massimo/a
loyal fedele
lozenge la pastiglia
lucky fortunato/a
lunch il pranzo
have – (vb) pranzare
luxury (adj) di lusso

M

Madam Signora
magazine la rivista
main (adj) principale
– street il corso
make (vb) fare
man l'uomo, *(pl)* gli uomini
manage to (vb) riuscire a
many molti/e
map la cartina
March marzo
marital status lo stato civile
married sposato/a
match (n) (sport) la partita
matches i fiammiferi (mpl)
May maggio
means of transport il mezzo di transporto
meat la carne (f)
midday mezzogiorno
midnight mezzanotte (f)
mind la mente (f)
mineral water l'acqua minerale
minute il minuto
missing: what is – ? cosa manca?
Miss Signorina
mist la nebbia
mix (vb) mescolare
moment: just a moment un momento
Monday lunedì
money i soldi (mpl)
monotonous monotono/a
month il mese (m)
more più, ancora
– than più di
morning la mattina
good – buongiorno
most: the most beautiful il più bello
mother la madre (f)
motorist l'automobilista (m/f)
mountain la montagna
moustache i baffi (mpl)
mouth la bocca
move (vb) muoversi
Mr: Mr Rossi is here il signor Rossi è qui
much molto/a
museum il museo
mushroom(s) il fungo, i funghi
must (vb) dovere
my mio/a, miei/mie
– pen la mia penna
– son mio figlio

N

name il nome (m)
my – is . . . mi chiamo . . .
napkin il tovagliolo
near (adj) vicino/a
near (adv) vicino a
neck il collo
need (vb) avere bisogno di
neither . . . nor né . . . né . . .
nephew il nipote (m)
never (non) mai
New Year's Day Capodanno
new nuovo/a
news le notizie

(piece of) news la notizia
newspaper il giornale (m)
– *kiosk* l'edicola
next prossimo/a
– *week* la settimana prossima
nice carino/a, simpatico/a
niece la nipote (f)
night la notte
good – ! buonanotte!
nine nove
nineteen diciannove
no! no!
no (adj) nessuno/a
there's – bread non c'è pane
noise il rumore (m)
noisy rumoroso/a
no longer non . . . più
northern settentrionale
North nord
– *of Rome* a nord di Roma
not non
– *too hot* non troppo caldo
nourishing nutriente
November novembre
now adesso, ora
number il numero
– *plate* la targa

O

October ottobre
Office l'ufficio
– *worker* l'impiegato (m), l'impiegata (f)
OK va bene
old vecchio/a
how – are you? quanti anni hai?
my older brother mio fratello più grande
olive oil l'olio d'oliva
on su
– *foot* a piedi
– *holiday* in vacanza
once una volta
one uno
– *o'clock* l'una
onion la cipolla
only (adv) solo, soltanto
– *child* figlio/a unico/a
open (adj) aperto/a
open (vb) aprire
opposite di fronte a
orange l'arancio, *(adj)* arancione
orange juice l'aranciata
other altro/a
our nostro, nostra
outskirts la periferia
oven il forno
done in the – (cotto/a) al forno
owner il proprietario, la proprietaria

P

package holiday il pacchetto-vacanze (m)
packet (of) il pacchetto (di)
pain il dolore (m)
pair (of) un paio (di)
pan la pentola
frying – la padella
park (n) il parco
park (vb) parcheggiare
car park il parcheggio
party la festa
pastry shop la pasticceria
patient (adj) paziente
peas i piselli (mpl)
peeled tomatoes i pelati (mpl)
pencil la matita
pension la pensione (f)
pepper il pepe (m), *(green)* il peperone (m)
perhaps forse
petrol la benzina
get – (vb) fare benzina
phone (n) il telefono, *(vb)* telefonare
– *call* la telefonata
picture, painting il quadro
pill la pillola
pink rosa (inv)
place il posto, il luogo
plaster il cerotto
platform il binario
play (vb) *(cards etc.)* giocare (a), *(instrument)* suonare
pleasant simpatico/a
please per favore
pleased contento/a
– *to meet you!* piacere!
police la polizia
policeman/woman il poliziotto, la poliziotta
polka dots, with a pallini (inv)
pollute (vb) inquinare
pork il maiale (m)
post (vb) imbucare
post office la posta
postman/woman il postino, la postina
pound (weight) la libbra
pound (£) la sterlina
practise (vb) praticare (uno sport)
prefer (vb) preferire
prepare (vb) preparare
prescription la ricetta
present il regalo
programme il programma (m)
psychologist lo psicologo, la psicologa
pudding il dolce (m), il budino
puppy il cucciolo, il cagnolino
push (vb) spingere
put (vb) mettere

Q

quality la qualità
quantity la quantità
quarter un quarto
– *past three* le tre e un quarto
– *to three* le tre meno un quarto
queue (n) la coda
queue (vb) fare la coda
quiet tranquillo/a
quite abbastanza

R

radio la radio (inv)
rain (n) la pioggia
rain (vb) piovere
rare raro/a
rarely di raro, raramente
rather piuttosto
read (vb) leggere
reading la lettura
realise (vb) accorgersi
receive (vb) ricevere
reception la reception *(inv)*, il ricevimento
recipe la ricetta
record (n) il disco
recorder (cassette) il registratore
red rosso/a
reduction la riduzione (f)
relax (vb) rilassarsi
relaxing rilassante
remain (vb) rimanere
remember (vb) ricordare
rent (n) l'affitto
rent (vb) affittare
– *a car* noleggiare una macchina
rental: car – l'autonoleggio
requirements i requisiti (mpl)
residence la residenza
return ticket il biglietto di andata e ritorno
rich ricco/a
riding l'equitazione (f)
right (adj) (correct) giusto/a

right (n) la destra, *(adj)* destro/a, *(adv)* a destra
right away subito
ripe maturo/a
river il fiume (m)
road la strada
room la stanza, la camera
round the corner all'angolo
routine la routine (f)
row la fila
run (vb) correre
running (n) la corsa a piedi

S

safety la sicurezza
sailing boat la barca a vela
salad l'insalata
sales i saldi (mpl), le svendite (fpl)
Saturday sabato
sauce la salsa, *(for pasta)* il sugo
sauté (vb) rosolare
save(vb) salvare, *(money)* risparmiare
school la scuola
Scotland la Scozia
Scottish scozzese
sea il mare (m)
season la stagione (f)
– ticket (bus) la tessera
theatre – l'abbonamento
seat il posto
second (adj) secondo/a
– course il secondo (piatto)
second (n) il secondo
just a – ! un secondo! un attimo!
secretary il segretario, la segretaria
security check il controllo di sicurezza
see (vb) vedere
– you soon a presto, ci vediamo
selfish egoista
sell (vb) vendere
September settembre
service area/station l'area/la stazione di servizio
set (pp) (film, book) ambientato/a
seven sette
shelf lo scaffale (m)
shirt la camicia (da uomo)
shoe la scarpa
shoe shop (il negozio di) calzature
shop il negozio
– assistant il commesso, la commessa
– window la vetrina
shopping (n) le spese (fpl), *(food)* la spesa
to go – andare a fare spese/la spesa
short (hair etc.) corto/a
short (height) basso/a
shoulders le spalle (fpl)
show (vb) mostrare
can you – me? mi fa vedere?
shower (n) la doccia
to take a – fare la doccia
(*weather*) il rovescio
shy (adj) timido/a
silk (n) la seta, *(adj)* di seta
silver (n) l'argento, *(adj)* d'argento
simple semplice
sing (vb) cantare
singer il/la cantante
single singolo/a
– ticket un biglietto di sola andata
sink (n) il lavandino
Sir Signore
sister la sorella
sister-in-law la cognata
sit (vb) sedersi
sitting room il salotto, il salone (m)
size *(shoes)* il numero, *(clothes)* la taglia
skate (vb) pattinare
skating il pattinaggio
ski (n) lo sci, *(vb)* sciare
– suit la tuta (da sci)
– boots gli scarponi
– sticks le racchette
– lifts gli impianti di risalita
– run la pista
skiing holiday (1 week) la settimana bianca
skirt la gonna
sleep (vb) dormire
slender snello/a
slim (adj) snello/a, magro/a
small (adj) piccolo/a
smoke (vb) fumare
snack lo spuntino
snore (vb) russare
snow la neve (f)
socks i calzini (mpl)
sofa, divan il divano
some qualche *(no plural)*
– friends qualche amico/a
– milk un po' di latte
something qualcosa
– easy qualcosa di facile
sometimes qualche volta
son il figlio
son-in-law il genero
song la canzone (f)
sorry: I'm – mi dispiace
South sud
– of a sud di
southern meridionale
space lo spazio
speak (vb) parlare
spend (vb) *(money)* spendere, *(time)* trascorrere
spinach gli spinaci (mpl)
spoon il cucchiaio
sport lo sport (m)
spring la primavera
square (n) la piazza
stairs le scale (fpl)
stalls (theatre) la platea
stamp (n) il francobollo
stand (vb) stare (in piedi)
standing (adj) in piedi
start to (vb) cominciare a, mettersi a
station la stazione (f)
steak la bistecca
stimulating stimolante
stockings le calze (fpl)
stomach lo stomaco, *(belly)* la pancia
stop (vb) fermare, fermarsi
bus – (n) la fermata
straight dritto/a, *(hair)* liscio/a
– on sempre dritto
strange strano/a
street la via
striped (adj) a righe (inv)
study (n) lo studio (vb) studiare
stupid stupido/a
sugar lo zucchero
suit il vestito (da uomo)
suitcase la valigia
summer l'estate
sun il sole (m)
– cream la crema solare
sunbathe (vb) prendere il sole
sunburn la scottatura
Sunday domenica
sunny soleggiato/a
– spell la schiarita
it's – c'è il sole
sure (adj) certo/a
– ! certo! senz'altro!
surname il cognome (m)
sweater il maglione (m), il golf (m)
sweet (adj) dolce
sweet (n) caramelle
swim (vb) nuotare
swimming (n) il nuoto
– pool la piscina

swimsuit il costume (m) da bagno
switch off (vb) spegnere
switch on (vb) accendere
Swiss svizzero/a
Switzerland la Svizzera

T

T-shirt la maglietta
table il tavolo, *(dinner)* la tavola
– *cloth* la tovaglia
tablet la compressa
take (vb) prendere, portare
– *this to Paul* porta questo a Paul
tall alto/a
tan (vb) abbronzarsi
tea il tè
teach (vb) insegnare
teacher l'insegnante (m/f)
telephone il telefono
– *number* il numero di telefono
television la televisione (f)
– *drama* lo sceneggiato
– *film* il telefilm (m)
– *news* il telegiornale (m)
temperature (body) la febbre, *(weather)* la temperatura
tent la tenda
terraced house la villetta/casa a schiera
then allora, poi
there là, lì
– *is*, – *are* c'è, ci sono
– *you are* ecco a lei
therefore perciò, quindi
thermal termico/a
thin magro/a
thousand mille (inv)
a – euros mille euro
two –, five – duemila (inv), cinquemila (inv)
three tre
throat la gola
Thursday giovedì
ticket il biglietto
tie (n) la cravatta
tie (vb) legare
time il tempo
what – is it? che ora è? che ore sono?
on – in orario
three – s a day tre volte al giorno
timetable l'orario
tin (can) la scatola
tinned in scatola
tired stanco/a
get – (vb) stancarsi
tiredness la stanchezza
tiring faticoso/a
to a (town), in (country)
I'm going – Italy vado in Italia
I'm going – Naples vado a Napoli
tobacconist il tabaccaio
today oggi
together insieme
tomato il pomodoro
tomorrow domani
too *(as well)* anche, *(excessively)* troppo (inv)
you – anche tu, anche voi
tooth, teeth il dente (m), i denti
tortoise la tartaruga
tour (vb) girare
tourist (n) il/la turista (m/f), (adj) turistico/a
town la città
trader il commerciante
traffic il traffico
– *jam* l'ingorgo
– *lights* il semaforo
– *policeman* il vigile (m)
train il treno
tube – la metropolitana
transport (n) i trasporti (mpl)
travel (vb) viaggiare, (n) il viaggio
– *bag* la borsa da viaggio
– *agent's* l'agenzia di viaggi
trolley il carrello
trousers i pantaloni (mpl)
trout la trota
true vero/a
trustworthy affidabile
try (vb) (clothes) provare
try to (vb) cercare di
Tuesday martedì
turn to (vb) rivolgersi a
twelve dodici
twenty venti
twice due volte
two due
type (sort) il genere (m), il tipo
typical tipico/a
tyre la gomma

U

uncomfortable scomodo/a
under sotto (di)
unleaded la verde/senza piombo
unmarried (man) scapolo, celibe, *(woman)* nubile
up su
uphill in salita
us noi, ci
use (vb) usare
useful utile
useless inutile
usually di solito

V

value (n) il valore (m)
varied vario/a
variety show il varietà
vegetables *(generally)* la verdura, *(dish)* il contorno
very molto (inv)
view il panorama (m), la vista
viewer lo spettatore (m)
vinegar l'aceto
volleyball la pallavolo (f)

W

wait (vb) aspettare
waiter il cameriere (m), la cameriera
Wales il Galles
wake up (vb) svegliarsi
walk (n) la passeggiata
have a – fare una passeggiata
walk (vb) camminare
wallet il portafoglio
wardrobe l'armadio
wash (vb) lavare, *(oneself)* lavarsi
– *basin* il lavabo
waste time (vb) perdere tempo
watch (n) l'orologio
watch (vb) guardare
water l'acqua
we noi
wear (vb) (clothes etc.) portare
weather il tempo
the – is bad fa brutto tempo
the – is fine fa bel tempo
– *forecast* le previsioni del tempo
Wednesday mercoledì
well bene
– *known* noto/a
West ovest
western occidentale
what (that which) ciò che
what? che cosa? *(adj)* che?
– *is your name?* come si chiama?/ti chiami?
– *job do you do?* che lavoro fa lei?/fai?
– *'s the matter?* che cos'ha/hai?
when quando
where dove
– *are you from?* di dov'è lei?
while mentre
white bianco/a

who? chi?
who (that) che
wholemeal integrale
why? perché?
wide largo/a
wife la moglie (f)
wind (n) il vento
window la finestra,
  (counter) lo sportello
  shop – la vetrina
windscreen il parabrezza (m)
wine il vino
winter l'inverno
  in – d'inverno
wishes gli auguri
  best – tanti auguri
with con
without senza
woman la donna
wooden di legno
wonder: I wonder chissà
wonderful meraviglioso/a
wood (material) il legno
  (forest) il bosco
wooden di legno
wool (n) la lana, *(adj)* di lana
work (n) il lavoro
  – in progress lavori in corso
work (vb) lavorare
  – as a . . . (vb) fare il . . .
work, job il lavoro
world il mondo
  – war la guerra mondiale
worried preoccupato/a
wound (vb) ferire
write (vb) scrivere
writer lo scrittore (m), la scrittrice

Y

year l'anno
yellow giallo/a
yesterday ieri
yoghurt lo yogurt
you tu (fam), lei *(formal)*, voi *(group)*
young giovane
  – lady Signorina, la signorina
  – people i giovani (mpl)
younger (brother/sister) più piccolo/a
your (fam) tuo, tua, tuoi, tue,
  (formal) suo, sua, suoi, sue,
  (group) vostro ecc.

Indice analitico

Bold numbers refer to units. Plain numbers refer to activities. Numbers preceded by G refer to **Grammatica** *(pp 237–52). See also* ***Grammatica*** *at the end of each unit.*

VERBI REGOLARI

INFINITO	***ARE***	***ERE***	***IRE***	***IRE (ISC)***
	PARLARE	**CREDERE**	**PARTIRE**	**CAPIRE**
INDICATIVO				
Presente	parl**o**	cred**o**	part**o**	cap**isco**
	parl**i**	cred**i**	part**i**	cap**isci**
	parl**a**	cred**e**	part**e**	cap**isce**
	parl**iamo**	cred**iamo**	part**iamo**	cap**iamo**
	parl**ate**	cred**ete**	part**ite**	cap**ite**
	parl**ano**	cred**ono**	part**ono**	capisc**ono**
Passato prossimo	ho parl**ato**	ho cred**uto**	sono part**ito/a**	ho cap**ito**
	hai parl**ato**	hai cred**uto**	sei part**ito/a**	hai cap**ito**
	ha parl**ato**	ha cred**uto**	è part**ito/a**	ha cap**ito**
	abbiamo parl**ato**	abbiamo cred**uto**	siamo part**iti/e**	abbiamo cap**ito**
	avete parl**ato**	avete cred**uto**	siete part**iti/e** sono	avete cap**ito**
	hanno parl**ato**	hanno cred**uto**	part**iti/e**	hanno cap**ito**
Imperfetto	parl**avo**	cred**evo**	part**ivo**	cap**ivo**
	parl**avi**	cred**evi**	part**ivi**	cap**ivi**
	parl**ava**	cred**eva**	part**iva**	cap**iva**
	parl**avamo**	cred**evamo**	part**ivamo**	cap**ivamo**
	parl**avate**	cred**evate**	part**ivate**	cap**ivate**
	parl**avano**	cred**evano**	part**ivano**	cap**ivano**
Futuro	parl**erò**	cred**erò**	part**irò**	cap**irò**
	parl**erai**	cred**erai**	part**irai**	cap**irai**
	parl**erà**	cred**erà**	part**irà**	cap**irà**
	parl**eremo**	cred**eremo**	part**iremo**	cap**iremo**
	parl**erete**	cred**erete**	part**irete**	cap**irete**
	parl**eranno**	cred**eranno**	part**iranno**	cap**iranno**
IMPERATIVO				
	parl**a** (tu)	cred**i** (tu)	part**i** (tu)	cap**isci** (tu)
	parl**i** (lei)	cred**a** (lei)	part**a** (lei)	cap**isca** (lei)
	parl**ate** (voi)	cred**ete** (voi)	part**ite** (voi)	cap**ite** (voi)
GERUNDIO				
	parl**ando**	cred**endo**	part**endo**	cap**endo**
PARTICIPIO PASSATO				
	parl**ato**	cred**uto**	part**ito**	cap**ito**